Grundlagen der Panama-Stiftung

Bochumer Studien zum Stiftungswesen

Herausgegeben von Karlheinz Muscheler

Band 1

PETER LANG

Frankfurt am Main · Berlin · Bern · Bruxelles · New York · Oxford · Wien

Irena Braxator

Grundlagen der Panama-Stiftung

PETER LANG
Internationaler Verlag der Wissenschaften

Bibliografische Information der Deutschen Nationalbibliothek
Die Deutsche Nationalbibliothek verzeichnet diese Publikation in der Deutschen Nationalbibliografie; detaillierte bibliografische Daten sind im Internet über <http://www.d-nb.de> abrufbar.

ISSN 1864-936X
ISBN 978-3-631-58841-3

www.peterlang.de

Inhaltsverzeichnis

Abkürzungsverzeichnis

A.	Auflage
ABGB	(Liechtensteinisches) Allgemeines Bürgerliches Gesetzbuch vom 1. Juni 1811, ASW, LR 210.1
Abs.	Absatz
AG	Aktiengesellschaft
AJP	Aktuelle Juristische Praxis
Anm.	Anmerkung
AO	Abgabenordnung
aR	altes Recht (Liechtensteinisches Stiftungsrecht, gültig bis zum 01.04.2009)
Art.	Artikel
AS	(Schweizerische) Amtliche Sammlung der eidgenössischen Bundesgesetze und Verordnungen, geordnet nach Jahrgang und Seitenzahl
ASW	(Liechtensteinisches) Amtliches Sammelwerk der vor dem 1. Januar 1863 erlassenen Rechtsvorschriften in bereinigter Form
Aufl.	Auflage
B	Band
BG	Bundesgesetz
BGB	(Deutsches) Bürgerliches Gesetzbuch vom 18. August 1896
BGBl	Bundesgesetzblatt
BGE	Bundesgerichtsentscheid
BJM	Basler Juristische Mitteilungen
BV	Bundesverfassung der schweizerischen Eidgenossenschaft, SR 101
bzw.	beziehungsweise
CC	Código Civil, (Panamesiches Zivilgesetzbuch)
CCom	Código Comercial, (Panamesisches Handelsgesetzbuch)
CP	Constitución Política de la República de Panamá (Panamesische Verfassung)
d.h.	das heisst
E.	Erwägung
Ed.	Edition

EheG	(Liechtensteinisches) Ehegesetz vom 13. Dezember 1973, LGBl 1974/20, LR 212.10
ELG	Entscheidungen der Liechtensteinischen Gerichtshöfe (bis 1978)
ErbStG	Erbschaftssteuergesetz
Etc.	etcetera
f./ff.	folgend, folgende
FL	Fürstentum Liechtenstein
FLOGH	(Liechtensteinischer) Oberster Gerichtshof
G.	Gesetz
GBl.	Gesetzblatt
GBOeR	(Liechtensteinisches) Grundbuch- und Oeffentlichkeitsregisteramt
Hg.	Herausgeber
idF	in der Fassung
idgF	in der geltenden Fassung
IPR	Internationales Privatrecht
IPRG	Schweizerisches Bundesgesetz über das Internationale Privatrecht (IPRG) vom 18. Dezember 1987.
iVm	in Verbindung mit
Jh.	Jahrhundert
LES	(Liechtensteinische) Entscheidungssammlung
LF	La Ley No. 1/84 por la cual se regulan el fideicomiso y se adoptan otras disposiciones, 5 de Enero del año 1984, Gaceta Oficial No. 19971; Gesetz Nr. 1/84 vom 5. Januar 1984 über Fideikommisse, publiziert in der Gazette Nr. 19971 (Panama).
LFIP	La Ley No. 25/95 por la cual se regulan las fundaciones de interés privado, 6 de Junio del año 1995, Gaceta Oficial No. 22804; Gesetz Nr. 25/95 vom 12. Juni 1995 über Stiftungen privaten Interesses, publiziert in der Gazette Nr. 22804 (Panama).
LGBl	(Liechtensteinisches) Landesgesetzblatt
lit.	litera
LJZ	Liechtensteinische Juristen Zeitung
LR	Systematische Sammlung der liechtensteinischen Rechtsvorschriften, klassifiziert gemäss Register 1993, Herausgeber: Rechtsdienst der Regierung des Fürstentums Liechtenstein
N	Note
nov.	noveliert
Nr.	Nummer

nR	neues Recht (Liechtensteinisches Stiftungsrecht, gültig ab dem 01.04.2009)
OG	(Liechtensteinisches) Obergericht
OGH	(Liechtensteinischer) Oberster Gerichtshof
OR	BG vom 30. März 1911 betreffend die Ergänzung des Schweizerischen Zivilgesetzbuches, Fünfter Teil: Obligationenrecht, SR 220.
ÖRegV	Liechtensteinische Öffentlichkeitsregisterverordnung, Verordnung vom 11. Februar 2003 über das Oeffentlichkeitsregister, LGBl 2003 Nr.66 vom 18.02.2003
PGR	Das (liechtensteinische) Personen- und Gesellschaftsrecht vom 20. Januar 1926, LGBl.1926 Nr.4, in der geltenden Fassung (LR 216.0)
Private	Schriftenreihe von KPMG, Zürich.
PSG	(Österreichisches) Privatstiftungsgesetz, BGBl 1993/694
resp.	respektive
RIW	Recht der Internationalen Wirtschaft, (Deutsche) Fachzeitschrift, Heidelberg
RSO	(Liechtensteinische) Rechtssicherungsordnung, LGBl 1923/8, LR 283.0
Rz.	Randziffer
sog.	so genannt/-er/-e/-es
SR	(Schweizerische) Systematische Sammlung des Bundesrechts
SteG	(Liechtensteinisches) Steuergesetz, LGBl 1961/7, LR 640.1
StGB	(Liechtensteinisches) Strafgesetzbuch vom 24. Juni 1984, LGBl 1988/37, LR 311.0
StGH	(Liechtensteinisches)Staatsgerichtshof
TruG/TrUG	(Liechtensteinisches) Treuunternehmensgesetz, Gesetz über das Treuunternehmen (als Art.932a mit eigener Paragraphenzählung ins PGR eingeführt)
u.	und
u.a.	unter anderem
usw.	und so weiter
v.a.	vor allem
VBI	(Liechtensteinische) Verwaltungsbeschwerdeinstanz
VE	Vorentwurf zum neuen schweizerischen Stiftungsrecht
vgl.	vergleiche
VO	Verordnung
Z	Ziffer

ZGB	Schweizerisches Zivilgesetzbuch vom 10. Dezember 1907, SR 210
ZSR	Zeitschrift für Schweizerisches Recht
ZVW	Zeitschrift für Vormundschaftswesen
z.T.	zum Teil

§ 1. Einleitung / Vorwort

In Panama wurde die privatrechtliche Stiftung am 12. Juni 1995 durch das Gesetz Nr. 25, *La Ley de Fundaciones de Interés Privado* („LFIP") kodifiziert. Der panamesischen Stiftung diente als Vorbild das liechtensteinische Stiftungsrecht, welches zum Teil wortwörtlich übernommen wurde. Es wäre jedoch unzutreffend anzunehmen, die Auslegung der liechtensteinischen Normen könne ohne weiteres auf die panamesischen Gesetzesnormen übernommen werden. Vielmehr werden die künftige Verwaltungspraxis und die Rechtsprechung in Panama und in Liechtenstein zeigen, inwieweit die zwei Länder einen gemeinsamen oder aber unterschiedlichen Weg in der Rechtspflege des Stiftungsrechtes gehen werden.

Das Rechtssystem Panamas basiert auf dem römischen Recht und gehört zum „Civil Law System", auch Kontinentalrechts- oder Kodifikationssystem genannt. Man muss aber beifügen, dass auch das angelsächsische Recht (common law) stark vertreten ist und dass häufig moderne, aktuelle, systemfremde Elemente in das panamesische Rechtssystem eingegliedert wurden und wahrscheinlich auch weiterhin inskünftig werden.

Da die Panama-Stiftung in dieser Arbeit auch mit der gewöhnlichen Aktiengesellschaft verglichen wird,[1] kann man in bezug auf das panamesische Stiftungsrecht die im Jahre 1927 entstandene Aktiengesellschaft **(Panama-Gesellschaft)** erwähnen.[2] Der panamesischen Stiftung diente nicht nur das liechtensteinische Stiftungsrecht als Inspirationsquelle, nein, starken Einfluss hatte auch die Ideologie des panamesischen Fideikommissses und des angelsächsischen Trusts.[3] Elf Jahre vor der Einführung des Stiftungsrechtes wurde in Panama im Jahre 1984 der **angelsächsische Trust** kodifiziert[4], der mit der später eingeführten Stiftung grosse Ähnlichkeiten aufweist. Die panamesische Lehre vertritt zum Teil die Meinung, dass die Stiftung (Stiftung des privaten Interesses) eine Übertragung des angelsächsischen Trusts in das kontinentale Rechtssystem, Civil Law System, darstellt und nennen sie daher beinahe „Continental Trust".[5] Im Zusammenhang

1 vgl. hinten, §3 Systematische Auslegung / Eingliederung des LFIP in das panamesische Rechtssystem
2 Gesetz Nr. 32 aus dem Jahre 1927, La Ley de La Sociedad Anónima (SA).
3 über die Ratifizierung und Anerkennung des Trusts gemäss Haager Abkommen, 1985.
4 Gesetz Nr.1 vom 05. Januar 1984, La Ley de Fideicomisos. (weiter LF). Vgl. weiter die weltweite Anerkennung des Trusts im Haager Abkommen, 1985.
5 BOUTIN, 2000, S.17 ff.

mit der Verantwortung und dem Funktionieren der Vermögensverwaltung sind zudem die **fiduziarischen** Bestimmungen und Normen zu berücksichtigen, die sowohl in Panama wie auch im Liechtenstein **subsidiäre Anwendung** finden.[6]

Die vorliegende Arbeit hat sich zum Ziel gesetzt die panamesische Stiftung, *La Fundación de Interés Privado*, vorzustellen. Durch Auslegung der Gesetzesartikel, der dazugehörenden Rechtsprechung und unter der Berücksichtigung rechtswissenschaftlicher Lehre soll sie zum besseren Rechtsverständnis des Rechtsinstitutes „Panama-Stiftung“ beitragen.

---

6 vgl. bereits die Umschreibung und Abgrenzung der Stiftung in Liechtenstein gem. aRArt.552 Abs.3 PGR: „Inwieweit einem abgesondert verwalteten Vermögen (Fonds) privatrechtliche Selbständigkeit oder die Eigenschaft eines Treuhandgutes zukommt, ist vom Richter im Einzelfalle zu beurteilen.“

§ 2. Historische Auslegung / Entstehungsgeschichte des LFIP

Zu irgendeinem Zeitpunkt in seiner Evolution hat der Mensch für sich das Bewusstsein des Individuums in Anspruch genommen, sich mit seinem „Sein“ beschäftigt, das automatisch das „*Nicht-mehr-sein*“ in sich einschloss, den Sprung zu den Göttern, den „unsterblichen“, gewagt und schliesslich mit dem Schicksal gehadert, „selbst sterblich zu sein“.[7]

Mit der Entwicklung einer Rechtsordnung hat der individualisierte Mensch schliesslich die Instrumente gesucht und geschaffen, die ihm die Symbiose seiner Rebellion gegen die Sterblichkeit und seinen Wunsch, über den Tod hinaus zu „herrschen“ und so auch die Geschichte seiner Familie weiterhin zu bestimmen, ermöglichten und ihm die Mittel zur Verwirklichung seiner Träume an die Hand gaben: Er entwickelte als ersten Schritt das *Erbrecht* und bestimmt als absolutes, dingliches Recht, dass „die rechtlichen Machtverhältnisse einer Person, die wir ihre Vermögensrechte nennen und deren Gesamtheit das Vermögen dieser Person bildet, mit dem Tode ihres Trägers nicht in ein Nichts zusammenbrechen“.[8]

Der Übergang wird entweder vom Gesetz oder vom verstorbenen Erblasser selbst bestimmt. Die geschichtliche Betrachtung lehrt, dass bei allen Völkern das Erbrecht in der Familie wurzelt, allerdings mit unterschiedlichen Prinzipien und Rechtsnormen.[9]

Bei der Entwicklung des Stiftungszwecks in historischer Perspektive lassen sich in einer groben Einteilung fünf Phasen der Europäischen Stiftungsrechtsgeschichte unterscheiden. Dies sind die vorchristliche Antike, das vom Christentum geprägte Mittelalter, die Säkularisierungstendenzen im spätem Mittelalter und der frühen Neuzeit, die nationalstaatliche Kodifizierung im 19. Jahrhundert sowie die Wiederentdeckung der Stiftung in der Moderne.[10]

Stiftungen spielten nicht nur in der sozialen Entwicklung Europas eine bedeutende Rolle; frühe Stiftungen tauchen bereits in **Ägypten** auf und finden sich noch heute als Ausprägungen des Stiftugnsgedankens in der Form der „Wakf“ oder „Habous“.[11] Es ging aber nicht um Stiftungen privaten Interesses, sondern um solche des gemeinen Wohls.

7 SANTO-PASSO, S.44.
8 SANTO-PASSO, S.44.
9 vgl. SANTO-PASSO, S.44.
10 vgl. SCHLÜTER, S.36.
11 vgl. SCHLÜTER, S.36.

I. Stiftungselemente in der Antike

Im römischen Recht stand an erster Stelle das Testament (die successio ab intestato galt als „unerwünschter Notbehelf").[12] Es ist sicher, dass weder die Griechen noch die Römer die Stiftung (die privatrechtliche oder die des Gemeinwohls), wie wir sie heute kennen, erschufen. Anstalten und selbständige Stiftungen im modernrechtlichen Sinne hat es weder im griechischen noch im römischen Recht gegeben. Eine Lehre von der juristischen Person war diesen Rechtsordnungen unbekannt.[13] Im Römischen Recht kann man nicht von einer Lehre oder Theorie von der juristischen Person reden. Wenn es eine solche überhaupt geben könnte, dann nur als eine Lehre von den Körperschaften.[14] Denn im Gegensatz zum Begriff der juristischen Person ist dem Römischen Recht der Begriff der Körperschaft als Personenverband, der einen Wechsel der Mitglieder zulässt, aber trotz veränderter Zusammensetzung seine rechtliche Identität behält, seit alters bekannt.[15]

So kannte man nach **Justinianischem Recht** Institutionen, die den so genannten *piae causae* (frommen Zwecken) gewidmet waren; es handelte sich bei diesen Einrichtungen zumeist um solche der öffentlichen Wohltätigkeit, die wegen des Inhalts ihrer Tätigkeit an heutige **gemeinnützige Stiftungen** erinnern.[16] Weitere Wohltätigkeitseinrichtungen zu Zeiten Justinians waren die *venerabiles domus*.[17] Sowohl *piae causae* als auch *venerabiles domus* hatten eine eingeschränkte Rechtsfähigkeit. Einerseits gestand man ihnen eigene Rechte, v.a. in Form von Privilegien[18] die sie mithin zu selbständigen Rechtsträgern machten, während andererseits die erwähnten Häuser mit natürlichen Personen zu vergleichen, wenn nicht gar ihnen gleichgestellt, waren.[19] So wurde z.B. das Erfordernis der Mitwirkung der Mönche (in einem Kloster) oder der Armen (in einem Armenhaus) nebst dem Erfordernis der Mitwirkung des Verwalters aufgestellt.[20]

---

12 SANTO-PASSO, S.45.

13 ALEXANDER, Einleitung.

14 ALEXANDER, S4.

15 KASER, RP I § 72 I.

16 Siehe ALEXANDER, S.9; Vgl. auch Randnummer 19 Stiftungen im Mittelalter (erster Absatz nach diesem Titel) dieser Arbeit.

17 ALEXANDER, S.19 ff. Die Hauptquellen stellen den Codex Justinianus und die Novellen Justinians dar. In ersterem ist es vor allem der zweite und dritte Titel des ersten Buches. Unter den Novellen sind es insbesondere die Novellen 7, 120 und 131.

18 ALEXANDER, S.23. So waren diese Häuser erbfähig, sie konnten Vermächtnisse oder Fideikommisse annehmen, sie durften schuldrechtliche Verträge und Mietverträge, die die Dauer von 30 Jahren nicht überschreiten, abschliessen.

19 ALEXANDER, S.20 ff.

20 ALEXANDER, S.31.

In der klassischen Zeit gab es fünf Institute bei denen der Gedanke der rechtlichen Verselbständigung eines Vermögens zumindest in Ansätzen vorhanden war, nämlich:

die res sacrae,
den fiscus,
die hereditas iacens,
das Vermögen eines Kriegsgefangenen und
das peculium.

Der Zweck bleibt bei allen die *pia causa* (frommer Zweck) und der öffentlich-rechtliche Charakter ist stark zu spüren, obwohl bei einigen von diesen Instituten auch schon ein privatrechtlicher Charakter zu erkennen war. [21]

A. Res sacrae

Bei den *res sacrae* handelt es sich um Vermögen, die den Göttern geweiht sind, wobei gleichzeitig zwei unterschiedliche Vorstellungen Geltung und Anwendung gefunden haben. Denengemäss geht es einerseits um Gotteseigentum und andererseits um Staatseigentum. Es stellt ein Vermögen dar, das in seiner Verwendung auf den *usus sacer* gerichtet und beschränkt ist, ein Divinal- oder Göttereigentum, eine frühe Form des Stiftungseigentums.[22]

B. Fiscus

Der kaiserliche *fiscus* ist eine vom Kaiser „ressortierende" Anstalt, ein rechtlich verselbständigtes Vermögen mithin.[23] Andere Autoren vertreten die Meinung, es sei damit die Person des Kaisers selbst gemeint gewesen.[24] Als dritte Möglichkeit wird der *populus Romanus* als Rechtssubjekt des *fiscus* angeführt.[25]

---

21 ALEXANDER, S.46 ff.

22 Vgl. Wenger, S.63f., Tituli ex corpore sowie Ulpiani, S.22, 6: Ulpiani beschreibt die grundsätzliche Erbfähigkeit von Gottheiten und damit die gedankliche Möglichkeit von Gotteseigentum, mag dieses auch auf bestimmte Gottheiten beschränkt sein.

23 Vgl. MITTEIS/VON BOLLA/BONFANTE.

24 vgl. KASER RP I, § 72 III 2.

25 vgl. HIRSCHFELD 1 ff. In der spätklassischen Zeit nimmt das *ius fisci* eine Zwischenstellung zwischen dem *ius publicum* und dem *ius privatum* ein.

C. Hereditas iacens

Wörtlich übersetzt „ruhende Erbschaft“. Die *hereditas iacens* ist die Gesamtheit des hinterlassenen Vermögens eines verstorbenen Römers. Es geht um eine ruhende Vermögensmasse, deren Beendigung im Erwerbswillen der Erben selbst liegt.[26] Die Vermögensmasse bleibt also dem Wirtschaftsverkehr erhalten und zugänglich, gleichzeitig wird sie als abgeschlossene Einheit für die Erben bewahrt. Von einer regelrechten Subjektstellung kann aber wohl noch nicht die Rede sein. Die *hereditas* nimmt nur zur Überwindung bestimmter praktischer Probleme die Funktion oder den Charakter eines Subjekts an.[27]

D. Vermögen eines Kriegsgefangenen

Vergleichbar mit der *hereditas iacens* ist auch das Vermögen eines Kriegsgefangenen. Gerät ein römischer Bürger in Kriegsgefangenschaft, so wird er mit seiner Ergreifung Sklave (*servus hostium*) und verliert damit seine Rechtsfähigkeit.[28] Mit der Rückkehr erwirbt er all seine früheren Rechte wieder. Das Vermögen bleibt in einem subjektlosen Zustand, doch in seiner Substanz erhalten, bis zur Rückkehr des Kriegsgefangenen oder bis zu seinem Tode.[29] Es kann gelegentlich, wenn auch nicht notwendigerweise, durch einen *curator* verwaltet werden. Dies hat sich auch in der nachklassischen Zeit wenig verändert.[30]

E. Peculium

Das *peculium* war ein Sondervermögen. Es stand dem Sklaven zwecks Ermöglichung begrenzter wirtschaftlicher Betätigung zur Verfügung. Es blieb zwar als ein Teil des Herrenvermögens, war von diesem aber getrennt und insoweit eigenständig.[31]

---

26 Vgl. KASER RP I § 174 II 2 und I 2. Für den eigentumsrechtlichen Übergang einer hinterlassenen Vermögensmasse unterscheidet das Römische Recht nach Hauserben (*sui heredes*) und Aussenerben (*extranei heredes*). Die Hauserben erwerben die Erbenstellung und damit die vererblichen Rechte des Erblassers unmittelbar „kraft Rechtes“, also automatisch, ohne und gegebenenfalls auch gegen ihren Willen. Die Aussenerben hingegen erwerben die Erbschaft erst durch einen von ihnen zu vollziehenden Akt, durch den sie die Erbschaft antreten (*adire hereditatem*). Solange sie dies noch nicht getan haben, „ruht“ die Erbschaft (*hereditas iacet*).

27 als Rechtssubjekt stellvertretend für eine Person. vgl. ALEXANDER, S.61.

28 Gaius I, 129

29 Der Tod des Kriegsgefangenen wird für den Zeitpunkt seiner Gefangennahme fingiert.

30 vgl. ALEXANDER, S.65 ff und 110.

31 vgl.ALEXANDER, S.68.

Als die christliche Religion staatlich anerkannt wurde, entstanden die so genannten *ecclesiae*. Das Eigentum der Christen sollte an die *ecclesiae* abgegeben werden, im Sinne eines „Zurückgebens". Ziel war die Verhinderung der Aufteilung des den Christen gehörendes Vermögens und die Bewahrung seiner Einheit. Doch hatten schnell die Bischöfe allein über die verschiedenen Vermögensgegenstände der Kirche zu verfügen, so dass die Kirchengemeinde selbst an den Verfügungen nicht mehr beteiligt war.[32]

Die Lehre bezeichnet den „Sieg" des Christentums als die grosse **Wende in der Geschichte des Stiftungsrechts.**[33] Als eine der ersten diese Wende anzeigenden Erscheinungen nennt er die im Schoss des Korporationsvermögens der Gemeinden ruhenden *arcae*. Diese *arcae* stellen in den **christlichen Gemeinden** ein für charitative Aufgaben gebundenes korporatives Zweckvermögen dar. Ein bestimmter Teil, eine bestimmte Summe des gemeindlichen Vermögens wird von dem übrigen Vermögen abgesondert und darf nur für die vorgesehenen Zwecke verwendet werden.[34]

Die unselbständige Stiftung[35] findet sich bereits im **klassischen römischen Recht**,[36] und zwar in der Form, dass einer Gemeinde oder einem Verein Vermögenswerte mit der Bestimmung der Verwendung zu einem besonderen Zweck zugewendet werden.[37] Dreh- und Angelpunkt dieser variierten Form der unselbständigen Stiftung ist die Gemeinde, der das Grundstück abgetreten wird und die es sodann dem Stifter (und früheren Eigentümer) verpachtet, dessen Zinszahlungen von ihr zweckgebunden zu verwenden sind. Auch über den Tod des Stifters und des Pächters hinaus wird der Zweck verfolgt und kann erreicht werden, da ihm andere Pächter folgen, deren Zinszahlungen ihrerseits in der gleichen Weise zweckgebunden zu verwenden sind.[38] Von grosser Bedeutung ist hier die *bona*

---

32 vgl. ALEXANDER, S.40 f.

33 vgl. LIERMANN, S.24.

34 vgl. ALEXANDER, S.115.

35 vgl. weiter hinten, Kap.§4.II .5:Stiftungsarten: Echte und unechte Stiftungen

36 vgl. hinten, §4.II. Stiftungsarten: Echte und unechte Stiftungen. Der selbständigen Stiftung steht grundsätzlich und auch heute noch die unselbständige gegenüber. Im Gegensatz zur selbständigen Stiftung ist die unselbständige Stiftung ein im Hinblick auf die Rechtsträgerschaft ein nicht autonomes Gebilde. Das Vermögen ist dem Stiftungszweck gewidmet und wird einem Treuhänder übergeben, der es dem vertraglich festgelegten Zweck entsprechend verwaltet. Die Rechtsbeziehungen der Beteiligten untereinander richten sich im modernen Recht allein nach dem Obligationenrecht.

37 vgl. KUNKEL/HONSELL, S.80.

38 Dazu kommt, dass im Falle einer Bindung an körperschaftliche oder doch körperschaftsähnliche Einrichtungen droht die Verfehlung des Zweckes aufgrund von Fehlverhalten der zuständigen Repräsentanten bezüglich des der Zuwendung zugrunde gelegten *modus* (Auflage). Nicht immer nämlich können der Staat und damit besonde-

fides. Dieses Institut allein gewährleistet die Ausführung und Erreichung des Stiftungszwecks. Die *bona fides* ist es auch, die die Errichtung einer **unselbständigen Stiftung** durch *fideicommissum* nahe legt.[39]

Das *fideicommissum* dient grundsätzlich der Erfüllung einer formlosen Bitte eines Erblassers für die Zeit nach seinem Tod.[40] Die Erfüllung basiert lediglich auf sittlicher Verpflichtung.[41]

Der Empfänger der Vermögenswidmungen in der Antike waren vorerst einzelne Gottheiten, später kamen Stadtgemeinden und Kultgemeinschaften dazu. Nach gewisser Zeit wurde an Korporationen unterschiedlicher Prägung gewidmet, z.B. an private Schulen. Nach der Gründung von Bildungseinrichtungen kamen in späterer Zeit Krankenhäuser und Hospize hinzu, z.B. Herbergen für Pilgerreisende. Das Motiv einer Gründung solcher Einrichtungen war nicht nur das Fördern des Allgemeinwohls, sondern meist die damit verbunden Ehre, das eigene Ansehen in der Öffentlichkeit zu steigern.[42] In der römischen Antike, 1. und 2. Jh. n. Chr., erhielten erstmals römische Städte das Recht, Schenkungen (und damit Stiftungen) entgegenzunehmen.[43]

re *curatores rei publicae* die Überwachung der Verfolgung des Stiftungszwecks ausfüllen. Vgl. dazu auch BRUCK, S.54.

39 vgl. BRUCK, S.76.

40 vgl. ESTRIBÍ, S.11. Zur Erbschaft berufen wurden nur römische Bürger. Wollte nun ein Familienvater (*pater familiae*), dass für seine nicht römische Bürger nach seinem Tod gesorgt werde, bat er einen guten Freund um ein Abkommen (*fideicommissum cum amico*), wonach der Freund nach dem Tode des Familienvaters jene Personen mit voraus bestimmtem Vermögen versorgen sollte.

41 vgl. ALEXANDER, S.76.

42 Bekannteste Einrichtung dieser Art ist das dem Tempel des Asklepios angegliederte Hospiz in Epitauros, in dem ca. 160 Räume für reisende Pilger zur Verfügung standen. vgl. Smith/Borgmann, Foundations in Europe: The Historical Context, in: Schlüter/Then/Walkenhorst, Foundations in Europe, S.4.

43 vgl. SCHLÜTER, S.37.

II. Stiftungen im Mittelalter

Auch im Mittelalter bleibt die zentrale Zweckkategorie die der *pia causa*, d.h. kirchlich-religiöse[44] und soziale Angelegenheiten.[45] Die Grundlagen der **christlichen Lehre** sind gleichzeitig Motiv, Inhalt und Rechtfertigung für stifterisches Handeln. Seit der christlichen Antike hatte sich der Gedanke durchgesetzt, dass Christus ein Anteil am Nachlass gebühre und dass letztwillige Verfügungen für fromme Zwecke (*piae causae*)[46] nicht nur ein Grundanliegen des christlichen Glaubens beschrieben, sondern dem eigenen Seelenheil förderlich seien.[47] Die christlichen Kirchenväter hatten gelehrt, dass der Christ, wenn er über seine Güter von Todes wegen verfüge, einen Teil für kirchlich-soziale Zwecke hinterlassen solle (sog. „Sohnesteil Christi"). Mit solchen Zuwendungen könne er auch für das Heil der eigenen unsterblichen Seele sorgen (*pro salute animae*).[48] Sowohl die inhaltlichen Vorgaben wie auch die der Zweckverfolgung zugrunde liegende Vermögensübertragung waren eng an die Organisation der Kirche angebunden.[49] Die Kirche selbst wurde als eine „göttliche Stiftung" betrachtet, unabhängig von den Gläubigen, die sich in ihrem Schoss, bzw. in ihrer Obhut befanden. Den Bischöfen wurde das Recht eingeräumt, die Ausführung solcher letztwilligen Verfügungen zu überwachen. Wenn die Verfügung *ad pias causas* vom Erben nicht ausgeführt worden war, hatte der Ortsbischof ihn zu ermahnen und konnte, wenn dies fruchtlos blieb, den Nachlass an sich ziehen, um die Verfügung selbst auszuführen.[50]

Die **römisch-katholische Kirche** hat an dem Gedanken er Notwendigkeit der Verfügungen *pro salute animae* festgehalten. Sie setzte sich aus diesem Grunde für die Zulässigkeit von Testamenten ein. Die Vornahme von solchen Verfügun-

---

44 vgl. SEIFART/VON CAMPENHAUSEN, 1999, S.76 ff. Der Begriff der *piae causae* umfasst Zuwendungen für folgende Zwecke:
Seelenmessen pro salute animae,
An Christus, die Heiligen, die Kirche allgemein oder an bestimmte Kirchen, Klöster, Hospitäler und andere kirchliche Anstalten, sowie an Studenten,
An die Armen, Witwen und andere *miserabilies personae*, zur Ausstattung armer Mädchen, zum Loskaufen von Gefangenen,
Für das öffentliche Wohl (*publica utilitas*), insbesondere zur Herstellung von Wegen und Brücken,
Zur Befriedigung der Gläubiger.

45 vgl. BOEHMER (1743-54, II, X3, 26 (12)) nennt vier Gruppen: für die Armen, *pro anima, intuitu religionis Christianae, ab utilitatem publicam.*

46 Im Common Law werden die *piae causae* die Grundlage des Begriffs der „charities".

47 vgl. HORN, 1968, S.178 ff.

48 vgl. SEIFART/VON CAMPENHAUSEN, 1999, S.73.

49 vgl. SCHLÜTER, 2004, S.38.

50 vgl. SEIFART/VON CAMPENHAUSEN, 1999, S.74.

gen zugunsten der Kirche oder der Armen wurde nach den Auffassungen des frühen und hohen Mittelalters in enger Beziehung mit der Beichte und dem Empfang der Sterbesakramente gesehen. Die Kirche erreichte, dass die Durchführung von letztwilligen Verfügungen in mehr oder weniger grossem Umfang in ihre Zuständigkeit überging. Testamentssachen wurden grundsätzlich als der kirchlichen Gerichtsbarkeit unterworfen angesehen. Dies galt insbesondere für die **englische Kirche**. Da die mittelalterliche Kirche grundsätzlich nach römischem Recht lebte, blieben die Regelungen des justinianischen Rechts über *piae causae* in ihrer Praxis erhalten und wurden in dem sich bildenden kanonischen Recht ausgebaut.[51]

Ausser der Organisierung dieser öffentlichen, wohltätigen Einrichtungen, die die Vorgänger der öffentlichen Stiftungen waren, bediente man sich privatrechtlich im germanischen Rechtskreis der „Primogenitur“ (der Erst- oder Ältestgeborene wurde mit Ausschluss aller jüngeren Linien zur Erbfolge berufen). In Kontinentaleuropa entstanden die *Familienfideikommisse*, eine **Hausordnung des Adels**,[52] auf der Grundlage der im 16. Jh. in Spanien auftretenden „Majorate“. Das Bürgertum war von diesem Institut weitgehend ausgeschlossen: Es brauchte die Genehmigung des Landesherrn, die üblicherweise dem Adel vorbehalten blieb.[53]

In England entwickelte sich im Mittelalter der auf salischem Recht basierende „**Trust**“.[54]

III. Das späte Mittelalter, die frühe Neuzeit

Das späte Mittelalter, resp. die frühe Neuzeit kann man als den **Beginn des weltlichen Stiftungsrechts** bezeichnen. Bis zum Hochmittelalter hat sich das Stiftungsrecht im Wesentlichen im Rahmen des kirchlichen und römischen Rechts entwickelt.[55] Die frühe Neuzeit war gekennzeichnet durch die Reformation und Aufklärung. Die Folge war die Verweltlichung des Stiftungsrechts und die

---

51 Eine ausführliche Darstellung des Rechtes der Testamentsvollstreckung findet sich schon im Speculum Iuris des Durantis aus der 2. Hälfte des 13. Jh. (unter II, Particule 2 § 13); einzelne Regelungen enthalten die Dekretalen Gregors IX (1234) und die Clementinen (X 3; Clem.3, 6, 1312). vgl. SEIFART/VON CAMPENHAUSEN, 1999, S.74.

52 Diese Regelung ist in Liechtenstein bis heute für das Fürstenhaus Liechtenstein gültig.

53 vgl. SANTO-PASSO, 2002, S.45

54 vgl. SANTO-PASSO, 2002, S.45

55 vgl. SEIFART/VON CAMPENHAUSEN, 1999, S.80 ff.

zwangsweise Überführung geistlicher Einrichtungen und Besitzungen auf weltliche Hoheitsträger. Dies führte aber zu keiner grundsätzlich neuen Behandlung des Zweckkriteriums, der *piae causae.*[56] Der Zweck verlor gleichwohl seinen unmittelbaren Bezug zur Institution der Kirche und wurde zu einer von der Kirche unabhängigen Organisationsform öffentlicher Fürsorge. Auch die weltlichen Gründungen orientierten sich am kanonischen Recht.[57]

Eine wichtige Weichenstellung in der Entwicklung der Stiftungswirklichkeit vollzog sich im ausgehenden Mittelalter durch die Gründung von **Stiftungen in freien Städten**, die weitgehend **in bürgerlicher Regie** verblieben. Das Stiftungswesen welches neu in Erscheinung trat, stand ausserhalb der Kirche, wurde von Laien verwaltet und von städtischen Behörden, insbesondere dem Stadtrat, beaufsichtigt.[58] Gemeinnützige Stiftungen entstanden so in Nürnberg (1522), Strassburg (1523), Mons (1525) und Lille (1527). Die Verwaltung von Stiftungen mit charitativen Zielen zu Gunsten der Allgemeinheit, insbesondere zur Unterstützung der Armen und Kranken in der Stadt, wurden von städtischen Honoratioren oder Gremien des Stadtregiments übernommen; gleichzeitig drängten städtische Organe in die Position einer Stiftungsaufsicht.[59] In manchen Städten hatten die städtischen Behörden die Administration aller Stiftungen zentralisiert und sich selbst übertragen, so z.B. in Florenz (Statuten von 1415).[60] Soweit die Kommunen ihre Einflussnamen begrenzt hielten, waren Zustiftungen weiterer Stifter häufig. Die Frankfurter **Reformation** von 1509 bestimmt, dass Treuhänder, die Stiftungen verwalten, gegenüber dem Stadtrat Rechnung zu legen haben.[61]

Diese Entwicklung hat sich aber nicht in einer grundsätzlichen Gesetzgebung niedergeschlagen; sie hat sich vielmehr in den Testamentsgepflogenheiten der Stifter und in der Verwaltungspraxis der Städte vollzogen. Die Stifter übertrugen nicht mehr Grundstücke, Kapitalien und Renten unmittelbar an die Kirche oder kirchliche Organisationen, sondern ernannten Testamentsvollstrecker (Treuhänder) – häufig Laien – und beauftragten sie, die Einkünfte den *piae cuasae* zuzuwenden.[62]

Dem Beispiel der Städte folgten die sich allmählich herausbildenden Territorialstaaten und versuchten, die Stiftungsaufsicht an sich zu ziehen sowie vorhandene Einrichtungen zusammenzufassen. Besonders trat diese Entwicklung in den

---

56 vgl. COING, §5, Rz.34 ff.
57 vgl. SEIFART/VON CAMPENHAUSEN, 1999, S.80
58 vgl. dazu im einzelnen LIERMANN, 1963, S.169-229.
59 vgl. SCHLÜTER, 2004, S. 38 ff.
60 vgl. LIERMANN, 1963, I, S. 127.
61 vgl. LIERMANN, 1963, I, S. 131.
62 vgl.SEIFART/VON CAMPENHAUSEN, 1999, S.80.

Ländern hervor, die sich der Reformation anschlossen.[63] Zum Teil wurden allerdings aus dem übernommenen kirchlichen Besitz (nicht nur Stiftungskapitalien, sonder auch Güter von aufgelösten Klöstern) **neue weltliche Grossstiftungen** geschaffen; ein bedeutendes Beispiel ist die Organisation der Klosterkammer in Braunschweig – Lüneburg. Indessen hat sich diese Gesamttendenz der staatlichen Verwaltung nicht nur auf die protestantischen Länder beschränkt, sondern auch in den katholischen Territorien bemerkbar gemacht. Die staatlichen Behörden übernehmen die Befugnisse der Kirche. Dies ist im Deutschen Reich in der Reichspolizeiordnung von 1577 festgelegt. Dass die **Gründung selbständiger Stiftungen** beim Landesherrn lag, ergab sich schon aus dem Bestimmungen des gemeinen Rechts.[64]

In **England** haben diese Tendenzen im **Charities Act** von 1601 ihren Ausdruck gefunden.[65]

In Frankreich basierten die Dominanz des Staates und die Betonung der Zentralgewalt auf einem Monopolanspruch, der alle Aufgaben mit Zielen zu Gunsten der Allgemeinheit dem Staat zuwies und privates Engagement in diesen unter enger staatlicher Kontrolle zuliess. Zentrale Einschnitte in dieser Entwicklung waren die Einschränkungen der Rechte von Stiftungen und das Verbot der Gründung neuer Stiftungen während der Regierungszeit Ludwigs XIV. (1638 bis 1715) und Ludwigs XV. (1715 bis 1774). Auch im Zuge der **französischen Revolution** erfolgte keine Wende im Sinne einer Liberalisierung des Stiftungsrechts.[66] Das Gegenteil war der Fall: Die einschränkenden Massnahmen gegenüber den *corps intermedédaires* zwischen Bürger und Staat als Gefahr für die Freiheit sowie zu Lasten der Stiftungen wurden weiter verschärft. Gewerbliche und berufständische Korporationen wurden aufgehoben und ihre Neugründung durch das *Le Chapellier*-Gesetz von 1791 verboten.[67] Die parallel eingeleitete Einziehung der Stiftungen durch den Staat führte nahezu zum vollständigen Untergang des Stiftungswesens in Frankreich.[68]

Auch die Familienfideikommisse unterlagen mit der Aufklärung und dem Liberalismus im 18. und 19. Jh. großer Kritik und Widerstand. Das Familienfideikommiss fand bereits keinen Eingang im **Code Napoléon**, deren Verfasser im Zeichen der Liberté und Egalité Schwierigkeiten mit diesem alten Adelsinstrument hatten. So wurde es von einem neuen Rechtsinstrument, der „juristischen Person" verdrängt. Wegbereiter waren unter anderem Carl Friedrich von Savigny

63 vgl. SEIFART/VON CAMPENHAUSEN, 1999, S.81.
64 vgl. SEIFART/VON CAMPENHAUSEN, 1999, S.81.
65 vgl. SEIFART/VON CAMPENHAUSEN, 1999, S.81.
66 vgl. SCHLÜTER, 2004, S.40.
67 vgl. HORN, 1986, S.3190 f.
68 vgl. SMITH/BORGMANN, 2001, S.25.

(1779-1861) und Otto von Gierke (1841-1921) mit seiner Teilung juristischer Personen in Korporationen als Personenverband, Stiftungen als verselbständigtes Zweckvermögen und Anstalten als verselbständigtes Zweckvermögen. [69]

Für diesen Zeitabschnitt sind zwei Gedanken hervorzuheben:[70] Bis dahin waren Stiftungen im Wesentlichen im Zusammenhang mit der Förderung religiöser Zwecke und damit in Verbindung mit kirchlichen Einrichtungen gesehen worden. Jetzt treten demgegenüber weltliche Zwecke in den Vordergrund. Der protestantische Kirchenrechtler Justus Henning Boehmer mein in seinem *Ecclesiasticcum protestantium*, Zuwendungen ad *pias causas* zur Beförderung der christlichen Religion seren in der Praxis meist *„superstitiosae"*. Nützlich seien diejenigen, welche der *utilitas publica* dienen; sie fördern das Wohl so vieler Menschen. Boehmer erwähnt dabei besonders die Arbeitshäuser und Armenhäuser. Jedoch beschränkt sich die *utilitas publica* nicht nur auf solche Anstalten. Gefördert wird auch die Erziehung und Wissenschaft (z.B. die Franke'schen Stiftungen in Halle, 1692 und die Senckenbergischen in Frankfurt a. M., 1763)

Die **Aufklärung** war auch gemeinnützigen Stiftungen nich günstig gesonnen. Was für den gemeinsamen Nutzen zu tun war, sollte der Staat besorgen. So bedurften **selbständige Stiftungen** als *„collegia"* einer staatlichen Genehmigung (Privileg), in welcher regelmässig auch die Organisation der Stiftung festgelegt wurde und sie wurde einer straffen staatlichen Aufsicht unterworfen. Diesem Gedanken entspricht insbesondere die Regelung im Preussischen ALR von 1794.

IV. Stiftungen im 19. Jahrhundert

Mit der Entstehung der **modernen Nationalstaaten** geht auch das – unter dem bindenden Einfluss der Kirche bis dahin weitgehend einheitliche – Stiftungsrecht eigene Wege. Ganz deutlich zeigt sich diese Tendenz in der zulässigerweise mit einer öffentlichen Stiftung verknüpften Zweckbestimmung. Der grösste Teil der nationalen Ordnungen folgt der Tradition, die Stiftung als ein Instrument privaten Engagements für die Allgemeinheit zu verstehen. In anderen Rechtordnungen löst sich der Begriff von einer festgelegten Zweckkategorie, die Stiftung entwickelt sich zu einem Rechtsinstrument, das zwar weiterhin am Begriffskriterium der Vermögens-Zweckrelation festhält, gleichwohl wird die Zweckbeschränkung geöffnet und nur noch im Wege einer negativen Abgrenzung die Stiftungszwecke ausschliesst, die mit der Rechtsordnung nicht in Einklang stehen.[71]

---

69 vgl. SANTO-PASSO, 2002, S.45 ff

70 vgl. SEIFART/VON CAMPENHAUSEN, 1999, S.81.

71 vgl. SCHLÜTER, 2004, S.39 ff.

In **Frankreich** versuchte man im Verlaufe des 19. Jh. das **Stiftungswesen durch Wiedererstehen** und Ausbreitung neu zu beleben. Doch blieben die engen Genehmigungsvoraussetzungen sowie die umfassende staatliche Einflussnahme auf die Tätigkeit der Stiftungen, welche kein unabhängiges Stiftungswesen entstehen liessen.[72]

Die Entwicklung in **Deutschland** nahm hingegen eine andere Richtung. Hier entstand das Konzept der noch heute die Diskussion beherrschenden „gemeinwohlkonformen Allzweckstiftung", wobei die „Gemeinwohlkonformität" nicht auf eine auf das allgemeine Wohl gerichtete Zwecksetzung bezogen war, sondern in negativer Abgrenzung die Stiftungen ausschliessen sollte, die gegen die Interessen der Allgemeinheit verstossen.[73] Die Anerkennung der Stiftung als juristische Person setzte sich auch in der Rechtslehre[74] und Gesetzgebung durch. Eine erste **Kodifizierung der Stiftung** erfolgte in Baden durch ein Gesetz aus dem Jahre 1870. Dieses Gesetz erlaubte neben den Stiftungen für öffentliche Zwecke auch **Familienstiftungen.**[75] Als Ausprägung des **liberalen Rechtsstaates des 19. Jh.** geniesst der Stifter in Deutschland die Freiheit der Zweckbestimmung; die Festlegung der Stiftungszwecke ist Ausfluss des Eigentums und frei von staatlicher Begrenzung.[76] Sowohl in Deutschland wie auch in der Schweiz wurde neu der Unterschied zwischen Korporationen und Stiftungen herausgearbeitet.[77] Die neue Erkenntnis bestimmte auch die Gesetzgebung des 19. Jh. Sie liegt z.B. dem von Bluntschli verfassten **„Privatrechtlichen Gesetzbuch für Kanton Zürich"** (1854-1856) und dem sächsischen Gesetz, die juristischen Personen betreffend, vom 15. Juni 1868[78] zugrunde.

Die **Schweiz** verbot um die Jahrhundertwende den Fideikommiss (Art. 335 Abs. 2 ZGB) und erlaubte den Stiftungen neben dem ideellen Zweck nur noch die Unterstützung Not leidender Familienangehöriger oder die Ausrichtung von Hei-

---

72 vgl. SCHLÜTER, 2004, S. 40.

73 Insoweit ist dies Kriterium lediglich als allgemeiner Gesetzesvorbehalt zu interpretieren, so die heute herrschende Meinung in: SEIFART/VON CAMPENHAUSEN, 1999, §8, Rz. 56.

74 Ausgangspunkt war der sog. Städel-Fall: der Frankfurter Kaufmann J.f. Städel hatte in seinem Testament sein Vermögen einer Stiftung zugewandt, die zu diesem Zeitpunkt noch nicht gegründet war; die Angehörigen machten geltend, ihnen stände das Erbe zu, da zum Zeitpunkt des Todes noch keine juristische Person in Form der Stiftung als Erbin existiere; dieser Fall löste breite Diskussion über das Wesen der juristischen Person aus, dazu die Einzelheiten bei RICHTER/GERMANN, 1998, , S.427, 430.

75 nämlich gemäss dem §36 dieses Gesetzes. vgl. VON CAMPENHAUSEN, 1998, S.40.

76 vgl. SCHLÜTER, 2004, S.41.

77 vgl. SEIFART/VON CAMPENHAUSEN, 1999, S.82.

78 Gesetz- und Verordnungsblatt für das Königreich Sachsen 1868, S.315-330.

ratsgut.[79] Sie ist aber trotz allem ein **Pionier im Stiftungsrecht**, wurde doch 1853 im Kanton Zürich die erste deutschsprachige Kodifikation des Stiftungsrechts verwirklicht.[80] Das Zürcher Gesetz lässt die **Errichtung einer rechtsfähigen Stiftung** durch Rechtsgeschäfte unter Lebenden und durch Testament zu, eine staatliche Genehmigung ist nicht erforderlich; wohl aber besteht eine staatliche bzw. gemeindliche Oberaufsicht.[81]

Österreich sah für Stiftungen gemeinnützige, mildtätige Zwecke bzw. „ideelle" Familienstiftungen für Notfälle oder „gemischte" Stiftungen für Familienangehörige als Begünstigte neben allgemeinen Zweckbestimmungen vor (§ 2 BSTFG). Doch die geringe Bedeutung der Stiftung zu diesem Zeitpunkt ersieht man durch genauere Betrachtung des ABGB vom Jahre 1812 wo lediglich 2 Paragraphen der Stiftung gewidmet sind (§26 und §646).[82]

Im Gegensatz zu den Staaten am Kontinent, war die Rechtsentwicklung in **England** – und aufbauend darauf auch in den **Vereinigten Staaten** – in Bezug auf die zulässigen Stiftungszwecke deutlich kontinuierlicher. Die Kontinuität zeigt sich sowohl in der Form wie in den Zwecken der Einrichtung: Basis für die Errichtung ist die Rechtsform des *trusts*, inhaltlich sind die gemeinnützigen Zwecke fest umrissen. Das Recht der gemeinnützigen Stiftung geht zurück auf den *Charitable Uses Act 1601*. Die Regelung von 1601 ist bis heute zentraler Bestandteil des englischen und U.S.-amerikanischen Stiftungsrechts.[83]

V. Stiftungen in der Moderne

Ende des 20. Jh. führten in **Frankreich** Diskussionen zu einer Kodifizierung des Stiftungsrechts und mit der Einführung der Form der **Unternehmensstiftung** als einem bis dahin nicht bekannten Typ stifterischen Engagements für Wirtschaftsunternehmen.[84] Stiftungen wurden erstmals durch das französische Gesetz vom 23. Juli 1987 ausdrücklich anerkannt.[85]

---

79 vgl. SANTO-PASSO, 2002, S.45 ff

80 vgl. KÜNZLE, 2002., S.1.

81 vgl. SEIFART/VON CAMPENHAUSEN, 1999, S.83.

82 vgl. SANTO-PASSO, 2002, S.45 ff.

83 vgl. das Urteil Income Tax Special Purposes Commissioners v. Pemsel (1891) A.C. 531, 583, sowie weitere Einzelheiten bei SCHLÜTER, 2004, S.41 ff.

84 Zu den Reformvorschlägen: Conseil d'État, Rendre plus attractif le droit des fondations, S.133 ff.

85 Vgl. SCHLÜTER, 2004, S.94; *Loi no. 87-571 du 23 Julliet 1987 sur le développment du mécénat*, Text bei Allard, Les Fondations, Guide pratique et juridique, S.125 ff.

In **Italien** kam es auch zur Reform des Stiftungsrechts mit der Umwandlung von Banken in gemeinnützige Stiftungen, dem Übergang vom Konzessionssystem zu System der Normativbestimmungen, sowie der auf einer Beteiligung mehrerer basierenden **Beteiligungsstiftungen** neue Impulse.[86]

Allein im Fürstentum **Liechtenstein**, dessen Rechtsordnung weitgehend von **Österreich** aus bestimmt wurde, blieb das Familienfideikommiss bestehen, und wurde 1926 in der liechtensteinischen Eigenschöpfung des neuen Personen- und Gesellschaftsrechtes (PGR) in der 4. Abteilung/14. Titel (Art. 829-833) neu geregelt. Doch welche Bedeutung der Verfasser der Institution des Familienfideikommisses zugemessen hat, ist aus der Anzahl der Rechtsnormen – 5 Artikel – zu ersehen.[87] Im selben Jahr verankerte das kleine Land auch die **private Stiftung** (Familienstiftung) in einer Form, sie sich als **optimales Rechtsinstitut** für die Lösung der Nachfolge bei privaten Vermögen zeigte.[88]

Eine mögliche Vereinheitlichung des Stiftungsrechts in der **Europäischen Union**[89] ist die zentrale Frage der Zukunft des Stiftungswesens[90]. Ein am Max-Planck-Institut für ausländisches und internationales Privatrecht in Hamburg durchgeführtes Projekt, hat das in den EU-Mitgliedstaaten, der Schweiz, Liechtenstein, den USA und in den osteruopäischen Staaten geltende Stiftungsrecht rechtsvergleichend untersucht, um Ansätze für eine Reform, bzw. für eine EU-Harmonisierung[91] des Stiftungsrechts zu gewinnen. Ziel des Projektes ist es, ausgehend von der Rechtsvergleichung, nach dem Vorbild der europäischen Aktiengesellschaft, das Modell einer **Europäischen Stiftung**[92] zu entwickeln. Die im

86 vgl. SCHLÜTER, 2004, S.42.

87 SANTO-PASSO, 2002, S.46.

88 bis heute wird die Existenz von etwa 100'000 hinterlegten Privatstiftungen vermutet. Die genaue Anzahl ist, da im Öffentlichkeitsregister nicht eingetragen, nur anhand der Steuereinnahmen, welche jeweils von der Liechtensteinischen Steuerverwaltung publiziert werden, möglich, falls man annimmt, dass diese steuerlich privilegierten Stiftungen das Steuerprivileg beanspruchen und lediglich die Jahressteuer von 1'000.- Franken bezahlen.

89 auf der Grundlage der Art.95 und 308 EU-Vertrages.

90 vgl. VON HIPPEL, S.32

91 Das europäische Stiftungsprojekt wird in Zusammenarbeit mit dem Institut für Stiftungsrecht an der Bucerius Law School, Hamburg, unter Leitung von Prof.Peter Rawert und Prof.Rainer Walz durchgeführt und von weiteren Institutionen wie Bertelsmann Stiftung, Zeit-Stiftung, Compagnia di SanPaolo und European Foundation Centre, unterstützt. Vgl. VON HIPPEL, S.33.

92 vgl. die Präambel der geplanten EU-Richtlinie: „This model law for the **European Foundation** is intended to promote Foundations in Europe (especially within the European Union). European Foundations shall exemplify generally accepted best practice in their activities and administration, especially in following high account-

Jahre 1997 von der EU-Kommission[93] veranlasste Rechtsvergleichung zeigt, dass im Rahmen der EU ein Handlungsbedarf besteht. Dennoch erweist sich eine einheitliche Kodifizierung des Stiftungsrechtes schon im Ansatz als schwierig. Dies zum einen schon deshalb, weil die privatrechtliche Stiftung völlig unterschiedliche Zwecke verfolgen kann. Zum anderen sind neben der privatrechtlichen Stiftung europaweit andere Stiftungsarten (gemeinnützige, Familien-, Unternehmens-, Beteiligungsträger-, usw. Stiftungen) bekannt.[94] Wegen dieser verwirrenden Vielfalt von Stiftungstypen erscheint deren einheitliche rechtliche Erfassung im europäischen Kontext als problematisch.[95] Dies erschwert sowohl den Rechtsvergleich als auch die gewünschte EU-Harmonisierung.[96]

---

ability standards and serving the public interest and therefore benefit from a favourable tax status, especially for cross border relationships."

93 vgl. Mitteilung der EU-Kommission vom 06.06.1997 über die Förderung der gemeinnützigen Vereine und Stiftungen in Europa, S.241.

94 vgl. RAWERT, S.115.

95 sogar auf der Ebene innerhalb der EU-Staaten. So z.B. in Deutschland, wo das Stiftungsrecht Landesrecht ist und der deutsche Bundesgesetzgeber in seiner Gesetzgebungskompetenz gemäss Art.70 Abs.1 Grundgesetz beschränkt. Deshalb stellt das deutsche BGB auch nach seiner Modernisierung nur rudimentäre Regelungen für Privatstiftungen auf und verweist auf die Landes-Stiftungsgesetze der deutschen Bundesländer. Vgl. ANDRICK/SAUERBAUM, S.256ff.

96 vgl.laufende Informationen von European Foundation Centre auf der Web-Seite: www.efc.be (aktuell ist der Dritte Entwurf der geplanten Richtlinie).

§ 3. Systematische Auslegung / Die Eingliederung des LFIP in das panamesische Rechtsystem

Die Stiftung ist ein Institut, das mit verschiedenen Rechtsgebieten in Berührung kommt. Sie weist Berührungspunkte auf zum Zivilrecht,[97] zum Familienrecht[98], zum Steuerrecht[99], zum internationalen Privatrecht[100] und zum internationalen Strafrecht[101].

Die Stiftung des Privatinteresses hat ihre Wurzeln in der panamesischen Verfassung (Constitución Nacional), deren Artikel 39 die Gründung von juristischen Personen (Gesellschaften, Vereine, Verbände und Stiftungen), die nicht gegen das Gesetz oder die Moral verstoßen, erlaubt und anerkennt. Nicht anerkannt werden Verbände deren Inspirationsquelle Ideen und Theorien sind, welche auf der Überlegenheit einer Rasse oder einer ethnischen Gruppe basieren.[102]

I. Die Stiftung und das Familienrecht

Im neuen panamesischen Familienrecht[103] aus dem Jahre 1994 (Codigo de la Familia) werden im Zusammenhang mit der Stiftung die Artikel 84, 85, 88, 92, 94, und 98 erwähnt und die Artikel 10 und 11 des Abschnittes über das Internationale Familienrech.

---

97 Subsidiäre Anwendung des Zivilrechts: die Funktion und Verwaltung des Stiftungsrats, die Stiftungsurkunde und andere Dokumente, das Regime der Schenkung von Vermögen an die Stiftung

98 Schon nur der Name „Familienstiftung“ verrät, dass es sich um Familienvermögen, Familienmitglieder, Nachfolgeregelung etc. handelt.

99 Die Stiftung genießt eine besondere Behandlung im Steuersystem.

100 Extraterritoriale Auswirkungen der Stiftung und die damit zusammenhängende Anerkennung der Stiftung im Ausland

101 Im Zusammenhang mit der Steuerumgehung und Geldwäscherei. Was Materie verschiedener internationaler Abkommen darstellt.

102 vgl. Moreno, S.24. Der Verfassungs-Art.39 lautet im Originaltext: „Es permitido formar companías, asociaciones y fundaciones que no sean contrarias a la moral o al orden legal, las cuales pueden obtener su reconocimiento como personas jurídicas. No se otorgará reconocimiento a las asociaciones inspiradas en ideas o teorías basadas en la pretendida superioridad de una raza o de grupo étnico, o que justifiquen o promuevan la discriminación racial.“

103 Gesetz Nr. 3 vom 27. April 1994, Código de la Familia

Das Vermögen einer Familie soll sich mit dem Vermögen einer Stiftung in jenen Fällen vereinen, wo das Gesetz bei der Konstruktion einer juristischen Person erweiterte Privilegien und erweiterten Schutz (des Vermögens) vorsieht. Dies kann man als eine Invasion der Stiftungsnormen in das Familienrecht bezeichnen oder aber auch als eine Harmonisierung zwischen den beiden Rechtskreisen. Es geht also um eine subsidiäre Anwendung des Stiftungsrechtes, sobald der Schutz von Schenkungen oder Familienvermögen gefragt ist[104].

Die Stiftung stellt also eine Reaktion zur Gesetzgebung dar, welche den Schutz der Familie von mancher Sicht unbefriedigend regelt. Das zeigt uns, dass die Stiftung als Institut einen stark sozialen Sinn hat und nicht nur jenen rein ökonomischen, wie es leider oft dargestellt wird.

II. Die Stiftung und das Internationale Privatrecht

Anerkennung ausländischer Stiftungen

Sowohl das Stiftungsgesetz, nämlich die Art.28 bis 36 LFIP, wie auch das panamesische Trustgesetz[105] beinhalten Normen des Internationalen Privatrechts. Diese Normen regeln vor allem die Anerkennung der ausländischen Stiftungen in Panama und umgekehrt. Art.28 LFIP bestimmt, dass Stiftungen, welche rechtsgültig und übereinstimmend mit einem ausländischen Gesetz errichtet wurden, durch das LFIP anerkannt werden und sich folglich an die Dispositionen des Stiftungsgesetzes halten können.

Der Art.28 LFIP bestimmt nicht, auf welche Rechtskreise und Jurisdiktionen sich diese Anerkennungsregelung bezieht. Eine Einschränkung der Jurisdiktionen ist nicht vorhanden. Die Anerkennungsregelung ist genereller Natur. Es mag sich um die Liechtensteinische Stiftung oder um eine (der liechtensteinischen) äquivalente Stiftung handeln. Dieser Artikel führt uns in das Prinzip der Fortbestehens, der Kontinuität oder der Wiederansässigkeit, Redomizilierung oder auch in das Prinzip des Sitzwechsels und des Wechsels der Jurisdiktion, ein, mit einer Änderung des anwendbarech Rechts aufgrund des „Nationalität-Wechsels" der Stiftung, als Folge.

---

104 Was zum Beispiel im Falle vom Schutz von Minderjährigen auftritt oder wenn die Familieneinheit als solche, der Familienzusammenhalt unterstützt werden soll.

105 Gesetz Nr. 1 vom 5. Januar 1984, La Ley de Fideicomisos

In Fällen der Sitzverlegung gemäss Art. 28 LFIP, bleiben in Kraft sämtliche, vor der Aenderung der Jurisdiktion geltenden Verantwortlichkeiten, Rechte und Pflichten, sowie die gegen diese ausländischen Stiftungen gerichtete Gerichtsverfahren oder die seitens der Stiftungen im Ausland initiierten, pendenten Gerichtsverfahren. Die Gültigkeit solcher Rechte und Pflichten wird gemäss Art. 31 LFIP durch die Aenderung Jurisdiktion nicht berührt.

Der Art. 28 LFIP ist ohne Art. 29 LFIP undenkbar, welcher Folgendes festhält: Stiftungen, welche einen Domizilwechsel vornehmen wollen, müssen einen Beschluss vom zuständigen Organ vorweisen. Ein solcher Beschluss muss Folgendes enthalten:

Name der Stiftung und Datum ihrer Errichtung

Angaben der Eintragung, Handelsregisterauszug des Herkunftslandes.

Erklärung, in welcher ausdrücklich der Wunsch geäußert wird, als panamesische Stiftung ihre rechtliche/gesetzliche Existenz fortzusetzen.

Alle Formalitäten, die zur Errichtung einer Stiftung erforderlich sind.

Außer diesen Formalitäten müssen auch noch folgende Dokumente beigelegt werden:[106]

Eine Kopie der Errichtungsurkunde, in welcher der Wunsch der Kontinuität in Panama ausgedrückt ist, zusammen mit jeglicher Änderung.

Eine Vollmacht an einen panamesischen Rechtsanwalt, welcher mit der Erledigung des Geschäftsganges beauftragt wird.

Zum Schluss wird die Stiftung im Öffentlichkeitsregister, in der Abteilung der Stiftungen Privaten Interesses („Sección de Fundaciones de Interés Privado") registriert.[107]

Natürlich muss so ein Domizilwechsel auch im Herkunftsland der Stiftung erlaubt sein, sonst kommt ein Sitzwechsel nicht in Frage.

Die Fortführung unter solchen Bedingungen ist von der Liquidation einer Stiftung zu unterscheiden. Mit dem Wechsel des Sitzes der Stiftung ist keine Liquidation verbunden. Das heißt, die Verantwortung des Stiftungsrates oder anderer Personen, die im Namen der Stiftung handelten wird nicht außer Kraft gesetzt. Auch bleiben Klagen gegen die Stiftung bestehen. Dies ist aus dem Art. 31 LFIP zu entnehmen: Sowohl die vorher erworbenen Verantwortungen, Pflichten und Rechte der Stiftung als auch Prozessverfahren, die gegen die Stiftung begonnen wurden oder welche die Stiftung selbst herbeigeführt hat, bleiben beim

106 vgl. Art.30 LFIP
107 vgl. Art.33 LFIP

Wechsel des Sitzes oder der Gesetzgebung gültig, ohne dass diese Rechte und Pflichten vom Wechsel der Gesetzesnormen betroffenen sind.

Mit der Frage des Ortwechsels ist auch das Prinzip der Willensautonomie verbunden, das Prinzip der Freiheit sich die Jurisdiktion (Gerichtsbarkeit) selbst zu wählen. Diese Autonomie des Willens hält Art. 32 LFIP fest: Stiftungen, welche in Übereinstimmung mit dem Stiftungsgesetz errichtet sind, sowie das Guthaben, welches ihr Vermögen darstellt, können verlegt oder anderen Gesetzen oder Jurisdiktionen unterbreitet werden, falls dies in der Errichtungsurkunde oder im Stiftungsreglement so vorgesehen ist. Das heißt, die panamesische Stiftung kann die Regelung ihrer inneren Verhältnisse und Verwaltungstätigkeiten, (z.B. vom Stiftungsrat, dem Protektor und/oder der Begünstigten) einem ausländischen Gesetz unterstellen, und, eventuell, diese Regelung der Unterstellung auch auf ihr Vermögen ausdehnen.

Es werden also zwei fundamentale Aspekte festgehalten, einerseits der Wille in eine andere Jurisdiktion zu wechseln und andererseits die rechtliche/gesetzliche Annerkennung seitens beider Jurisdiktionen und die damit zusammenhängende Unterbreitung der Stiftung unter die neuen gesetzlichen Bedingungen. Hier darf man wiederum auf die Ähnlichkeit der Stiftung mit dem Trust hinweisen, welcher sich auch frei „seine" Rechtsordnung bestimmen darf. Diese Toleranz gegenüber dem ausländischen Recht ist ein großer Vorteil der panamesischen Stiftung. Doch Vorsicht, auch bei der Wahl der Jurisdiktion gibt es eine Ausnahme, basierend auf dem Artikel 6 des Zivilgesetzbuches (Código Civil), nämlich, Konflikte im Zusammenhang mit Liegenschaften, die sich in Panama befinden, werden immer nach panamesischem Recht geregelt, entsprechend der Regel „lex rei sitae".

Wir bleiben gleich noch bei den Konflikten und deren internationaler Regelung im Zusammenhang mit dem Prinzip der Willensautonomie und im Bezug auf die Gerichtsbarkeit beziehungsweise Befugnis zur Rechtsprechung. Der Art. 36 LFIP bestimmt, dass jede Streitigkeit, derer konkreter Ablauf nicht im Stiftungsgesetz geregelt ist, im allgemeinen Gerichtsprozess unter Anwendung subsidiärer Gesetzesnormen gelöst werden soll.

Zudem kann die Errichtungsurkunde oder das Stiftungsreglement bestimmen, dass jede Streitigkeit durch ein Schiedsgericht respektive Schiedsrichter entschieden werden kann.[108]

---

108 Die Arbitrage kann bereist institutionell festgelegt werden oder es kann bestimmt werden, dass sie „ad hoc" gewählt wird und unter welchen Kriterien.
Es können dabei jegliche Arten von Urteilen entstehen, welche natürlich nicht rechtswidrig sein dürfen.

Auf die gleiche Weise kann auch das Verfahren, an welches sich das Schiedsgericht oder die Schiedsrichter zu halten haben, bestimmt werden. Als Vorbild dienen oft Richtlinien öffentlicher und bekannter Arbitrage-Zentren[109] sowie internationale Abkommen, wie zum Beispiel die Panama Konvention vom Jahre 1975[110] oder die New Yorker Konvention von 1958, ratifiziert von Panama im Jahre 1983. Der Vorteil eines Schiedsgerichts liegt in der Trennung von der allgemeinen, ordentlichen, gewöhnlichen staatlichen Gerichtsbarkeit, sowie die Flexibilität, die Spezialisierung und die oft von den Beteiligten beanspruchte Vertraulichkeit. Im Falle dass nichts relevantes in der Stiftungsurkunde oder im Reglement bestimmt wurde, gelten die Normen des Zivilgesetzbuches (Código Civil).[111]

III. Die Stiftung und das Internationale Strafrecht

Der Art.34 LFIP enthält Normen gegen einen ungerechtfertigten und widerrechtlichen Gebrauch der Stiftung privaten Interesses. Um allfälligen Straftaten vorzubeugen, gelten für ihr Funktionieren alle gesetzlichen Normen, welche in der Regierungsentscheidung Nr. 468 vom Jahre 1994 enthalten sind sowie jegliche andere Normen, die bestimmt sind für die Bekämpfung der Geldwäscherei.

Der Art. 34 LFIP erlaubt den Gebrauch nicht nur inländischer Gesetzesnormen sondern auch internationaler Abkommen auf diesem Gebiet, seien sie unilateral oder multilateral[112] oder seien sie regionalen Charakters[113].

IV. Die Stiftung im Vergleich mit der panamesischen Aktiengesellschaft und dem Fideicomiso (TRUST)

Panamesische Aktiengesellschaft

Die panamesische Aktiengesellschaft wurde im Jahre 1927 durch das Gesetz Nr. 32: ‚La Ley de la Sociedad Anónima‘ zum Leben erweckt. Während die Ak-

109 Arbitrage-Zentrum der Internationalen Handelskammer in Paris oder Internationales Arbitrage-Zentrum von Stockholm.

110 Convención de Panamá regelt Arbitragefragen im lateinamerikanischen Raum,

111 Als Kriterium der Gerichtszuständigkeit ist der Sitz oder der Ort der Registrierung der Juristischen Person. Dieser Ort ist als jener Ort definiert, wo sich die Administration realisiert („controlled and managed"), wo sich also im Falle der Panama-Stiftung der Stiftungsrat befindet.

112 Wie z.B. die Wiener Konvention vom Jahre 1988.

113 Wie z.B. gemäss Vertrag zwischen Panama und den Vereinigten Staaten. Vgl. ‚Mutual Assistance Treaty in Penal Cases‘ (TALM) aus dem Jahre 1991.

tiengesellschaft einen Vertrag darstellt, der seine Wirkungen gegenüber Dritten im Moment seiner Erstellung, nämlich durch die Inkorporation der Aktiengesellschaft, herstellt, ist die Stiftung, gemäss Art.4 LFIP ein unilateraler Akt freien Willens des Gründers.

Die Aktiengesellschaft gibt Anteilscheine heraus, durch welche bestimmt wird, wer die Kontrolle oder das Eigentumsrecht über die Gesellschaft besitzt. In der Stiftung gibt es keine Aktien, die Kontrolle und ihre Ausführungsart ist in der Stiftungsurkunde oder den Beistatuten festgehalten. Es existieren keine Eigentümer oder Aktionäre. Nachdem der Stifter die Stiftung gegründet hat, löst sich der Stifter gemäss Art.10 LFIP von seinem Vermögen. Auch die Begünstigten haben keine Eigentumsrechte sondern können, gemäss Art.18 Abs.4 LFIP lediglich Ansprüche an die Stiftung stellen.

Während die Aktiengesellschaft einem kommerziellen Ziel nachgeht[114], versucht die Privatstiftung ihrem Vermögen einen bestimmten spezifischen Sinn zu geben. Es ist ihr gemäss Art. 3 LFIP verboten, wirtschaftliche Zwecke nach kaufmännischer Art zu verfolgen.

Die Aktiengesellschaft richtet sich nach dem Handelsrecht. Die Stiftung gehört gemäss Art.2 LFIP in den Bereich des Zivilrechts.

Panamesischer Trust

Panama, wie Liechtenstein auch, verfügt über die Rechtsfigur des angelsächsischen Trust, mit dem die Stiftung große Parallelitäten aufzuweisen hat.

Die Möglichkeit, in Liechtenstein auch Trusts angelsächsischer Prägung zu errichten, beschert dem Fürstentum seit 1926 eine Vorreiterrolle innerhalb Kontinentaleuropas. Beim Trust wird das von einem Gründer bereitgestellte Vermögen von einem inländischen Treuhänder verwaltet. Dies geschieht für den Treugeber oder seine Begünstigten. Diese Trusts erlangen ohne Eintragung in das liechtensteinische Öffentlichkeitsregister eine eigene Rechtspersönlichkeit. Es ist zudem zulässig, bei der Trustgründung die Gültigkeit der Gesetze eines anderen Landes festzulegen.[115]

Die Republik Panama hat im Jahre 1984 den Trust, ‚El Fideicomiso' gesetzlich festgelegt.[116]

Gemäss diesem Gesetz ist der Trust ist ein Vertrag (Trust Deed), durch welchen der Settlor (el fideicomitente) sein Vermögen in den Eigentum des Trustees

114 ihr Ziel ist es so viel ökonomischen Gewinn wie möglich zu erzielen, welcher dann unter die Aktionäre verteilt wird,

115 vgl. Art. 931 PGR, sowie LAZARD, 2003, S.13.

116 Gesetz No.1 de 1984, La Ley de Fideicomisos.

(el fiduciario) überträgt, damit dieser es zu Gunsten bestimmter Begünstigter (los fideicomisarios, los beneficiarios) oder dem Settlor selbst verwaltet.

Der Trust ist keine juristische Person, sondern nur ein spezieller Vertrag zwischen dem Settlor und dem Trustee. Die Stiftung aber ist sehr wohl eine juristische Person mit allem, was eine juristische Person aufzuweisen hat (Kapital, Organe,...), sie kann sich somit gegenüber Dritten direkt im eigenen Namen verpflichten oder sonstige Verträge direkt im eigenen Namen und auf eigene Gefahr abschließen.

Der Trust braucht sich in Panama nicht ins Handelsregister zu registrieren, wie es von der Stiftung verlangt wird, da dieser Vertrag lediglich ein Sondervermögen deklariert, verwaltet vom Trustee. Die Stiftung hingegen, muss gemäss Art.4 LFIP im Oeffentlichkeitsregister eingetragen werden und erst dieser Eintrag hat die erwünschte konstitutive Wirkung.

Doch haben beide Rechtsinstitute vieles gemeinsam: Als Objekt beider können dieselben Vermögenswerte verwendet werden. Die Erstellungs- und Gründungsmotive beider sind dieselben und sie verfolgen denselben Zweck. Beide haben einen geheimen und sehr vertraulichen Charakter. Sowohl die Stiftung als auch der Trust stellen ein Instrument der Steuerplanung[117] und des Vermögensschutzes dar.

Die Aufgabe beider ist die Erhaltung (conservación) des Vermögens. Und zuletzt können beide inter-vivos oder mortis causa errichtet werden.

Zu erwähnen ist, dass der Trust sehr viel mannigfaltiger ist als die Stiftung, im dem Sinne, dass es so viele Trusts geben kann, wie Zwecke vorstellbar sind. Auch der Settlor und der Stifter sind sich im gewissen Sinne ähnlich: beide äußern den Willen, ihr Vermögen zu einem bestimmten, meist familiären Zweck an eine Struktur abzugeben und sich somit von diesem zu trennen. Wie schon erwähnt, stellt es ein selbstständiges Vermögen dar, zum einen im rechtlichen Eigentum des Trustees und zum anderen als Kapitalvermögen der Stiftung[118].

---

117 In Panama der Trust unterliegt keiner Steuer und die Stiftung zahlt eine Jahressteuer von 150.- USD.

118 Die Stiftung als juristische Person ist die Eigentümerin des gewidmeten Vermögens. Der Stiftungsrat hat keine Eigentumsrechte, er ist an die Statuten und Beistatuten gebunden. Auch beim Trust ist der Trustee (obwohl el Eigentümer ist) an den Trust Deed und Letter of Wishes gebunden.

§ 4. Grundsätze des LFIP

Die privatrechtliche Stiftung kann vielseitigen Interessen gerecht werden. Sie ist ein Instrument der Steuerplanung, der Vermögensverwaltung, des Vermögensschutzes und der Nachlass- und Nachfolgeplanung im erbrechtlichen Sinne (Estate Planning.).[119]

Sie wird zumeist für folgende Zwecke gegründet:[120]

- Ausscheiden des Stiftungsvermögens aus dem Vermögen des Stifters, Halten und Verwaltung des Vermögens des Stifters, Vereinfachung der Vermögens-Nutzniessung, Schutz vor Zersplitterung des Vermögen.
- Absicherung der Wünsche des Stifters in Bezug auf seine Vermögensanlage.
- Private Investitionen.
- Beteiligungen.
- Nachfolgeregelung und Geschäftserhaltung, Schutz vor Komplikationen bei Todesfällen in der Familie, Schutz vor verschwenderischen Erben und deren Gläubigern.
- Entzug des Gläubigerzugriffs.
- Möglichkeit der Steuerbefreiung und/oder Minimalisierung der Erbschaftssteuer, Einkommenssteuer, Kapitalgewinnsteuer, Vermögenssteuer.
- Verjährung der Anfechtung der Stiftung gleich einer Schenkung:[121]
  - durch die pflichtteilsberechtigten Personen des Stifters
  - durch die Gläubiger des Stifters
- Ausgleich zu Defiziten des staatlichen Wirkens, Schutz vor politischer Instabilität.
- Verfolgung langfristiger Ziele.
- Möglichkeit für den Stifter, sich bei der Nachwelt in Erinnerung zu behalten.

I. Begriff Stiftung

La Fundación de Interés Privado (the private foundation) heißt wortwörtlich übersetzt „Stiftung privaten Interesses". Sie wird durch das Gesetz Nr. 25 vom

119 CLAUSS/BLOCKWITZ, 2003, S.1; HÄUSLER, 2003, S.119.
120 vgl. KÜNZLE, 2002, S.5.; Vgl. auch HOOP, 2002, S.67 und 71.
121 vereitelt, einerseits, weil das Stiftungsvermögen dem Stifter zugerechnet wird, andererseits, weil Verjährungsfristen nicht zu laufen beginnen.

12. Juni 1995 (La Ley No. 25/95 por la cual se regulan las fundaciones de interés privado, LFIP 25/95) geregelt. In den Kommentaren zum Gesetz wird zusätzlich auf das Gesetz über Fideikommisse (LF), auf das Zivilgesetzbuch (CC) und das Handelsgesetzbuch (CCom) verwiesen.[122]

Das panamesische Stiftungsgesetz enthält folgende Definition der Stiftung: „Zur Errichtung einer Stiftung bedarf es der **Widmung eines Vermögens für einen** bestimmt bezeichneten, in der Stiftungsurkunde ausdrücklich festgelegten **Zweck.**"[123]

Dieser Wortlaut ermöglicht eine **sehr weite Definition** der Stiftung.[124] Doch werden gleich im nachfolgenden Art.2 LFIP explizit öffentliche Stiftungen ausgeschlossen.[125]

---

122 vgl. Boutin, 2000, S.18

123 Art.1 Abs.2 LFIP. Der erste Absatz von Art.1 LFIP legt zudem fest, dass eine oder mehrere natürliche oder juristische Personen im eigenen Namen oder im Namen anderer eine Stiftung in Übereinstimmung mit den Bestimmungen des Stiftungsgesetzes errichten können.

124 sie geht weiter als in **Liechtenstein**, wo bereits der aRArt.552 Abs.1 PGR und nRArt.552 §1 Abs.1 PGR die Umschreibung und Abgrenzung gleichzeitigt vornimmt und die Stiftungen als echte und unechte, selbständige und unselbeständige klassifiziert. Die **echte** Stiftung kann als eigenständige juristische Person definiert werden, der vom Stifter zur Erreichung eines bestimmten Zweckes Vermögenswerte ins Eigentum übertragen wurden. (Vgl. KÜNZLE, 2002, S.14; Vgl. QUADERER, 1999, S.53.) In Liechtenstein wird diese (echte) Stiftung regelmäßig als juristische Person betrachtet und gegründet. Die **unechte** Stiftung wird als eine Vermögenswidmung ohne Rechtspersönlichkeit in aRArt. 552 Abs. 2 PGR definiert.
Prof. Dr. Karl Kohlegger (Alt-Präsident des FL OGH) äussert sich zur Frage der liechtensteinischen Stiftung: „Der liechtensteinische Gesetzgeber wollte mit der Stiftung ein Rechtsinstitut zur Verfügung stellen, welches einerseits dem Gedanken Rechnung trägt, dass wirtschaftliche Menschen in Zeiten der Blüte ihrer Schaffenskraft einen Teil ihres Vermögens für besondere Zwecke reservieren, sei es, um für Familienangehörige Sicherheiten gegen die Wechselfälle des Lebens zu schaffen, sei es, um gemeinnützige oder wohltätige Ziele zu verfolgen oder um sicherzustellen, dass auch nach ihrem Tode karitative Leistungen und Institutionen mit ihrem Namen und Wirken verbunden bleiben". (SANTO-PASSO, 2002, S.47; KOHLEGGER, 1990, S.60.)
Die Stiftung des **schweizerischen** Rechts ist eine Anstalt. Die Anstalt steht im Gegensatz zur Körperschaft (einer Personenverbindung) und ist im Gesetz nicht definiert. Aus Art. 80 ZGB kann man ableiten, dass die (privatrechtliche) Anstalt ein Zweckvermögen mit eigener Rechtspersönlichkeit ist, welche sich begrifflich mit der (privatrechtlichen) Stiftung deckt. Im Sinne desselben Artikels (Art. 80 ff. ZGB) versteht man unter einer Stiftung ein Vermögen, das von einer Person zu einem von ihr festgesetzten dauernden Zweck in der Weise festgelegt wird, dass das Vermögen aus dem Rechtskreis des Stifters ausgeschieden ist und mit eigener Rechtspersönlichkeit ausgestattet wird. (vgl. KÜNZLE, 2002, S.5 und 6; SPRECHER/

VON SALIS-LÜTOLF, 1999, NR. 1 und 3; Vgl. RIEMER, 1981, Syst. Teil N 13 und 15).

Nach der **österreichischen** gesetzlichen Begriffsbestimmung wird als Privatstiftung ein Rechtsträger verstanden, dem vom Stifter Vermögen gewidmet ist, um durch dessen Nutzung, Verwaltung und Verwertung der Erfüllung eines erlaubten, vom Stifter bestimmten Zwecks zu dienen. Die Privatstiftung ist eine eigentümerlose Vermögensmasse: sie hat keinen Gesellschafter, Partizipanten, Teilhaber oder wie die Herrschaftsrechte sonst beschrieben werden können. (Vgl. EISELBERG, 2002, S.166.)

Der **deutsche** Gesetzgeber hat darauf verzichtet, die Bezeichnung ‚Stiftung' gesetzlich festzulegen oder zu schützen. Ein genauerer Blick zeigt denn auch, dass in der deutschen Diskussion unterschiedliche Begriffe der ‚Stiftung' verwendet werden: ein übergeordneter Begriff, der mehrere Rechtsformen umfasst, die sich als ‚Stiftung' bezeichnen, und ein engerer, der sich auf die rechtsfähige BGB-Stiftung bezieht. Der engere Begriff ‚Stiftung' ist zunächst durch die §§ 80 ff. BGB geprägt und dadurch auf eine bestimmte Rechtsform festgelegt, die man als rechtlich verselbständigtes Sondervermögen beschreibt. (vgl. SOERGEL/NEUHOF, 2000, §80 BGB Rz. 1 ff., VON HIPPEL, 2002, S.22 ff.;) Gemäss BUNDESVERBAND DEUTSCHER STIFTUNGEN, 2001, S. IX. sind „Stiftungen" im weiten Sinne sind alle Organisationen, die sich als ‚Stiftung' bezeichnen, unabhängig davon, welche Rechtsform sie tatsächlich haben. Die Stiftung des bürgerlichen Rechts ist das gesetzliche Leitbild der Stiftung. Wie gesagt, ist sie gesetzlich nicht definiert; man versteht unter ihr jedoch gemeinhin eine rechtsfähige Organisation, die nicht aus einem Personenverband besteht, und bestimmte durch ein Stiftungsgeschäft festgelegte Zwecke mit Hilfe eines ihr dazu dauerhaft gewidmetes Vermögen verfolgt.

Wie schon in der geschichtlichen Entwicklung des **französischen** Rechtssystems dargelegt wurde, ist das Stiftungswesen in diesem Lande ausserordentlich gering entwickelt. Gemäss Art. 18 Abs.1 des Gesetzes vom 23. Juli 1987[124] wird die Stiftung als ein Rechtsakt, durch den eine oder mehrere natürliche oder juristische Personen unwiderruflich Sachen, Rechte oder sonstiger Vermögenswerte einem nichtwirtschaftlichen Zweck widmen, der im allgemeinen Interesse liegt. (Vgl. SCHLÜTER, 2004, S.96; *Loi no. 87-571 du 23 Juillet 1987 sur le développement du mécénat*, Text bei Allard, Les Fondations, Guide pratique et juridique, S.125 ff.)

Wie das französische und deutsche System organisiert das **italienische** Recht das Phänomen der Stiftung in Form der juristischen Person des Privatrechts. Stiftungen sind nach italienischem Recht selbständige, mit eigenem Vermögen ausgestattete Organisationen zur Verfolgung eines eigenständigen Zwecks. Die Definition der Stiftung im *Codice Civile* beschränkt die Zwecke einer Stiftung nicht ausdrücklich auf die Verfolgung gemeinnütziger Ziele. Dennoch ist die Verfolgung privatnütziger Zwecke in Form einer Stiftung nach überwiegender Auffassung ausgeschlossen. (vgl. GALGANO, Le associazione, le fondazioni, i comitati, 1996, S.185 ff., BARBETTA, 1999, S.200, RESCIGNO, 1989, S.490 ff., DE GIORGI, 2001, S.386.)

Die dem deutschen Begriff (öffentliche) ‚Stiftung' funktionsäquivalente Bezeichnung im **englischen** Sprachraum ist der Begriff der *foundation.* Er bezeichnet eine gemeinnützige Einrichtung, die mit einem eigenen Vermögen ausgestattet ist und mit den Erträgen dieses Vermögens einen festgelegten (gemeinnützigen) Zweck

Ähnlich wie die liechtensteinische,[126] so auch die panamesische[127] Lehre bietet verschiedene Definitionen der Stiftung an. Die folgende Definition der Stiftung scheint für das panamesische Stiftungsrecht am zweckmässigsten:

---

verfolgt. Das historische Konzept für die zweckgebundene Widmung von Vermögen ist der *trust.* Diese Rechtsform ist auch heute noch regelmässige Organisationsstruktur der *foundation.* Doch zu erwähnen ist, dass die Anwendungsformen des *trust* deutlich über das Gestaltungsziel der öffentlichen Stiftung hinausgehen. (vgl. SIEDERER, 2002, S.40 f., JONES, 1998, S.173 ff., BRAUCH, 2001, S.27 ff.)
Die **zukünftige EU-Stiftung**, Stiftung der Europäischen Union, soll ausschliesslich für wohltätige Zwecke genützt werden und soll unter Art. 1, Punkt 1.1. folgendermassen definiert werden: „Europäische Stiftungen sind getrennt errichtete und unabhängig geführte Personen mit einem eigenen Führungsorgan, versehen mit unwiderruflichem Vermögen, Rechten oder anderen Mitteln, welche zu ihrer Disposition ein Einkommen haben, über keine Mitglieder verfügen und einem öffentlichen wohltätigen Zweck dienen." Unter Punkt 1.2. wird dann aufgelistet, was unter ‚öffentlichem wohltätigen Zweck' gemeint sein soll. (vgl. EUROPEAN FOUNDATION PROJECT, 2004, Part 1, Title 1, Untertitle 1.1. und 1.2.).

125 Art.2 LFIP: „**Abgrenzung** der Privatstiftung gegenüber den traditionellen wohltätigen und charitativen Stiftungen sowie gegenüber den öffentlichrechtlichen Stiftungen:
Die Privatstiftungen werden sowohl durch die Stiftungsurkunde und deren Beistatuten als auch durch die Bestimmungen dieses Gesetzes und anderen zuständigen gesetzlichen und regulierenden Vorschriften geregelt.
Die Vorschriften und Bestimmungen des Titels II, Buch I, Zivilgesetzbuch sind für Privatstiftungen **nicht** anwendbar."

126 Rolf Santo-Passo sieht in der Stiftung eine selbständige juristische Person mit der Zielsetzung, einem bestimmt bezeichneten Zweck zu dienen unter Einsatz eines vom Stifter gewidmeten Vermögens, welches zweckgebunden, durch den Stiftungsrat zugunsten der Begünstigten verwaltet wird. (vgl. SANTO-PASSO, 2002, S.48.)
Eugen Heeb stellt die Stiftung in seiner Arbeit „Tolley's Tax Havens" als „a fund which has been endorsed for a specific purpose and acquires an independent legal status", also als einen Fond, welcher zur Unterstützung eines spezifischen Zwecks errichtet wurde und welcher einen unabhängigen rechtlichen Status erwirbt, dar. (vgl. HEEB, 1990, S.336.)
Markus Wanger sieht die Privatstiftung etwas eingeschränkter, nämlich als eine juristische Person oder eine fiktive/erdichtete Körperschaft erschaffen unter der Herrschaft des Gesetzes, um einen bestimmt genannten Zweck zu verwirklichen. (vgl. WANGER 1993, S.60)
Herbert Oberhuber beschreibt sie an der Konferenz in Genf, („Hot Topics in the World of Trusts" gehalten am 14. November 1994) ganz einfach als einen „autonomen Fond mit Rechtspersönlichkeit" oder als ein „körperschaftlich organisiertes Vermögen" oder „zur juristischen Person erhobenes Zweckvermögen". Das zu einem bestimmten Zweck gewidmete Vermögen wird verselbständigt und erlangt eigene Rechtspersönlichkeit. Dieses verselbständigte Vermögen scheidet aus dem Privatvermögen des Stifters aus und bildet fortan das Vermögen einer eigenen juristischen Person, nämlich der Stiftung. Die Stiftung besteht nur, um den in der

Eine Stiftung ist ein von einer oder mehreren natürlichen oder juristischen Personen, genannt Stifter, zu einem bestimmten Zweck gewidmetes und durch die Widmung selbständig gewordenes Vermögen, genannt Stiftungsvermögen, dessen Verwaltung einem Organ, genannt Stiftungsrat, zur Erfüllung der Absichten des Stifters, genannt Stifterwille und zu Gunsten einer oder mehrerer natürlicher oder juristischer Personen, genannt Begünstigte, übertragen wird und welches zur Erlangung der Rechtspersönlichkeit ins panamesische Stiftungsregister in Form einer Stiftungsurkunde, nach den Bestimmungen des LFIP-Gesetzes eingetragen werden muss.

Auf jeden Fall ist die Stiftung, sei sie öffentlichen oder privatrechtlichen Charakters ein einseitiges Rechtsgeschäft.[128] Der einzige und alleinige Handelnde ist der Stifter.[129]

Grundsätzliche und unerlässliche Elemente (essentialia negotii[130]) der Stiftung privaten Interesses sind:[131]

Stiftungsurkunde und im Stiftungsstatut niedergelegten Willen des Stifters zu verwirklichen. Zur Verwirklichung des Stifterwillens bedient sich die Stiftung ihrer Organe, welchen somit in erster Linie keine Willensbildende, sondern eine dienende (ausführende) Funktion zukommt. (Vgl. SANTO-PASSO, 2002, S.61.)

127 Rogelio Tribaldos-Alba definiert sie als eine vom Stifter getrennt gegründete und sich unabhängig verwaltende rechtsfähige Körperschaft, die nicht den Einschränkungen karitativer oder gemeinnütziger Bestimmungen unterliegt und die internationale Beachtung gefunden hat. (vgl. TRIBALDOS-ALBA, 1999, S.18.)
Gilbert Boutin beschreibt sie als ein „Schutzregime eines Vermögens“. Sie ist eine juristische Person mit der Aufgabe Vermögen zu erwerben und dessen Erhaltung und Verwaltung in Übereinstimmung mit den Wünschen des Stifters zu gewährleisten. Es geht dabei um ein Erreichen passiver Perfektion, nur Erhaltung und Schutz des Stifters Vermögen ist ihr Ziel. Jegliche Aktivität spekulativen Charakters wird ausgeschlossen. Sie ist eine Institution kreiert durch den Willen des Stifters, ein einseitiger juristischer Akt des Privatrechts, dessen Auswirkungen während seines Lebens und/oder nach seinem Tode zu zeigen. (Vgl. BOUTIN, 2000, S.17, 20, 21 ff.)

128 Acto Unilateral.

129 Vgl. BOUTIN, 2000, S.17, 20, 21 ff.

130 Das Common law spezifiziert für die Gültigkeit der Errichtung eines Trusts als unabdingbare Voraussetzung, bei sonstiger Nichtigkeit, drei wesentliche Aspekte: a) Certainty of **intention** (Bestimmtheit der Absicht)' b) Certainty of **subject** (Bestimmtheit der Begünstigten, d.h. indirekt des beabsichtigten Zweckes der Treuanordnung) und c) Certainty of **object** (Bestimmtheit des Treuguts)[130] vgl. TOLLEY'S, Administration of Trusts, Section A.1.1. ‚Nature of a Trust‘, Achte Ausgabe, London 2002, herausgegeben von STEP (Society of Trust and Estate Practitioners, London).

131 vgl. ESTRIBÍ, 2002, S.17; FERREIRA, 1998, S.15;

- **Stifterwille: Wille des Stifters eine Stiftung zu gründen.** Die wichtigste Grundlage des Stiftungsgesetzes ist die sog. Stiftungsfreiheit, d.h. die Freiheit eines jeden, eine Stiftung zu errichten und den Zweck zu bestimmen.[132]
- **Organisation**: Die Organisation bezieht sich im weitesten Sinne auf alle Organe und Personen, die an der Stiftung beteiligt sind,[133] im engeren Sinne stellt die Organisation nur den Stiftungsrat, dessen Erstellen und Aufgaben sowie den Protektor (fakultatives Organ) dar. Von der Organisation hängt die rechtliche Anerkennung der Stiftung ab.
- **Vermögen als verselbständigte Vermögensmasse**: Das panamesische Gesetz schreibt ein minimales Anfangsvermögen von 10'000.- USD vor.[134]
- **Privates Interesse und ein bestimmt bezeichneter, nichtkommerzieller Zweck**: Eine panamesische Stiftung muss mit einem bestimmten Zweck gegründet werden, einer oder mehreren Personen (Einzelperson, Familie oder Unternehmen) nutzen und darf nicht im Dienste öffentlicher oder staatlicher Interessen zu stehen. Der Zweck einer Stiftung ist das Ausscheiden eines Vermögens, getrennt von jenem des Stifters. Die Gründungsabsicht darf nicht gewerbsmässig kommerzieller Art sein.[135]

Die Vermögenswidmung wird als ‚Schenkung' angesehen, d.h. sie beeinflusst die Aufgabe des ‚animus sibi habendi', somit verbleibt keine Verfügungsgewalt beim Stifter. Gerade bei verselbständigten Vermögensmassen wird gerne übersehen, dass sie niemandem gehören, es also keinen ‚Eigentümer' gibt. Verhält sich aber ein Beteiligter, z.B. der Stifter, wie ein solcher, liegt allenfalls ein Scheingeschäft vor.[136]

Die Stiftung ist also eine permanente, dauernde Institution, welche dem Stifter ermöglicht, Ideen und Ziele zu setzten und sie zeitlich lange, auch nach seinem Tode zu verfolgen; Ideen und Ziele, die der Stifter im Zusammenhang mit seinem Kapital und Vermögen verwirklichen will.

---

132 vgl. MORGAN, 1992, S.7.

133 Der Stifter, der Stiftungsrat als Verwaltungsorgan, die Begünstigten, der Protektor, sonst benötigte Anwälte.

134 vgl. Art.5 Abs.2 LFIP. Im Gegensatz zu Liechtenstein, wird eine panamesische Privatstiftung zuerst registriert, erhält somit den Status der juristischen Person und erst dann wird Vermögen transferiert. Bei der liechtensteinischen Stiftung ist es gerade umgekehrt, ohne Beweis eines Stiftungsvermögens kann keine Stiftung gegründet werden. vgl. ausführlicher weiter unten.

135 vgl. Art.3 LFIP

136 SANTO-PASSO, 2002, S.50.; Vgl. FL OGH 2C 133 95-70 vom 8. Januar 1998, LES 1998, 111.

II. Arten der Stiftung

1. Öffentliche und private Stiftungen

Die primäre und weltweite Unterteilung der Stiftungen erfolgt gemäß dem Zweck, den eine Stiftung verfolgt. Auch in Panama besteht diese Grundklassifizierung der Stiftungen in öffentliche und private Stiftungen.

Die öffentliche Stiftung gab es schon vor 1995, d.h. vor der Entstehung der Stiftung des privaten Interesses. Es handelt sich dabei um die so genannte „*Fundación Pública sin Fines de Lucro*", übersetzt: Öffentliche Stiftung ohne Gewinn- resp. Erwerbsziele. Diese ist nur durch wenige Artikel im panamesischen Zivilgesetzbuch festgehalten[137] und darf lediglich für karitative, kirchliche und gemeinnützige Zwecke verwendet werden. Zur Gründung braucht es die Genehmigung (Konzession) der panamesischen Regierung (zuständig ist das Regierungs- und Justizministerium, *Ministerio de Gobierno y Justicia*) und nach der Gründung unterliegt sie staatlicher Aufsicht. Ausserdem muss sich das Stiftungsvermögen im Lande befinden. Daraus lässt sich schließen, dass diese Stiftung für eine private Vermögensverwaltung völlig unbrauchbar ist.[138] Artikel 2 LFIP bestimmt ausdrücklich, dass die Vorschriften, welche die Stiftungen öffentlichen Interesses regeln, keine Geltung für Stiftungen privaten Interesses haben.[139]

Die öffentlichen und die privaten Stiftungen haben unterschiedliche Stifter. Die Unterscheidung erfolgt aufgrund des Errichtungsaktes. Erstere werden durch Gesetz, Verordnung oder Bescheid errichtet, zweitere durch privaten Widmungsakt.

Die private Stiftung, welche Thematik dieser Arbeit darstellt, wurde durch das Gesetz über Stiftungen privaten Interesses (LFIP) zum Leben erweckt. Dieses Gesetz beinhaltet aber keine weitere Klassifikation der Privatstiftung, wie wir sie vom Liechtenstein oder anderen Ländern her kennen. D.h. es kennt nur eine private Stiftung, welche als juristische Person, im Moment der Eintragung in das Öffentlichkeitsregister ihre Rechtspersönlichkeit erlangt.[140]

---

137 Buch V, Titel 2, Art. 64 ff. CC.

138 vgl. FERRER, S.5: „...the new private foundation does not have anything to do with the traditional foundation of **public interest**, known through the centuries in civil law countries and which is normally used for charitable purposes or other humanitarian reasons"

139 Art. 2 LFIP 25/95: „Die Privatstiftungen sollen sowohl durch die Stiftungsurkunde und deren Beistatuten als auch durch die Bestimmungen dieses Gesetzes und anderen zuständigen gesetzlichen und regulierenden Vorschriften geregelt werden. Bestimmungen des Titels II, Buch I, des Zivilgesetzbuches sollen für Privatstiftungen **keine** Geltung finden."

140 gemäss Art.1 LFIP.

2. *Gemeinnützige und eigennützige Stiftungen*

Die Unterscheidung erfolgt aufgrund des verfolgten Zwecks. Erstere dienen dem Gemeinwohl, wirken also gemeinnützig, zweitere dienen dem eigenen, dem privaten Wohl. Sie können sowohl privatrechtlicher wie auch öffentlicher Natur sein. Die öffentlichen Stiftungen in Panama sind auch meistens gemeinnützige Stiftungen.[141]

Eigennützige Stiftungen stehen als „private Institute" im Dienste der eigenen Nachfolgeregelung und der vermögensrechtlicher Absicherung von Privatpersonen. Diese Stiftungen sind meist in eigenen Gesetzen verankert. Ihr Zweck kommt nur einem begrenzten, bestimmten oder bestimmbaren Personenkreis (Familie, Vereine, Betriebsangehörige) zugute. Die wichtigste Gruppe der eigennützigen Stiftungen sind die Familienstiftungen.[142] Diesen Stiftungen soll diese Arbeit gewidmet sein, mit Schwerpunkt auf die panamesische Privatstiftung.

Gemeinnützige Stiftungen hingegen, als „Institute des Allgemeinwohls", verfolgen gemeinnützige, soziale, karitative, kulturelle, wissenschaftliche und andere Zwecke zum Dienste der Allgemeinheit. Die meisten Länder kennen die Stiftung gemeinnütziger Zwecke und haben sie in ihren Gesetzen fest verankert.[143]

3. *Widerrufliche und unwiderrufliche Stiftungen*

Die Möglichkeit des Widerrufs durch den Stifter spielt im internationalen Verhältnis eine Rolle, weil der Stifter damit die Kontrolle über die Stiftung erhält. Aus steuerlicher Sicht kann es fraglich sein, ob die Stiftung als solche anerkannt wird oder ob sie als transparent betrachtet wird.

Die grundsätzliche Unwiderruflichkeit der Stiftung stellt eine ernste Antwort auf alle Fragen zur Anerkennung der Stiftung und Bestimmtheit des Stifterwillens dar. Es soll schließlich bei der Errichtung einer Stiftung nicht um Manipulation oder Simulation gehen, mit dem Ziele, Gesetzesnormen zu umgehen.

Das panamesische Stiftungsrecht legt fest, dass **alle privaten Stiftungen unwiderruflich** sind, außer es handle sich (ausnahmsweise) um folgende Fälle:[144]

---

141 gemäss Art.64 CC. vgl. ebenfalls FERRER, S.5: „...foundation of public interest...which is normally used for charitable purposes or other humanitarian reasons."

142 SEIFART/VON CAMPENHAUSEN, 1999, S.3.

143 vgl. vorne, §2 Historische Auslegung / Entstehungsgeschichte des LFIP.

144 Art.12 LFIP: „Widerruf der Stiftung: Stiftungen sind unwiderruflich, außer in den folgenden Fällen:
Wenn die Stiftungsurkunde nicht im Öffentlichkeitsregister registriert wurde.
Wenn der Widerruf ausdrücklich in der Stiftungsurkunde vorgesehen ist.

- Wenn die Stiftungsurkunde nicht im Öffentlichkeitsregister registriert wurde.
- Wenn das Gegenteil in der Stiftungsurkunde ausdrücklich verordnet wird.
- Wenn ein Grund der Schenkungswiderrufung eintrifft.[145] Widerruf der Schenkung kann in Panama[146] gefordert werden, wenn a)der Beschenkte die vom Schenker aufgestellte Bedingung nicht mehr erfüllt, d.h. wenn der Begünstigte eine vom Stifter erstellte Bedingung nicht mehr erfüllt oder b) wenn der Beschenkte eine Straftat gegen die Person, die Ehre oder das Vermögen des Schenkers, seines Ehepartners, seiner Vor- oder Nachkommen begangen hat, d.h. wenn ein Begünstigter eine Straftat gegen den Stifter begeht.

Ebenfalls hat der Stifter einer testamentarisch errichteten Stiftung das ausschließliche und unbeschränkte Recht, die Stiftung zu widerrufen.[147] Nach seinem Tode jedoch dürfen die Erben weder die Gründung der Stiftung noch jegliche Vermögensüberweisungen an sie widerrufen, auch wenn die Stiftung während Lebzeiten des Stifters nicht ins Öffentlichkeitsregister eingetragen wurde.[148]

Wenn einer der Gründe des Widerrufs von Schenkung eintrifft.
Überweisungen von Vermögen an die Stiftung sind unwiderruflich für und durch die Person, die sie gemacht hat, ausser das Gegenteil wurde ausdrücklich im Überweisungsdokument der Verrmögenszuwendung festgelegt."

145 Am Beispiel des Schenkungswiderrufs ist die enge Verknüpfung der Stiftung mit der Schenkung deutlich sichtbar, welche ja die Basis, den Grundgedanken der Stiftung darstellt. Weiter ist dieser Artikel 13 LFIP ein gutes Beispiel des subsidiären Gebrauchs des (nicht nur panamesischen) Zivilgesetzbuches für die Auslegung des Stiftungsrechts.

146 gemäss Art. 964 ff. CC.

147 Art.13 LFIP: „Widerruf von Stiftungen gegründet durch testamentarische Anordnungen:
Zusätzlich zu den Anordnungen des vorangehenden Artikels, wenn die Stiftung so gegründet wurde, dass sie ihre Wirkung nach dem Tode des Stifters tun soll, hat dieser das ausschließliche und unbeschränkte Recht, die Stiftung zu widerrufen.
Die Erben des Stifters, nach dem Tode desselben, haben kein Recht die Gründung der Stiftung oder die Vermögensüberweisungen an sie zu widerrufen, auch wenn die Stiftung während Lebzeiten des Stifters nicht ins Öffentlichkeitsregister eingetragen wurde."

148 Dieser Artikel wurde vom alten liechtensteinischen Gesetz, aRArt. 559 PGR (Widerruf) übernommen:
1) Ein Widerruf der Stiftung ist nur zulässig:
   1. wenn die Stiftung noch nicht ins Oeffentlichkeitsregister eingetragen ist, falls eine Eintragung zum Entstehen erforderlich ist;
   2. falls eine Eintragung der Stiftung nicht erforderlich ist und diese noch zu Lebzeiten des Stifters rechtswirksam werden soll, bis zum Abschluss der Beurkundung;
   3. bei den durch letztwillige Verfügung oder Erbvertrag errichteten Stiftungen nach den hierfür geltenden erbrechtlichen Vorschriften.

4. Mortis-causa Stiftungen und jene Stiftungen unter Lebenden

Beide Stiftungsformen sind im panamesischen Stiftungsrecht vorgesehen.[149] Die Privat-Stiftung kann so errichtet werden, dass sie seit dem Moment ihrer Errichtung (unter Lebenden) oder erst nach dem Tode des Stifters (mortis-causa) entsteht. Die Stiftung mortis-causa kann folgendermaßen errichtet werden:

- durch eine vom Stifter erstellte und unterzeichntete, private Urkunde. Die Unterschrift des Stifters muss vom Notar, am Ort der Erstellung beglaubigt werden,[150] oder

---

2) Bei letztwilligen Verfügungen hat der Stifter selbst ein unbeschränktes Widerrufsrecht, nicht dagegen die Erben nach dessen Tode, auch wenn die Stiftung noch nicht ins Oeffentlichkeitsregister eingetragen ist.
3) Ebenso haben die Erben kein Widerrufsrecht, wenn der Stifter bei der Stiftung unter Lebenden die Urkunde zwar errichtete, jedoch vor der Eintragung der Stiftung ins Oeffentlichkeitsregister gestorben ist.
4) Der nach Inhalt der Stiftungsurkunde ausdrücklich vorbehaltene Widerruf oder die vorbehaltene Abänderung der Urkunde oder des Statuts ist jederzeit zulässig.

Auch das neue liechtensteinische Stiftungsrecht übernahm diese Regelung in nRArt.552 §30 PGR:

1) Der Stifter kann sich das Recht zum Widerruf der Stiftung oder zur Änderung der Stiftungserklärung in der Stiftungsurkunde vorbehalten. Diese Rechte können nicht abgetreten oder vererbt werden. Soll eines dieser Rechte durch einen direkten Stellvertreter ausgeübt werden, so bedarf dieser einer besonderen auf dieses Geschäft lautenden Vollmacht.
2) Ist der Stifter eine juristische Person, so kann er sich die Rechte nach Abs. 1 nicht vorbehalten.
3) Werden die Rechte nach Abs. 1 durch einen indirekten Stellvertreter (§ 4 Abs. 3) ausgeübt, so treten die Rechtswirkungen unmittelbar beim Stifter ein.

149 Art.4 LFIP: „Gründung inter-vivos oder mortis-causa. Nichtanwendbarkeit der Formvorschriften für Testamente und letztwillige Verfügungen:
Private Stiftungen können auf die Art und Weise gegründet werden, dass sie ihre Wirkung ab dem Zeitpunkt ihrer Gründung oder aber erst nach dem Tode des Stifters entfalten, nämlich:
1. mittels eines vom Stifter unterschriebenen, privaten Dokumentes, wobei die Unterschrift notariell, am Ort der Gründung beglaubigt werden muss,
2. mittels einer vor dem Notar, am Ort der Gründung, unterzeichneten, beglaubigten Stiftungsurkunde.

In beiden Fällen müssen die Anforderungen, welche für die Gründung einer Stiftung in diesem Gesetz verlangt werden, erfüllt werden.
Im Falle dass die Stiftung, sei es durch ein privates oder öffentliches Dokument so gegründet wird, dass sie ihre Wirkung nach dem Tode des Stifters entfalten soll, finden die ansonsten für letzwillige Verfügungen und Testamente gültigen Formvorschriften keine Anwendung."

150 Art.4 Abs.1 Ziff.1 LFIP

- direkt vor dem Notar am Ort der Errichtung (öffentliche Urkunde).[151]

Für beide Arten der Errichtung ist es aber notwendig, die vom Stiftungsgesetz erforderlichen Anforderungen zu erfüllen.[152]

Eine Stiftung, sei es durch private oder öffentliche Urkunde errichtet, welche ihre rechtsmäßige Wirkung nach dem Tode des Stifters tun soll, braucht die im panamesischen Zivilgesetzbuch erstellten Bestimmungen für eine Testamentserstellung **nicht**[153] zu erfüllen.[154]

Auch Art. 13 LFIP widmet sich einer Stiftung mortis-causa. Wie oben erwähnt, gilt die Stiftung mortis-causa im Moment des Versterbens des Stifters als unwiderruflich, auch wenn sie nicht im Öffentlichkeitsregister eingetragen wurde. Sie entsteht also im Augenblicke des Todes des Stifters und die Eintragung ins Öffentlichkeitsregister ist nur deklarativer Natur.[155]

5. Die echte und unechte Stiftung

Diese Stiftungsformen werden in der europäischen Rechtswissenschaft stark behandelt.[156] Die Klassifizierung in echte/selbständige und unechte/unselbständige Stiftungen, Zu- oder Nachstiftungen basiert auf der Anerkennung oder Nicht-Anerkennung der Rechtspersönlichkeit einer Stiftung.[157]

---

151 Art.4 Abs.1 Ziff.2 LFIP

152 Art.4 Abs.2 LFIP

153 anders als z.B. in der Schweiz, wo es gemäss Art.493 ZGB anders geregelt ist.

154 Vgl. FERRER, S.6: „The second part of the article is intended to say that when foundations are created to take **effect after the death** of the founder, that is, with testamentary intentions, they will have to comply with all of the formalities of the law on foundations, but **shall not be required** to follow additionally the formalities established in the **Civil Code** of Panama for the making of a valid will. The legislators considered the formalities required to draft a valid will to be rather ancient and cumbersome. Consequently, to have to follow the formalities required to create a private foundation, and then in addition the ones established in the Civil Code to make a valid will, seemed to the drafters of the law to be too demanding on the party wanting to create a foundation of private interest with testamentary effects."

155 vgl. BOUTIN, 2000, S.22

156 Die „unechten Stiftungen" werden strengstens von den ‚echten Stiftungen' unterschieden, weil das Stiftungserrichtungsgeschäft als wesentliches Charakteristikum hat, dass es eine **gewollte** Widmung des Vermögens an einen zukünftigen Rechtsträger beinhaltet.

157 Vgl. SPIELVOGEL, 1998, S.69 ff. Zustiftungen sind spätere Vermögenszuwendungen Dritter an die bereits entstandene Stiftung, werden durch den Stifter vorgenommen, werden sie in der Lehre als Nachstiftungen genannt. Hierbei handelt es sich nicht um Rechtsgeschäfte sui generis, sondern je nach Ausgestaltung z.B. um

Echte Stiftungen sind solche, die als (verselbständigtes Vermögen und als) juristische Person anerkannt werden, ohne Unterscheidung, ob sie einen öffentlichen oder privatrechtlichen Zweck verfolgen.[158]

Unechte Stiftungen stellen Vermögenswidmungen zu einem besonderen Zweck, jedoch ohne Rechtspersönlichkeit dar.[159] Die panamesische Gesetzgebung kennt den Begriff der unechten Stiftung nicht.

6. Die kirchliche Stiftung

Alle kirchliche Stiftungen sind öffentliche Stiftungen.

Sie verfolgen soziale, karitative, religiöse und kirchliche Zwecke, widmen sich seelsorgerischen Aufgaben, welche sich auf den kircheninternen und -externen Bereich erstrecken.[160] Die panamesische Gesetzgebung kennt keine besonderen Vorschriften für kirchliche Stiftungen, d.h. sie sind wie jede andere öffentliche Stiftung im Öffentlichkeitsregister zu registrieren und unterstehen der staatlichen Kontrolle.

7. Die Personalvorsorgestiftung

Auch für die Personalvorsorgestiftung kennt Panama keine speziellen Vorschriften. Der Unterschied zu anderen Arten privater Stiftungen besteht darin, dass der

---

Schenkungen, Erbseinsetzungen oder Legate, auf welche die jeweiligen Rechtsvorschriften angewendet werden.

158 Vgl. VERNEHMLASSUNGSBERICHT, 2004, S.20 und 66.

159 Vgl. KÜNZLE, 2002, S.4; Vgl. RIEMER, 1981, Syst. Teil N 421 und 422 ff.; SPRECHER/VON SALIS-LÜTOLF, 1999, Nr. 17.

160 Vgl. SPIELVOGEL, 1998, S.37 ff; Vgl. dazu auch aRArt. 553 Abs. 1 PGR. Der nRArt.552 §2 Abs.2 PGR stellt die kirchliche Stiftung der gemeinnützigen Stiftung gleich:

2) Eine gemeinnützige Stiftung im Sinne dieses Abschnitts ist eine solche, deren Tätigkeit nach der Stiftungserklärung ganz oder überwiegend gemeinnützigen Zwecken nach Art. 107 Abs. 4a zu dienen bestimmt ist, wenn es sich nicht um eine Familienstiftung handelt.

Art. 107 Abs. 4a PGR: Wo das Gesetz von gemeinnützigen oder wohltätigen Zwecken spricht, sind darunter solche Zwecke zu verstehen, durch deren Erfüllung die Allgemeinheit gefördert wird. Eine Förderung der Allgemeinheit liegt insbesondere vor, wenn die Tätigkeit dem Gemeinwohl auf karitativem, **religiösem**, humanitärem, wissenschaftlichem, kulturellem, sittlichem, sozialem, sportlichem oder ökologischem Gebiet nützt, auch wenn durch die Tätigkeit nur ein bestimmter Personenkreis gefördert wird.

Zweck der Stiftung vermögenswerte Leistungen an Arbeitnehmer/innen oder ihre Angehörigen darstellt.[161] Es geht v.a. um Leistungen im Falle von Alter, Tod und Invalidität.[162] In Panama ist die Personalvorsorgestiftung sehr wenig verbreitet. Eine Pflichtvorsorge durch den Arbeitgeber ist hier unbekannt, berufliche Vorsorge beruht auf freiwilliger Basis.

8. Die Unternehmensstiftung

Die Unternehmensstiftung tritt in zwei Haupterscheinungsformen auf:[163]

- Betreibt sie das Unternehmen unmittelbar selbst, so spricht man von ‚Unternehmensträgerstiftung'.
- Betreibt sie es nur mittelbar, indem sie an einer juristischen Person, die ein Unternehmen direkt betreibt massgeblich (mitgliedschaftlich) beteiligt ist, spricht man von ‚Holdingstiftung'.

Wesentlich für die Bezeichnung als Unternehmensstiftung ist in erster Linie das Vermögen (ein Unternehmen) und in zweiter Linie der Zweck. Je nach Zweck kann die Unternehmensstiftung in der Form der öffentlichen (z.B. kirchlichen) oder der privaten (Familien-) Stiftung errichtet werden.[164]

Die Unternehmensstiftung ist so alt wie das Institut der Stiftung selbst, man denke nur etwa an von Stiftungen betriebene Spitäler, Schulen, Altersheime etc.[165]

Motive für die Errichtung einer privaten Unternehmensstiftung sind mannigfaltig: Hat der Stifter eine grosse Anzahl von Erben und will er sein Unternehmen vor widerstreitenden Einzelinteressen schützen, eine Zersplitterung im Rahmen der Erbfolge oder eine Umgestaltung durch seine Nachfolger vermeiden, sind vorhandene Erben nicht im notwendigen Ausmass zur Unternehmensführung fähig oder bereit oder fehlen Erben überhaupt, etc. Mit der Holdingstiftung kann der Stifter die Beherrschungsverhältnisse am betreffenden Unternehmen auf Dauer festlegen, da die Stiftung ja eigentümerlos ist und daher übertragbare Mitgliedschaftsrechte fehlen.[166]

---

161 Vgl. Clauss/Blockwitz, 2003, S.2.
162 FERREIRA, 1998, S.11.
163 Vgl. dazu SPIELVOGEL, 1998, S.51.
164 Vgl. dazu Clauss/Blockwitz, 2003, S.3.
165 Vgl. LANTER, 2000, S.86.
166 SPIELVOGEL, 1998, S.52.

Das panamesische Gesetz regelt die Unternehmensstiftung nicht. Die Privatstiftung darf zwar nicht unmittelbar wirtschaftlich tätig sein, wohl aber wirtschaftliche, d.h. privatnützige Zwecke verfolgen.[167] Folglich kann sie als Unternehmensstiftung für die Regelung der Nachfolge über das Halten der Beteiligungen an Gesellschaften eingesetzt werden.

9. Die Unterhaltsstiftung

Die Unterhaltsstiftung, auch Familienunterhaltsstiftung genannt, hat als Zweck die Ausrichtung von Renten im Ruhestand, bei Unfall, Krankheit oder Tod. Sie ist in Panama wie auch in Liechtenstein erlaubt, wie auch Familienfideikommisse erlaubt sind, im Gegensatz zu Frankreich, Deutschland, Schweiz und Österreich, die dieses Rechtsinstitut als ‚aristokratisch' aus der Rechtsordnung verbannten.[168]

10. Die Familienstiftung

Die panamesische Gesetzgebung erwähnt die Familienstiftung nicht ausdrücklich. Weiter kennt das LFIP auch keine Unterscheidung, wie in Liechtenstein, zwischen der reinen und gemischten Familienstiftung[169]

Generell jedoch erscheint die Familienstiftung als ein Instrument des Estate Planning (Nachlass- und Nachfolgeplanung) interessant, da mit ihr die Möglichkeit besteht, über mehrere Generationen hin zu planen, während die testamentarische Vorsorge nicht unmittelbar über die nächste Generation hinausgeht. Zudem

---

167 Vgl. betr. Zweck der panamesischen Stiftung, den §4 in dieser Arbeit.

168 Vgl. dazu SANTO-PASSO, 2002, S.48 und 61.

169 vgl. aRArt.553 Abs.2 und 3 PGR: „2) Eine Familienstiftung ist eine reine, wenn das Stiftungsvermögen dauernd zum Zwecke der Bestreitung der Kosten der Erziehung und Bildung, der Ausstattung oder Unterstützung von Angehörigen einer oder mehrerer bestimmter Familien, oder zu ähnlichen Zwecken verbunden ist.

3) Sie ist eine gemischte, wenn ein derart gewidmetes Vermögen ausserdem oder ergänzend auch ausserhalb der Familie liegenden, kirchlichen oder sonstigen Zwecken dienen soll."

vgl. ebenfalls das nRArt.552 §2 Abs.4 Ziff. 1 und 2:

1. reine Familienstiftungen; dies sind Stiftungen, deren Stiftungsvermögen ausschliesslich der Bestreitung der Kosten der Erziehung oder Bildung, der Ausstattung oder Unterstützung von Angehörigen einer oder mehrerer Familien oder ähnlichen Familieninteressen dienen;
2. gemischte Familienstiftungen; dies sind Stiftungen, die überwiegend den Zweck einer reinen Familienstiftung verfolgen, ergänzend hierzu aber auch gemeinnützigen oder anderen privatnützigen Zwecken dienen.

kann das Familienvermögen vor den Begünstigten/Erben selbst, d.h. vor einem allzu leichfertigen Verbrauch des Vermögens geschützt und so noch weiteren Generationen zur Verfügung gestellt werden.[170] Zu diesem Zweck kann die panamesische Privatstiftung ohne weiteres eingesetzt werden.

III. Gründung

Die Errichtung einer Stiftung ist ein einseitiges, nicht empfangsbedürftiges Rechtsgeschäft, welches sowohl ein Inländer als auch ein Ausländer vollziehen kann.

Die ganze Struktur und Organisation der Stiftung wird in einem öffentlich zugänglichen Dokument, genannt „Stiftungs- oder Errichtungsurkunde" (Acta Fundacional / Foundation Charter) und in einem privaten gehaltenen Dokument, genannt „Beistatut" oder „Reglement" festgehalten.

Da Panama, anders als Liechtenstein, keine Hinterlegung[171] der Stiftungsurkunde beim Oeffentlichkeitsregister kennt, ist die Gliederung der Errichtung ei-

---

170 Clauss/Blockwitz, 2003, S.2.

171 im Sinne von aRArt. 554 PGR in Verbindung mit aRArt.557 PGR. Liechtenstein kennt eine recht einfache Entstehung einer Stiftung gemäss aRArt.557 Abs.2 PGR: „ ... reine und gemischte Familienstiftungen sowie Stiftungen, deren Genussberechtigte bestimmt oder bestimmbar sind, erlangen **ohne Eintragung** ins Oeffentlichkeitsregister **das Recht der Persönlichkeit.**"
Der aRArt.553 Abs.2 PGR bestimmt, welche Stiftung als eine reine Familienstiftung zu deklarieren ist: „Eine Familienstiftung ist eine reine, wenn das Stiftungsvermögen dauernd zum Zwecke der Bestreitung der Kosten der Erziehung und Bildung, der Ausstattung oder Unterstützung von Angehörigen einer oder mehrerer bestimmter Familien, oder zu ähnlichen Zwecken verbunden ist."
Der aRArt.553 Abs.3 PGR bestimmt, welche Stiftung als eine gemischte Familienstiftung zu deklarieren ist: „Sie ist eine gemischte, wenn ein derart gewidmetes Vermögen ausserdem oder ergänzend auch ausserhalb der Familie liegenden, kirchlichen oder sonstigen Zwecken dienen soll."
Das alte PGR definiert nicht, beziehungsweise klassifiziert nicht mehr speziell diejenigen Stiftungen bei welchen Genussberechtigte bestimmt oder bestimmbar sind. Diese Norm fehlt im alten PGR, obwohl ihre Rechtskonsequenz, nämlich die Entstehung und Erlangung der Rechtspersönlichkeit ohne Eintragung, doch von Wichtigkeit ist.
Das neue liechtensteinische Stiftungsrecht sieht genau diese gleiche Regelung vor: vgl. nRArt.552 §14 Abs.1 und Abs.5 in Vebindung mit §4 Abs.4 PGR.

ner Stiftung in Panama einfacher und klarer definiert als in Liechtenstein.[172] Sie richtet sich allein nach der Registrierung der Stiftung im Oeffentlichkeitsregister.

172 Die Systematik des alten PGR sieht im Abschnitt A. ‚Umschreibung und Abgrenzung', Kap.III. ‚Hinterlegung' vor: „Zur Ueberwachung der Eintragungspflicht und Verhütung von Stiftungen mit widerrechtlichem oder unsittlichem Zwecke sowie zur Vermeidung von Umgehungen einer allfälligen Aufsicht ist bei Errichtung einer Stiftung die Stiftungsurkunde bzw. eine beglaubigte Abschrift der letztwilligen Verfügung oder des Erbvertrages und bei Abänderung des Stiftungszweckes die diesbezügliche Urkunde durch den Stiftungsvorstand oder Repräsentanten bzw. durch das Verlassenschaftsgericht beim Grundbuch- und Oeffentlichkeitsregisteramt zu hinterlegen, sofern nicht eine Anmeldung zur Eintragung ins Oeffentlichkeitsregister erfolgt" (aRArt.554 PGR).
Eine klare, systematische Trennung der Vorschriften für ‚hinterlegte' versus ‚registrierte' Stiftungen gibt es im alten PGR nicht. Im Gegenteil: Die Stiftungsurkunde ist gemäss aRArt.554 PGR zu hinterlegen, falls sie nicht zur Eintragung angemeldet wird.
Die Systematik des alten PGR sieht weiter im Abschnitt B. ‚Errichtung' Kap.III. ‚Entstehung' beides, nämlich die Eintragung und die Hinterlegung vor: „Die Stiftung entsteht erst **mit der Eintragung** ins Oeffentlichkeitsregister als Stiftungsregister (aRArt.557 Abs.1 PGR). Kirchliche Stiftungen, reine und gemischte Familienstiftungen sowie Stiftungen, deren Genussberechtigte bestimmt oder bestimmbar sind, erlangen **ohne Eintragung** ins Oeffentlichkeitsregister das Recht der Persönlichkeit (aRArt.557 Abs.2 PGR).
Im gleichen rechtssystematisch ungetrennten Stil ist auch der Wortlaut der Ausführungsverordnung über das Oeffentlichkeitsregister verfasst. Der 9-te Abschnitt ‚Stiftung' kennt 3 Artikel, nämlich ‚Belege bei Errichtung; Prüfung' (Art.89 OeRegV) ‚Eintragung' (Art.90 OeRegV) und ‚Aufsichtsbehörde' (Art.91 OeRegV). Eine klare Trennung der für die Einreichung der stiftungsrelevanten, erforderlichen Formalitäten für die hinterlegte Stiftung versus die eingetragene Stiftung fehlt im alten PGR.
Der Wortlaut von Art.89 OeRegV mit der Ueberschrift ‚Belege bei Errichtung; Prüfung' besagt: „Mit der Anmeldung einer Stiftung zur Neueintragung sind dem Grundbuch- und Oeffentlichkeitsregisteram folgende Belege einzureichen (aR-Art.554 und 556 PGR):
eine beglaubigte Abschrift der Stiftungsurkunde, der letztwilligen Verfügung oder des Erbvertrages;
allfällige Reglemente, welche die Organisation und Vertretung der Stiftung ordnen, sofern diese Regelungen nicht in den unter Bst. a) angeführten Dokumenten enthalten sind;
die Liste der Mitglieder der Verwaltung unter Angabe von Vor- und Familiennamen, Staatsangehörigkeit und Wohnort oder Kanzleisitz bzw. Firma und Sitz der Mitglieder des Stiftungsrates oder sonstiger Vertreter der Stiftung (aRArt.556 Abs.2 PGR);
das Protokoll über die Konstituierung der Verwaltung, sofern diese nicht aus der Stiftungsurkunde oder dem Reglement hervorgeht.

Die Registration ist ein wichtiger Merkmal im Rahmen der Stiftungsstruktur. Folglich können zwei Etappen im Rahmen der Entstehung einer Stiftung definiert werden.

A. Etappen der Errichtung einer panamesischen Stiftung

Man kann die Errichtung einer panamesischen Stiftung in zwei Hauptetappen teilen:

Schritte vor der Registrierung ins Öffentlichkeitsregister

Schritte nach der Registrierung ins Öffentlichkeitsregister

Das Grundbuch- und Oeffentlichkeitsregisteramt prüft, ob die Voraussetzungen für die Errichtung einer Stiftung erfüllt sind (aRArt.555 PGR).
Jede spätere Aenderung der Stiftungsurkunde und solcher Reglemente ist beim Grundbuch- und Oeffentlichkeitsregisteramt anzumelden Vorbehalten bleiben Aenderungen, die auf Anweisung der zuständigen Aufsichtsbehörde unmittelbar einzutragen sind.
Wird die Stiftungsurkunde lediglich **hinterlegt** (aRArt.554 PGR), so wird die Hinterlegung unter Angabe des Namens der Stiftung, ihres Sitzes und des Repräsentanten im Firmenverzeichnis angemerkt.
Jede Aenderung des Stiftungszweckes einer **nicht eingetragenen** Stiftung ist dem Grundbuch- und Oeffentlichkeitsregisteramt ebenfalls zur Kenntnis zu bringen (aRArt.554 PGR)."
Der Wortlaut des Art.90 OeRegV mit der Ueberschrift ‚Eintragung' ist schon klarer formuliert: „Die Eintragung über die Stiftung hat folgende Angaben zu enthalten:
das Datum der Errichtung;
den Namen;
den Sitz;
den Zweck; und
die Organisation, die Vertretung und die Art der Zeichnung."
Man könnte fast annehmen, aufgrund der für das alte PGR und die OeRegV überraschend klaren Formulierung der Anforderungen, dass der panamesische Art.5 LFIP mit seinem Enumerationsprinzip als Vorlage für den Art. 90 OeRegV stand. Auch das neue liechtensteinische Stiftungsrecht übernahm die LFIP-Regelung mit seinem Enumerationsprinzip (vgl. nRArt.552 §14 Abs.5 in Verbindung mit §20 für privatnützige, hinterlegte Stiftungen sowie §14 Abs.4 in Verbindung mit §19 für eintragungspflichtige Stiftungen).

1. Schritte vor der Registrierung ins Öffentlichkeitsregister

Das panamesiche Stiftungsrecht gibt dem Stifter zwei Möglichkeiten zur Auswahl, eine Stiftung nach dem panamesischen Recht zu errichten, nämlich über einen Dritten[173] oder oder direkt durch ihn[174], den Stifter, selbst.

a. Der Stifter bevollmächtigt einen Dritten zur Errichtung der Stiftung:[175]

Bei der Gründung einer Privatstiftung unterscheidet man zwischen dem wirtschaftlichen Stifter (dem eigentlichen Kapitalgeber) und dem rechtlichten Stifter (Treuhänder). Der wirtschaftliche Stifter einer panamesischen Privatstiftung kann eine inländische oder ausländische, natürliche oder juristische Person sein. Er kann im eigenen Namen oder fiduziarisch, durch den rechtlichen Stifter handeln. So können Stiftungen auch durch in Panama nicht ansässige Personen fiduziarisch gegründet werden. In der Regel tritt der wirtschaftliche Stifter aus Gründen der Anonymität nicht nach außen und die Stiftung wird treuhänderisch gegründet. In den Statuten kann und wird in der Regel ausdrücklich bestimmt, dass der fiduziarische Stifter nach der Gründung sämtliche Rechte aus dem Gründungsrechtsgeschäft verliert. Somit werden allfällige Überlegungen über die Art des Rechtsverhältnisses nach der Gründung der Stiftung[176] zwischen dem wirtschaftlichen und dem rechtlichten Stifter bezüglich des Gründungsaktes nicht relevant. Der fiduziarische Stifter handelt nämlich gemäss Art.1 Erster Satz LFIP im Auftrag des Stifters. Er agiert im eigenen Namen aber für die Rechnung und Gefahr des wirtschaftlichen, echten Stifters.

Die Regelung gemäss Art.1 LFIP entspricht der alten liechtensteinischen Bestimmung gemäss aRArt.555 Abs.1 PGR. Das neue liechtensteinische Stiftungsrecht sieht ausdrücklich die direkte und indirekte Stellvertretung vor (vgl. nRArt.552 §14 Abs.2 und 3 PGR). Falls der Stifter die Stiftung nicht durch die letztwillige Verfügung errichtet, schreibt er selber die Stiftungsurkunde nieder oder bevollmächtigt einen Dritten, dies zu tun.[177]

---

173 gemäss Art.1, Erster Satz LFIP

174 gemäss Art.1, Erster Satz LFIP in Verbindung mit Art.4 LFIP

175 vgl. Art.1, Erster Satz LFIP : „...(handelnd) im eigenen Namen oder durch Dritte..."

176 Wie z.B. ein Mandatsvertrag, ein Bevollmächtigungsvertrag, ein Auftragsverhältnis, eine Treuhänderschaft oder Fiduzia.

177 aRArt. 555 Abs. 1 PGR legt fest, dass eine liechtensteinische Stiftung in Form einer Urkunde, auf der die Unterschriften der Stifter (neu: des Stifters) beglaubigt sind, durch letztwillige Verfügung oder durch Erbvertrag errichtet werden kann. Vgl. nRArt.552 §15 PGR.

b. Der Stifter gründet selbst, indem er die Stiftungsurkunde selbst verfasst:[178]

Somit unterstützt das panamesische Stiftungsrecht die spontane Verhaltensweise des Stifters durch die klare Regelung der Gründungsformalismen. Eine allfällige Genehming seitens einer Amtsstelle ist nicht nötig.[179]

Eine panamesische Stiftung wird gegründet, indem der Stifter die Stiftungsanordnung unter Einhaltung der Formvorschriften gemäss Art.5 LFIP, an einem beliebigen Ort der Welt niederschreibt und seine Unterschrift von einem Notar beglaubigen lässt[180].

Der Stifter kann auch direkt vor den Notar treten und die Stiftung mit ihm zusammen gründen.[181]

Die für Testamente und letztwillige Verfügungen vorgesehenen Formalitäten entfallen gemäss Art.4 Abs.3 LFIP gänzlich, falls der Stifter die Errichtung seiner Stiftung auf den Zeitpunkt seines Todes bestimmt[182]

Die Statuten sind das Basisdokument einer panamesischen Stiftung[183]. Im panamesischen Stiftungsgesetz heisst es, dass die Stiftung lediglich von den Statu-

---

178 Art.1 Erster Satz LFIP in Verbindung mit Art.4 Abs.1 LFIP

179 Diese Regelung weicht ab von der liechtensteinischen Regelung, wo bereits der aRArt.554 PGR die amtliche Ueberwachung, selbst der nicht registrierten, nur hinterlegten Stiftungen vorsieht: „Zur Ueberwachung der Eintragungspflicht und Verhütung von Stiftungen mit widerrechtlichem oder unsittlichem Zwecke sowie zur Vermeidung von Umgehungen einer allfälligen Aufsicht ist bei Errichtung einer Stiftung die Stiftungsurkunde bzw. eine beglaubigte Abschrift der letztwilligen Verfügung oder des Erbvertrages und bei Abänderung des Stiftungszweckes die diesbezügliche Urkunde durch den Stiftungsvorstand oder Repräsentanten bzw. durch das Verlassenschaftsgericht beim Grundbuch- und Oeffentlichkeitsregisteramt zu hinterlegen, sofern nicht sonst eine Anmeldung zur Eintragung ins Oeffentlichkeitsregister erfolgt.“ Das neue liechtensteinische Stiftungsrecht übernahme diese Regelung in nRArt.552 §21 PGR.

180 Art.4 Abs.1 Ziffer 1 LFIP. Diese Regelung entspricht der liechtensteinischen Regelung gemäss aRArt.555 Abs.1 PGR: „Die Errichtung der Stiftung erfolgt in der Form einer Urkunde, auf der die Untersschriften der Stifter beglaubigt sind, durch letztwillige Verfügung oder durch Erbvertrag.“ Der nRArt.552 § 14 Abs.1 und 2 PGR sieht das gleiche vor.

181 Art.4 Abs.1 Ziffer 2 LFIP

182 Art.4 Abs.3 LFIP: Im Falle dass die Stiftung, sei es durch ein privates oder öffentliches Dokument so gegründet wird, dass sie ihre Wirkung nach dem Tode des Stifters entfalten soll, finden die ansonsten für letzwillige Verfügungen und Testamente gültigen Formvorschriften keine Anwendung.

183 vgl. Art.4 Abs.2 in Verbindung mit Art.5 f. LFIP. Diese Regelung entspricht der liechtensteinischen Regelung, obwohl dort zweierlei Anforderungen gelten, nämlich einersetis für die hinterlegten Stiftungen und andererseits für die registrierten Stiftungen.

ten, den Beistatuten und vom Gesetz geleitet wird. Art. 5 definiert den obligatorischen Inhalt dieses Gründungsdokumentes:

- Der Name der Stiftung
- Das Gründungskapital
- Die Mitglieder des Stiftungsrates und deren Wohnsitzadressen
- Sitz der Stiftung
- Der Name und Sitz des Lokalen Repräsentanten
- Der Zweck der Stiftung
- Der Ernennungsmodus der Begünstigten
- Das Recht, die Statuten zu ändern
- Die Dauer der Stiftung
- Die Form der Liquidation und der Vermögensaufteilung
- Jede weitere für den Stifter wichtige und gesetzlich erlaubte Bestimmung

c. Der Name der Stiftung

Der Name einer Stiftung kann in jeder beliebigen Sprache formuliert werden, jedoch muss er mit Buchstaben des lateinischen Alphabets geschrieben werden können[184]. Er darf nicht mit demjenigen einer schon existierenden Stiftung kolli-

---

Die hinterlegten Stiftungen werden in Liechtenstein gemäss aRArt.555 Abs.2 PGR geregelt: „Die Stiftungsurkunde (der Stiftsbrief) oder das Statut sollen enthalten die Bezeichnung und den Sitz der Stiftung, ihren Zweck oder Gegenstand, die Bezeichnung des Stiftungsvorstandes und die Art und Weise, wie ein anderer Vorstand bestellt wird, sowie die Bestimmung über die Verwendung des Vermögens im Falle der Auflösung der Stiftung."

Die eingetragenen Stiftungen werden in Liechtenstein gemäss aRArt.556 PGR geregelt:

„1) Die Anmeldung der Stiftung zum Stiftungsregister ist unter Beilage einer beglaubigten Abschrift der Stiftungsurkunde von sämtlichen Mitgliedern der Verwaltung persönlich zu Protokoll zu erklären oder schriftlich in beglaubigter Form einzureichen.

2) Die Eintragung und Veröffentlichung, welche durch Anschlag an der Gerichtstafel erfolgen kann, haben zu enthalten: Namen (Firma), Sitz, Zweck der Stiftung, das Datum der Errichtungsurkunde, die Organisation und Vertretung, wobei Namen und Wohnort beziehungsweise Firma und Sitz der Mitglieder des Vorstandes beziehungsweise sonstiger Vertreter anzugeben sind.

3) Die Eintragung und Veröffentlichung kann nötigenfalls auf Grund der Stiftungsurkunde auch auf Anordnung der Regierung als Aufsichtsbehörde, allenfalls von der Registerbehörde von Amtes wegen auf Anzeige der Verlassenschaftsbehörde oder auf Antrag von Bedachten erfolgen." Das neue liechtensteinische Stiftungsrecht übernahm diese Regelung. (vgl. nRArt.552 §19 und 20 PGR).

184 Art.5 Abs.1 Ziff.1 LFIP

dieren, d.h. identisch oder ähnlich sein[185]. Hinter dem vom Stifter gewählten Namen muss das Wort „Stiftung" angehängt sein, um somit die Stiftung als juristische Person zu identifizieren[186].

Bei der Gründung einer Stiftung sieht das panamesische Gesetz keine Reservation des Namens für die Stiftung, anders als dies in anderen Jurisdiktionen (wie z.B. bei Gründung von Aktiengesellschaften in British Virgin Islands) möglich ist, vor.

d. Das Gründungskapital

Das statutarische Stiftungskapital darf in einer beliebigen Währung in den Statuten festgelegt werden, jedoch im Werte von mindestens 10'000.- (Zehn Tausend) USD.[187]

Das statutarisch vorgesehene Stiftungskapital muss, ähnlich wie in Liechtenstein[188], nicht einbezahlt werden. Eine Kapitaleinzahlungsbescheinigung ist für die Anmeldung der Stiftung beim Oeffentlichkeitsregisteramt nicht notwendig.

e. Die Mitglieder des Stiftungsrats und deren Wohnsitzadressen

Der Art.5 Abs.1 Ziff.3 LFIP sieht Namen und Adressen der Stiftungsratsmitglieder vor. Diese Norm entspricht der Regelung in Liechtenstein.[189]

---

185 Art.5 Abs.1 Ziff.1 LFIP

186 Art.5 Abs.1 Ziff.1, Zweiter Satz LFIP

187 Art.5 Abs.1 Ziff.2 LFIP

188 Der Kapitalnachweis ist auch in Liechtenstein lediglich für die Rechtsformen der Aktiengesellschaft, der Anstalt und des Treuunternehmens vorgesehen. Vgl. aR-Art.122 Abs.1 und Abs.2 PGR in Verbindung mit aRArt.207 PGR. Für die beim Oeffentlichkeitsregisteramt lediglich hinterlegten Stiftungen gemäss aRArt.554 PGR in Verbindung mit Art.89 Abs.4 OeRegV wird kein Kapitalnachweis verlangt: „Wird die Stiftungsurkunde lediglich hinterlegt (aRArt.554 PGR), so wird die Hinterlegung unter Angabe des Namens der Stiftung, ihre Sitzes und des Repräsentanten im Firmenverzeichnis angemerkt." Das neue liechtensteinische Stiftungsrecht übernahm diese Regelung (vgl. nRArt.552 §20 Abs.2 Ziff.11 PGR sowie §19 Abs.1 3.Satz PGR).

189 vgl. aRArt.556 Abs.2 PGR: „Die Eintragung (hat)... die Vertretung, wobei Namen und Wohnort beziehungsweise Firma und Sitz der Mitglieder des Vorstandes beziehungsweise sonstiger Vertreter anzugeben sind (zu enthalten)" sowie die Ausführung dieser Norm in Art.89 Abs.1 lit.c)OeRegV: „Die Liste der Mitglieder der Verwaltung unter Angabe von Vor- und Familiennamen, Staatsangehörigkeit und Wohnort oder Kanzleisitz bzw. Firma und Sitz der Mitglieder des Stiftungsrates oder sonstigen Vertretung der Stiftung" in Verbindung mit Art.90 Abs.1 lit.e) OeRegV: „die Organisation, die Vertretung un die Art der Zeichnung". Das neue

f. Der Sitz der Stiftung

Eingetragen wird gemäss Art.5 Abs.1 Ziff.4 LFIP der statutarische Sitz der Stiftung.[190] Diese Regelung entspricht der Regelung in Liechtenstein.[191]

g. Der Name und Sitz des Lokalen Repräsentanten

Der lokale Repräsentant (Agente Residente) ist nicht zu verwechseln mit dem rechtlichen (treuhänderischen) Stifter[192]. Er wird vom Stifter in den Statuten bestimmt. Er muss von Gesetzes wegen ein Rechtsanwalt oder ein Anwaltsbüro mit Wohnsitz resp. Sitz in Panama sein und muss im Öffentlichkeitsregister als Rechtanwalt registriert sein[193]. Er ist verantwortlich für die Prüfung der Gründungdokumente.[194] Die Statuten müssen von ihm unterschrieben werden, bevor sie registriert werden.[195] Im Allgemeinen besteht seine Aufgabe darin, jede Mutation der Stiftung rechtlich zu prüfen und für ihre Registrierung zu sorgen. Diese Funktion unterscheidet sich von derjenigen eines gesetzlichen Repräsentanten in Liechtenstein.[196]

---

liechtensteinische Stiftungsrecht übernahm diese Regelung (vgl. nRArt.552 §20 Abs.2 Ziff.6 PGR sowie §19 Abs.3 Ziff.6 PGR).

190 Oft ist mit dem Sitz der Stiftung nicht einfach allein der Ort der Registrierung gemeint. Sitz der Stiftung kann oft ebenfalls der Ort der Verwaltung der Stiftung sein oder der Ort des Sitzes des Stiftungsrates, wobei diese Orte übereinstimmen sollten. Der Ort der Registrierung gemäss Art.5 Abs.1 Ziff.4 LFIP bestimmt die „Nationalität" der Stiftung, d.h. welchem Recht sie unterworfen ist, nämlich dem panamesischen Recht.

191 vgl. aRArt.554 PGR in Verbindung mit Art.89 Abs.3OeRegV: „Wird die Stiftungsurkunde lediglich hinterlegt (aRArt.554 PGR), so wird die Hinterlegung unter Angabe des Namens der Stiftung, ihres Sitzes und des Repräsentanten im irmenverzeichnis angemerkt" sowie Art.90 Abs.1 lit.c) OeRegV: „Die Eintragung über die Stiftung hat folgende Angaben zu enthalten: ...den Sitz;" Das neue liechtensteinische Stiftungsrecht übernahm diese Regelung (vgl. nRArt.552 §20 Abs.2 Ziff.2 PGR sowie §19 Abs.3 Ziff.2 PGR).

192 Der Art.1 Erster Satz LFIP sieht vor, dass der Gründer einer Stiftung nicht unbedingt der wirkliche Stifter sein muss. Zudem erlaubt der Art.10 LFIP jeder dritten Person, freiwillig Vermögen in die Stiftung zu legen.

193 Numeral 1, Art. 1, Decreto 147 de 1966.

194 vgl. Art.5 Abs.1 Ziff.5 Erster Satz LFIP

195 vgl. Art.5 Abs.1 Ziff.5 Zweiter Satz LFIP

196 In Liechtenstein prüft nämlich gemäss Art.89 Abs.2 OeRegV das Grundbuch- und Oeffentlichkeitsregisteramt selbst, ob die Voraussetzungen für die Errichtung einer Stiftung erfüllt sind. Zudem gibt das Grundbuch- und Oeffentlichkeitsregisteramt, vor der Ausfertigung der Amtsbestätigung für den Antragsteller, gemäss Art.91

Der lokale Repräsentant amtet als Zustelladresse in Panama und ist für den Verkehr mit den panamesichen Behörden zuständig. Er bezahlt die Jahresgebühr und wird mit einem jährlichen Honorar für seine Dienstleistungen belohnt. Er regelt jegliche Klagen gegen die Stiftung, für welche panamesisches Recht zuständig ist. Man kann sagen, dass der lokale Repräsentant sich um alle Tätigkeiten der Stiftung im Zusammenhang mit dem panamesischen Territorium kümmert.

Aber der lokale Repräsentant ist nicht der Vertreter der Stiftung. Vertreten wird die Stiftung von jeder juristischen oder physischen Person, die vom Stifter oder vom Stiftungsrat dazu bestimmt wird (z.B. der Stifter selbst, der Protektor, ein aussenstehender Dritter, oder andere Zeichnungsberechtigte).

In diesem Zusammenhang ist zu erwähnen, dass der lokale Repräsentant aufgrund seiner Sorgfaltspflicht[197] jederzeit genügend Information über seinen Klienten haben muss.[198]

h. Der Zweck der Stiftung

Der Zweck einer Stiftung ist ihr prägendes Merkmal. In ihm findet die Verkörperung des Stifterwillens in Hinsicht auf die Verwendung des gewidmeten Vermögens ihren Ausdruck.

Da eine amtliche Bewilligungspflicht entfällt[199], kann eine panamesische Stiftung privaten Interesses mit einer fast unbeschränkten Vielfältigkeit von Zwecken gegründet werden. Zum Beispiel:

OeRegV der Aufsichtsbehörde von der Eintragung der Stiftung Kenntnis und holt die Bestätigung ein, dass sie die Aufsicht für diese Stiftung übernommen hat.

197 gemäss dem Dekret (Decreto ejecutivo) Nr.468 vom 19. September 1994

198 im Sinne „Know your Customer", vgl. ebenfalls Art.34 LFIP

199 Der Stiftungszweck wird lediglich von dem lokalen Repräsentanten gemäss Art.5 Abs.1 Ziff.5 Zweiter Satz LFIP, anlässlich seiner Prüfung und Unterzeichnung der Stiftungsstatuten geprüft.
Diese panamaische Regelung weicht ab von der liechtensteinischen Regelung, wo der aRArt.554 PGR die amtliche Prüfung auch für die hinterlegten, nicht eingetragenen Stiftungen vorsieht: „Zur Ueberwachung der Eintragungspflicht und Verhütung von Stiftungen mit widerrechtlichem oder unsittlichem Zwecke sowie zur Vermeidung von Umgehungen einer allfälligen Aufsicht ist bei Errichtung einer Stiftung die Stiftungsurkunde bzw. eine beglaubigte Abschrift der letztwilligen Verfügung oder des Erbvertrages und bei Abänderung des Stiftungszweckes die diesbezügliche Urkunde durch den Stiftungsvorstand oder Repräsentanten bzw. durch das Verlassenschaftsgericht beim Grundbuch- und Oeffentlichkeitsregisteramt zu hinterlegen, sofern nicht sonst eine Anmeldung zur Eintragung ins Oeffentlichkeitsregister erfolgt." Das neue liechtensteinische Stiftungsrecht übernahm diese Regelung (vgl. nRArt.552 §19 Abs.5 sowie §20 Abs.2 Ziff.3 und 9 in Verbindung mit §21 PGR)

- Stiftung für die direkte Nachfolgeregelung (mit testamentähnlicher Regelung).
- Stiftung für die indirekte Nachfolgeregelung, d.h. während der Lebzeit des Stifters ist der Stifter der einzige Begünstigte, nach seinem Tode treten an seine Stelle die von ihm berufenen anwartschaftsberechtigten Begünstigten.
- Stiftung für den direkten Familienunterhalt (Familienunterhaltsstiftung).
- Stiftung für den indirekten, bedingten Familienunterhalt, d.h. der Stifter erstellt Kriterien und gibt Instruktionen wie seine Familie begünstigt resp. das für sie bestimmte Vermögen verwaltet werden soll, sowohl zu Lebzeiten wie auch im Falle des Todes des Stifters. Diese Stiftung stellt die meistbekannte „Familienstiftung" dar.
- Stiftung mit allgemeinem Bildungszweck, d.h. der Stiftung garantiert die akademische Ausbildung der Begünstigten.
- Stiftung mit speziellem Bildungszeck, d.h. für die Unterstützung der Ausbildung von Familienmitgliedern, welche im väterlichen Betrieb des Stifters arbeiten, sich ausbilden und tätig werden wollen.
- Stiftung mit einer fixen lebenslänglichen persönlichen Rente für die Begünstigten, d.h. mit oder ohne Inflationsschutz (Anknüpfung an den Landesindex der Konsumentenpreise).
- Stiftung mit einer variablen lebenslänglichen Rente für die Begünstigten, resultierend aus dem variablen Ertrag des hierfür gestellten und von einer Bank verwalteten Vermögens. Diese Stiftung hat die Funktion einer privaten Pension. Nachdem der Stifter das Kapital in die Stiftung gelegt hat, geniesst der Begünstigte die Erträge.
- Stiftung für die allgemeine Steueroptimierung.
- Stiftung für die spezielle Steueroptimierung im Rahmen der Auslagerung des Vermögens des Stifters. Da die panamesische Stiftung gemäss Art.27 LFIP[200]

---

200 Dert Artikel 27 LFIP definiert das Steuerprivileg der panamaischen Stiftung: „Steuerprivileg: Steuerfreiheit sowie Steuerbefreiung von allen Steuern, Abgaben, Gebühren usw. jeglicher Art, geniessen die Verwaltungsakte bezüglich der Stiftungsgründung, Stiftungsabänderung, Vermögenszuwendung, Vermögensbelastung, Vermögensausschüttung, sei es Kapital- oder Erträgniss-Auschüttung aus dem Stiftungsvermögen, vorausgesetzt, folgende Bedingungen hinsichtlich des Vermögens zutreffen:

1. Das Stiftungsvermögen liegt im Ausland.
2. Das Stiftungsvermögen sowie dessen Erträgnisse, welches nicht panamaischer Herkunft ist, egal ob von einer natürlichen oder juristischen Person aufbewahrt, ist von jeglicher Besteuerung in Panama befreit.
3. Aktien und Wertpapiere aller Art, herausgegeben von Gesellschaften, welche ihr Einkommen nicht aus panamaischen Quelle beziehen, oder welche Steuerfrei-

vollständig von der Steuer befreit ist, unter der Voraussetzung, dass ihr Vermögen im Ausland liegt, resp. die Quelle ihres Vermögens vom Ausland stammt.[201]

- Stiftung zum Zwecke der allgemeinen Vermögensverwaltung im Rahmen der Familienplanung, d.h. die Stiftung als Hüterin und Verwalterin von Vermögen einer oder mehreren Familien.
- Stiftung für die Sicherung des Vermögens, mit der Folge dass das in eine Stiftung gelegte Vermögen, kann nicht beschlagnahmt oder verpfändet werden; es darf nicht zum Zwecke der Erfüllung von persönlichen Verpflichtungen weder des Stifters noch der Begünstigten eingeklagt werden.
- Die Stiftung als Garant einer Verpflichtung, d.h. die Stiftung kann für eine Obligation oder für Schulden des Stifter oder einer von ihm bestimmten Person haften.
- Stiftung mit einem allgemeinen charitativen Zweck oder im Interesse des Allgemeinwohls.
- Stiftung mit einem konkreten charitativen Zweck. So kann der Begünstigte eine Krebsliga, ein Weisenhaus, Kunstmuseum oder jede andere mögliche Körperschaft des Allgemeinwohls oder eine Institution mit einer sozialen Ausrichtung sein.

Die Weitläufigkeit der Stiftungszwecke entspricht dem Grundsatz der Stiftungsfreiheit in Panama.

Die einzige gesetzliche Forderung im panamesischen Recht, die erfüllt sein muss, ist im Art. 3 LFIP verankert und zwar, dass der Zweck einer Stiftung nicht kommerziell oder profitorientiert sein darf. Diese Regelung entspricht derjenigen in Liechtenstein.[202] Das heisst, es ist ihr untersagt kommerzielle oder gewinn-

---

heit, aus welchem Grunde auch immer, geniessen, unabhängig, ob solche Aktien und Wertpapiere in Panama aufbewahrt werden oder nicht.

Die Vermögenszuwendungen von beweglichen Sachen, Titeln, Aufbewahrungszertifikaten, Wertsachen, Geld, Aktien und Obligationen, ausgeführt im Sinne der Erfüllung des Stiftungszweckes oder im Sinne ihrer Beendigung und Stiftungsauflösung, zu Gunsten der Blutsverwandten ersten Grades des Stifters oder seiner Gemahlin, sind von allen Steuern befreit."

201 Dies hat damit zu tun, dass Panama das territorialische Steuerprinzip verfolgt, d.h. es werden nur Steuern im Innern des Landes bezahlt, was Schutzinstitutionen von Vermögen (instituciones de proteccion de activos) angeht, wie z.B. Fideikommisse, Stiftungen oder Aktiengesellschaften. Panama macht keinen Gebrauch von der Doppelbesteuerung (Panama no usa el criterio de doble tributacion).

202 In Liechtenstein ist die einzige Einschränkung des Stiftungszweckes lediglich im aRArt. 107 Abs. 5 PGR festgehalten und besagt, dass der Zweck nicht unsittlich und widerrechtlich sein darf: „Personenverbindungen und Anstalten einschliesslich Stiftungen zu unsittlichen oder widerrechtlichen Zwecken können von Gesetzes wegen das Recht der Persönlichkeit nicht erlangen (aRArt.107 Abs.5 PGR). Das

bringende Aktivitäten als gewerbsmässige Tätigkeit zu führen.[203] Für kommerzielle Aktivitäten ist die Aktiengesellschaft da. Der Gesetzgeber in Panama wollte, analog dem liechtensteinischen,[204] keine Konkurrenz zwischen den beiden, im Gegenteil, er strebte nach einer gegenseitigen Ergänzung. Trotzdem darf

---

neue liechtensteinische Recht übernahm diese Regelung (vgl. nRArt.552 §20 Abs.4 Ziff.1 in Verbindung mit §21 PGR)

203 Vgl. Art.3 LFIP. In Liechtenstein können Stiftungen einen wirtschaftlichen (Begünstigungen ohne Gegenleistung) oder unwirtschaftlichen Zweck verfolgen. Das Betreiben eines nach kaufmännischer Art geführten Gewerbes ist gemäß aRArt. 552 Abs. 1 PGR in zwei Fällen erlaubt:
- wenn es der Erreichung des nichtwirtschaftlichen Zweckes (Ausschüttungen an Begünstigte ohne jegliche Gegenleistung) dient, oder
- wenn Art und Umfang der Haltung von Beteiligungen einen kaufmännischen Betrieb erfordern.

Das neue liechtensteinische Stiftungsrecht übernahm diese Regelung (vgl. nRArt.552 §1 Abs.2 PGR)

204 Gemäss dem aRArt.552 Abs.2 PGR darf die liechtensteinische Stiftung ein nach kaufmännischer Art geführtes Gewerbe nur dann betreiben, wenn damit ein nichtwirtschaftlicher Zweck unmittelbar verwirklicht wird oder Art und Umfang der Haltung von Beteiligungen einen kaufmännischen Betrieb erfordern. Das neue liechtensteinische Stiftungsrecht übernahm diese Regelung (vgl. nRArt.552 §1 Abs.2 PGR)

Die erfolgte Revision des liechtensteinischen Stiftungsrechts hat zudem neu die Änderungsrechte des Stifters, der Stiftungsorgane oder Dritter geregelt. Dies ist wichtig vor allem in Bezug auf die Zweckänderung; den Zweck darf lediglich der Stifter abändern, falls er dies in der Stiftungsurkunde vorbehalten hat. Dieses Gestaltungsrecht ist unübertragbar und unvererblich. (vgl. nRArt.552 §4 Abs.2 PGR)

Ein Stiftungsorgan oder ein Dritter darf den Zweck nur dann ändern, wenn dies ausdrücklich in der Stiftungsurkunde vorgesehen wird und wenn der Zweck beispielsweise unerreichbar, unerlaubt oder vernunftwidrig ist oder sich die Verhältnisse so geändert haben, dass der Zweck eine ganz andere Bedeutung oder Wirkung erhalten hat und die Stiftung dem Willen des Stifters entfremdet ist (aRArt. 566 Abs.1 PGR, nRArt.552 §16 Abs.2 Ziff.5 PGR).

Im Falle dass die Stiftungsurkunde kein Organ oder Dritten mit der Änderung des Zweckes betraut hat und es erfüllen sich die oben genannten Bedingungen, kann der Richter auf Antrag von Beteiligten oder von Amts wegen den Zweck der Stiftung im Verwaltungswege abändern. (vgl. nR Art.552 §33 ff. PGR)

Hat der Stifter die Stiftung aufgrund einer Verpflichtung einem Dritten gegenüber, der im hierzu Vermögen unentgeltlich zur Verfügung gestellt hat, errichtet, so kann der Stifter das Zweckänderungsrecht diesem Dritten (mittelbarer Stifter) in der Stiftungsurkunde ausdrücklich vorbehalten. (vgl. nR Art.552 §30 Abs.1 PGR)

Die aktuelle Revision in Liechtenstein ändert aber nicht den Zweck der „Verwaltung und Verwendung von Vermögen für Begünstigte" (vgl. nRArt.552 §1 in Verbindung mit §25 PGR). Damit ist klar, dass weiterhin voraussetzungslose Ausschüttungen an Begünstigte auch nach erfolgter Gesetzesänderung in Liechtenstein möglich werden (vgl. nRArt.552 §2 Abs.4 PGR).

die Stiftung auf eine nicht alltägliche, gewohnte Art und Weise an kommerziellen Aktivitäten teilnehmen, oder in Form einer Holding-Gesellschaft Anteile einer kommerziellen Gesellschaft besitzen und auch ihr Vermögen gewinnbringend investieren. Dies darf sie immer dann, wenn eine solche Handlung unerwartet, zufällig bzw. gelegentlich und nicht auf kaufmännische Art gewerbsmässig durchläuft.[205] In diesem Rahmen kann sie zu Investitionszwecken Partnerships, Private Equity Funds errichten oder Fonds von voraus bestimmten Gesellschaften verwalten. Die Einnahmen dürfen aber nur für den in den Statuten festgelegten Zweck benutzt werden. Sie selber darf also nicht als eine kommerzielle, sondern lediglich als eine Holding-Gesellschaft tätig sein.[206]

i. Die Bezeichnung der Begünstigten

Detaillierte Angaben über die Begünstigten und Regelungen, die mit den Begünstigten zusammenhängen, werden in den Beistatuten festgehalten.[207]

j. Das Recht, die Statuten zu ändern

Das Aenderungsrecht wird im panamesischen Stiftungsrecht mehrmals bestätigt, nämlich in Art.5 Abs.8, Art.6 und Art.7 LFIP[208]

---

205 zum Beispiel wenn der Stifter als Eigentümer eines Gebäudes, dieses Gebäude in die Stiftung legt und gemäß den Instruktionen in den Statuten soll dieses Gebäude nach x Jahren verkauft und der Gewinn soll den Begünstigten abgegeben werden. Dies ist eine einmalige und keinesfalls eine gewerbsmässige Handlung nach kaufmännischer Art.
Als nach kaufmännischer Art geführtes, gewerbsmässig orientiertes Geschäft würde man dagegen Folgendes ansehen: Die Stiftung soll gemäß gegebenen Instruktionen des Stifters regelmäßig Immobilien kaufen und verkaufen und den Gewinn aus dem Immobilienhandel resultierend über die Stiftung den Begünstigten abgeben.

206 vgl. Ferrer, Kommentar zu Art.3 LFIP, S.5.

207 vgl. das Kapitel Muster und Vorlagen, Nicht-publizierte Dokumentation. Die deutsche und englische Fassung eines Muster-Beistatuts.

208 Art.5 Ziffer 8 LFIP: „Die Stiftungsurkunde hat zu enthalten: …den Aenderungsvorbehalt der Stiftungsurkunde, falls nötig."
Art.6 LFIP: „Eintragung der Stiftungsurkunde ins Stiftungsregister:
Die Stiftungsurkunde, sowie alle Aenderungen der Stiftungsurkunde, können in einer beliebigen Sprache, jedoch unter Verwendung der lateinischen Buchstaben, verfasst werden, und müssen für ihre Registrierung den Vorschriften des panamaischen Oeffentlichkeitsregisters entsprechen, und zu diesem Zwecke vor einem Notaren der panamaischen Republik beurkundet werden.
Falls die Stiftungsurkunde oder ihre Abänderung in einer anderen als der spanischen Sprache verfasst ist, muss sie zusammen mit einer amtlichen spanischen Uebersetzung vor einem Notaren der panamaischen Republik beurkundet werden."

k. Die Dauer der Stiftung

Das Gesetz verlangt keine Begrenzung der „Lebensdauer" einer Stiftung. Deshalb wird sie normalerweise auf unbeschränkte Zeit festgelegt. Der Stifter kann die Beendung der Stiftung auch auf eine Bedingung oder ein Ereignis knüpfen.

l. Die Vorschriften für eine allfällige Liquidation mit der entsprechenden Vermögensaufteilung

Diese Norm bestimmt die Voraussetzungen für eine allfällige Stiftungsauflösung sowie die Regelung der Vermögensaufteilung resp. die Ausschüttung des Liquidationserlöses einer liquidierten Stiftung.[209]

m. Jede weitere für den Stifter wichtige und gesetzlich erlaubte Bestimmung

Hier findet man vor allem vorbehaltene Rechte des Stifters, wie zum Beispiel das Recht zurr Änderung der Statuten oder Beistatuten. So kann der Stifter die Stiftung an neue, veränderte Umstände anpassen.

Des weitereb wird in der Praxis meistens Folgendes bestimmt: die Ernennung des Protektors oder der Protektoren; die Art und Weise der Lösung von Konflikten zwischen den Subjekten der Stiftung; die Ernennung des gesetzlichen Repräsentanten der Stiftung, falls dies nicht der Stiftungsrat ist; die Art der Widerrufung der Stiftungsratsmitglieder; usw. Diese zusätzlichen Bestimmungen sind von grosser Bedeutung, wenn man Probleme, Konflikte oder andere Uneinstimmigkeiten vermeiden will.

Die Statuten dürfen in beliebiger Sprache (lateinischen Alphabets) verfasst werden. Für den Eintrag in das Öffentlichkeitsregister ist aber gemäss Art.6 LFIP eine spanische Übersetzung erforderlich.[210] Aus praktischen Gründen ist es in

---

Art.7 LFIP: „Aenderungen der Stiftungsurkunde:
Jede Aenderung der Stiftungsurkunde, falls in der Stiftungsurkunde vorgesehen und erlaubt, muss den diesbezüglichen Vorschriften der Stiftungsurkunde selbst entsprechen.
Die Aenderung hat in beglaubigter Form eines unterzeichneten Beschlusses, eines Rechtsaktes oder einer Vereinbarung zu erfolgen, beinhaltend das entsprechende Aenderungsdatum, den Ausübungsort und den Namen der Personen, welche bei der Aenderung mitgewirkt und dieselbe vor einem Notaren unterschrieben haben."

209 Art.5 Abs.10 LFIP: „Die Bestimmung über die Vewendung des Stiftungsvermögens im Falle der Auflösung der Stiftung."

210 Art.6 LFIP: „Art.6 LFIP: „Eintragung der Stiftungsurkunde ins Stiftungsregister:
Die Stiftungsurkunde, sowie alle Aenderungen der Stiftungsurkunde, können in einer beliebigen Sprache, jedoch unter Verwendung der lateinischen Buchstaben,

Panama zum Brauch geworden, die Statuten in mehreren Sprachen, nämlich spanisch und zusätzlich englisch, deutsch oder französisch (je nach der Muttersprache des Stifters) zu verfassen. Die Statuten einer panamesischen Stiftung sind stark nach dem liechtensteinischen Modell ausgerichtet und können deshalb denjenigen aus dem Fürstentum verblüffend ähnlich sein.

Die Möglichkeit, die Statuten zu ändern, ist ein obligatorischer Inhaltspunkt derselben.[211] Die Änderung liegt in der Regel in der Befugnis des Stiftungsrates. Der Stifter kann sich aber dieses Recht vorbehalten.[212] Detaillierte Angaben über das, was eine solche Änderung zu beinhalten hat, stehen im Art.7 LFIP. Die Änderungsurkunde wird beim Öffentlichkeitsregister vom lokalen Repräsentanten eingereicht.

Anders als in Liechtenstein, wo man eine Stiftung mittels der Stiftungsurkunde und der Stiftungsstatuten oder in einem einzigen Dokument (d.h. die Statuten enthalten auch die Stiftungsurkunde) errichten kann, kennt das panamesische Stiftungsrecht nur ein Gründungsdokument, welche beides, die Stiftungsurkunde und die Statuten zusammenfasst.[213] Der Vorteil der zweigeteilten (liechtensteinischen, in Panama unbekannten) Form besteht in der Praxis darin, dass z.B. allfällige Änderungen im Stiftungsrat nicht zugleich auch Statutenänderung nach sich ziehen.[214]

---

verfasst werden, und müssen für ihre Registrierung den Vorschriften des panamaischen Oeffentlichkeitsregisters entsprechen, und zu diesem Zwecke vor einem Notaren der panamaischen Republik beurkundet werden.
Falls die Stiftungsurkunde oder ihre Abänderung in einer anderen als der spanischen Sprache verfasst ist, muss sie zusammen mit einer amtlichen spanischen Uebersetzung vor einem Notaren der panamaischen Republik beurkundet werden."

211 vgl. Art.5 Abs.8 LFIP

212 Im Sinne von Art.7 LFIP. Gemäss dem neuen liechtensteinischen Stiftungsrecht soll künftig der Richter auf Antrag von Beteiligten oder von Amts wegen den Inhalt der Stiftungsurkunde zur Anpassung an geänderte Verhältnisse im Rahmen des Stiftungszweckes ändern dürfen, sofern die Stiftungsurkunde nicht ein anderes Organ oder einen Ditten mit der Änderung betraut hat (nRArt.552 §31 und §33 PGR).

213 Art.5 LFIP

214 Die Zweiteilung der liechtensteinischen Lösung scheint auch in der Stiftungsänderungsnovelle berücksichtigt zu sein: Gemäss dem aRArt. 555 PGR soll die Stiftungsurkunde einer liechtensteinischen Stiftung die Bezeichnung und den Sitz der Stiftung, ihren Zweck oder Gegenstand, die Bezeichnung des Stiftungsvorstandes und die Art und Weise, wie ein anderer Vorstand bestellt wird, sowie eine Bestimmung über die Verwendung des Vermögens im Falle der Auflösung der Stiftung beinhalten. Die erfolgte Revision erweitert den Inhalt der Statuten um die Dauer der Stiftung (nRArt.552 § 16 Abs.1 Ziff.6 PGR).

Die einzige Stiftungsurkunde, beinhaltend die Statuten, ist das Basisdokument einer panamesischen Stiftung. Dies ist vom panamesischen Gesetzgeber so gewollt.[215]

Somit erübrigt sich in Panama die (in Liechtenstein oft anzutreffende) Diskussion des Vorranges der Stiftungsurkunde vor weiteren formellen Quellen des Stifterwillens.[216] Die aktuelle liechtensteinische Novellierung des liechtensteinischen Stiftungsrechtes scheint diesbezüglich den panamesischen Weg zu gehen, und mehr Klarheit in den Gründungs-Formalismus zu legen.[217]

---

215 vgl. FERRER, S.8: „Consequently, we have created under **one title and one public deed** the Foundation Charter, which in turn contains the information normally included in the Act of Constitution and the Statutes, as the terms are known and used in Liechtenstein."

216 In Liechtenstein besteht kein automatisches Hierarchie-Verhältnis zwischen der Stiftungurkunde und den Statuten im Sinne eines Vorranges der Stiftungsurkunde vor den Statuten. Vielmehr ist darauf abzustellen, welche Dokumente im Zuge des Errichtungsgeschäftes in der nötigen Form vom Stifter stammen. Ein Vorrang besteht nur nach Massgabe der Herkunftsquelle. Diese Dokumente sind grundsätzlich gleichwertig und im Falle von Widersprüchen, wie bei widersprechenden Bestimmungen in sonstigen rechtsgeschäftlichen Urkunden, auslegungsbedürftig. Die Einordnung des Dokumentes auf eine bestimmte Stufe hängt somit von der Herkunft, nicht von der Bezeichnung ab.

217 Der aRArt. 552 PGR enthält eine beispielhafte Aufzählung der möglichen Stiftungszwecke („insbesondere") und die aktuelle Novellierung der Stiftungsabteilung im nRArt.552 §2 PGR soll diesen beispielhaften Katalog erweitern. So sollen folgende Zwecke in Betracht fallen: gemeinnützige, kulturelle, wissenschaftliche, Familien- und kirchliche Zwecke, die Verwaltung und Verwendung von Vermögen für Begünstigte sowie die Erhaltung und Förderung von Unternehmen. Im Fürstentum Liechtenstein wurde eine Novellierung des PGR in Gang gesetzt, die das Ziel hat, den Missbrauch der Stiftungen zu eliminieren oder zumindest einzuschränken. Sie soll die Wesensmerkmale der Stiftung schützen und Verwässerungen zur Körperschaft entgegenwirken. So soll der Zweck künftig als „essentialia negotii" bei der Errichtung der Stiftung in der Stiftungsurkunde erwähnt werden und zwar ausreichend bestimmt oder bestimmbar. Stiftungen, die in ihrer Zweckbestimmung lediglich die Verwaltung ihres Vermögens und die voraussetzungslose Verteilung ihrer Erträgnisse an bestimmt bezeichnete Begünstigte vorsehen, besitzen überhaupt keinen bestimmten Zweck, dem das Stiftungsvermögen gewidmet und zu dessen Verwirklichung die Erträgnisse zu verwenden sind. Eine derartige Stiftung entspricht in keiner Weise dem Begriff der Stiftung, wie er in den umliegenden Staaten vorherrscht (Entscheidung des FLOGH vom 02.12.1966). Wenn also der Zweck ungenügend bestimmt wird, droht der Stiftung die Absprechung der Rechtspersönlichkeit. Im Falle, dass sie ihre Rechtspersönlichkeit beibehalten darf, droht ihr zumindest die richterliche Nichtanerkennung in anderen Staaten (z.B. in der Schweiz, vgl. BGE 115 Ib 555; BGE 108 II 398; ZH OGer. SIZ 85 (1989) 85 Nr. 13).

n. Die Stiftungsurkunde wird im Öffentlichkeitsregister registriert

Alle Panama-Stiftungen müssen ins Öffentlichkeitsregister eingetragen werden. Dies ist nicht der Fall im Liechtenstein, wo man zwischen hinterlegten und registrierten Stiftungen unterscheidet.[218] Die zwingende Eintragung gemäß panamesischem Recht führt zu einer erhöhten Rechtssicherheit. Die an der Errichtung beteiligten Personen tragen eine größere Verantwortung und Drittpersonen genießen eine erhöhte Sicherheit, da die Namen und Adressen der Stiftungsratsmitglieder registriert werden.

Im Moment der Eintragung der Stiftungsurkunde ins Öffentlichkeitsregister, Sektion Stiftungen Privaten Interesses, erlangt die Stiftung gemäss Artikel 9 LFIP ihre Rechtspersönlichkeit. Eine Publikation der Eintragung ist nicht erforderlich.

In Liechtenstein entsteht die Stiftung in den meisten Fällen auch erst mit der Eintragung ins Öffentlichkeitsregister.[219] Ohne Eintragung erlangen das Recht der Rechtspersönlichkeit kirchliche, reine und gemischte Familienstiftungen und Stiftungen, deren Begünstigte bestimmt oder bestimmbar sind (aRArt. 557 Abs.2 PGR)[220]. Nach der Eintragung werden durch Anschlag an der Gerichtstafel folgende Informationen veröffentlicht: Name, Sitz, Zweck, Datum der Errichtungsurkunde, Organisation und Vertretung mit Namen und Wohnorten (aRArt. 556 Abs. 2 PGR)[221].

Während in Liechtenstein zuerst das Vermögen in die Stiftung gelegt werden muss, um danach die Stiftung ins Register einzutragen und somit die Rechtspersönlichkeit zu erlangen[222], ist es in Panama umgekehrt: Zuerst wird die Stiftung registriert und dann werden die Vermögenswerte in die Stiftung gelegt.

---

218 vgl. aRArt.554 PGR für hinterlegte Stiftungen und aRArt.556 und 557 PGR für registrierte Stiftungen. Das neue liechtensteinische Stiftungsrecht hat diese Regelung übernommen (vgl. nrArt.552 §19 und 20 PGR)

219 aRArt.557 Abs.1 PGR: „Die Stiftung entsteht erst mit der Eintragung ins Oeffentlichkeitsregister als Stiftungsregister." Das neue liechtensteinische Stiftungsrecht hat diese Regelung übernommen (vgl. nRArt.552 §14 Abs.4 PGR).

220 Die Revision des PGR verlangt die Eintragung der kirchlichen Stiftungen und Stiftungen, deren Begünstigte bestimmt oder bestimmbar sind, erlangen ihre Rechtspersönlichkeit, sofern solche Stiftungen nicht vornehmlich der Begünstigung der Allgemeinheit bezwecken (nRArt.552 §14 Abs.4 und 5 PGR).

221 Dieser Artikel wurde durch die Novellierung gestrichen und durch einen Verweis auf einschlägige Bestimmungen über das Öffentlichkeitsregister ersetzt werden (nRArt.552 §19 PGR).

222 Gemäss Art.122 PGR stellt der Kapitalnachweis im Fürstentum Liechtenstein eine „essentialia negotii" dar: Das Einbezahlen des Kapitals ist eine Bedingung zur Erlangung der Rechtspersönlichkeit:
„1) Das Mindestkapital oder Mindestvermögen muss bei der Aktiengesellschaft und anderen Verbandspersonen, deren Kapital in Anteile relegt ist, mindestens 50

Falls die Stiftung nicht registriert wird, werden Verträge zwischen der Stiftung und Dritten nicht anerkannt (da die Stiftung gemäss Gesetz nicht existiert).

In Panama müssen alle öffentlichen Dokumente der Stiftung im Öffentlichkeitsregister registriert werden. Eine Hinterlegung wie sie das liechtensteinische Recht kennt, gibt es nicht.[223]

Auf Verlangen erhält jeder Dritte einen Registerauszug einer Stiftung, welcher übersetzt, beglaubigt und apostilliert werden kann. Dies ist im Hinblick auf die Rechtssicherheit von Bedeutung, denn damit kann gewährleistet werden, dass z.B. unterzeichnende Personen tatsächlich dazu befugt sind. Der Auszug beinhaltet mindestens folgende Informationen:

- Den Namen der Stiftung
- Den Namen eines allfälligen treuhänderischen Gründers
- Die Namen der Mitglieder des Stiftungsrates, nach Wunsch mit Wohnsitzadressen
- Die Repräsentanz

---

000 Franken, bei der Gesellschaft mit beschänkter Haftung und Verbandspersonen, deren Kapital nicht in Anteile zerlegt ist, mindestens 30 000 Franken betragen.

1a) Neben der Eintragung des Mindestkapitals oder des Mindestvermögens in der Landeswährung, kann eine solche Eintragung auch in Euro oder US-Dollar erfolgen. In diesem Falle hat das Mindestkapital beziehungsweise Mindestvermögen bei Aktiengesellschaften und anderen Verbandspersonen, deren Kapital in Anteile zerlegt ist, mindestens 50 000 Euro oder 50 000 US-Dollar, bei der Gesellschaft mit beschränkter Haftung und Verbandspersonen, deren Kapital nicht in Anteile zerlegt ist, mindestens 30 000 Euro oder 30 000 US-Dollar zu betragen.

2) Mindestkapital und Mindestvermögen müssen voll einbezahlt bzw. eingebracht werden." (Art.122 Abs.1-2 PGR).

Das neue liechtensteinische Stiftungsrecht hat diese Regelung übernommen (vgl. nRArt.552 §16 Abs.1 Ziff.3 PGR).

223 Somit entsteht in diesem Zusammenhang die interessante Rechtsfrage auch für **hinterlegte** liechtensteinische Stiftungen, welche die Erfordernisse von Art.122 PGR (Mindestgrundkapital bzw. Mindesteigenvermögen und dergleichen) nicht erfüllen. Die Konsequenz von Art.122 PGR, selbst für eine hinterlegte Stiftung, ist ihre Auflösung mangels Aktiven:

„3) Wenn das Mindestgrundkapital (Mindesteigenvermögen) unter die vorgeschriebene Summe heruntersinkt, so können bei Vorliegen wichtiger Gründe Mitglieder oder Gläubiger gleich wie bei Fehlen der erforderlichen Zahl der Mitglieder im Rechtsfürsorgeverfahren beim Gerichte den **Auflösungsantrag** stellen.

4) Wo das Gesetz von Grundkapital spricht, ist darunter eine ziffernmässige, in Geld ausgedrückte Summe, wo es von Eigenvermögen spricht, ein in beliebigen Sachen oder Rechten bestehendes Vermögen zu verstehen, das lediglich zu Bilanzierungs- und anderen Zwecken in Geld abgeschätzt zu werden pflegt." (Art.122 Abs.3 und 4 PGR).

- Das Stiftungskapital
- Den Sitz und die Dauer der Stiftung
- Die Eintragsnummer und das Datum des Eintrages
- Das Datum der Ausstellung und die Behörde, die den Auszug ausstellt.

Panama ist Signatar der Haager Konvention vom 5. Oktober 1961 über die „Apostille". Es handelt sich um eine internationale Beglaubigung von Dokumenten, die erlaubt, dass solche Dokumente mit einer einzigen Beglaubigung in verschiedenen Ländern gleichzeitig anerkannt werden.

2. Schritte nach der Registrierung ins Öffentlichkeitsregister

a. Gründungs- und Jahresgebühr werden bezahlt

Mit der Registrierung der Stiftung entsteht ihre Steuerpflicht zur Zahlung einer Gründungs- und einer Jahressteuer.[224] Diese Regelung entspricht derjenigen im Fürstentum Liechtenstein. Auch dort entsteht mit der Registrierung/Hinterlegung[225] eine Pflicht zur Zahlung einer Gründungsabgabe[226] und einer Jahressteuer[227].

In Panama hängt die Gründungssteuer (Registrierungssteuer) von der Höhe des statutarisch festgesetzten Stiftungskapitals ab. Da in der Regel das genehmigte, autorisierte und nicht einbezahlte Stiftungskapital die Standard-Höhe von USD 10'000.- aufweist, beträgt die von diesem Kapital abgeleitete Steuer 50.- USD.[228]

---

224 vgl. Art.8 LFIP: „Gründungs- und Jahressteuer: Die Entrichtung der Gründungs- und Jahressteuer einer Privatstiftung entspricht den gleichen für die Gesellschaften relevanten Abgaben gemäss Art.318 und Art.318A des Steuergesetzes. Die Bestimmungen über die Art und Form der Steuerbezahlung, sowie die Anwendung der Bussen für eine verspätete Steuerbezahlung, wie sie in den vorerwähnten Bestimmungen des Steuergesetzes vorgesehen sind, sind ebenfalls für die Privatstiftungen anwendbar."

225 auch die Hinterlegung einer Stiftung zieht in Liechtenstein eine Rechnung des Oeffentlichkeitsregisters nach sich, in der Höhe von etwa 600.- Franken.

226 in Liechtenstein 200.- Franken

227 in Liechtenstein 1000.- Franken jährlich, resp. 1 Promille des Stiftungsvermögens, zahlbar im voraus.

228 Diese Regelung entspricht der liechtensteinischen. Auch dort erhöht sich die Gründungsabgabe mit der Erhöhung des statutarisch vorgesehenen Stifttungskapitals, resp. ist direkt von diesem abhängig.

Die Jahresgebühr einer panamesischen Stiftung beträgt USD 250.-[229] und sie muss innert drei Monaten nach der Registrierung bezahlt werden. Verspätete Steuerpflichtleistungen werden mit einer Busse von 50.- USD geahndet.[230]

b. Die Beistatuten werden verfasst

Gleich wie im liechtensteinischen Stiftungsrecht, sieht das panamesische Stiftungsrecht neben dem Gründungsdokument, den Statuten auch die Verfassung von Beistatuten (Reglamento / By-Laws) vor.[231] Die Statuten stellen das Basisdokument dar, doch niemals sind sie das einzige Dokument, welches die Stiftung leitet. Das Gesetz schreibt nicht vor, was die Beistatuten zu enthalten haben. Sowohl die Verfassung als auch der Inhalt ist dem Stifter frei gestellt. Er regelt in ihnen spezielle und detaillierte Angelegenheiten und Forderungen, all das, was **nicht an die Öffentlichkeit** gelangen soll. Das heisst, es werden keine Angaben über Begünstigte oder Begünstigung in Panama registriert.[232]

In der Regel betrifft das Beistatut folgende Themen:

- Die Nominierung der Begünstigten und deren Hierarchie. Die Vorgehensweise beim Ausfall eines Begünstigten oder im Falle, dass gar kein Begünstigter mehr vorhanden ist. Die Art und Weise der Informierung der Begünstigten. Regelungen und spezielle Konditionen, die die Begünstigten einzuhalten haben.
- Konkretes, bestimmtes Vermögen, das in die Stiftung gelegt wird und seine konkrete Verteilung an oder seine Nutzniessung zugunsten von den Begünstigten.
- Ermächtigungen, Kompetenzgrenzen und Kontrolle des Stiftungsrates und des Stifters.

---

229 Die panamesische Währung heisst Balboa und ist währungspolitisch fest an USD gebunden. 1 Balboa entspricht 1 USD. Zur Zeit des Inkrafttretens der panamesischen Stiftungsrechtes im Jahre 1995 betrug die Jahressteuer noch USD 150.-, wurde jedoch im Jahre 2002 durch die Aenderung des Steuergesetzes Nr.61 vom 26. Dezember 2002, erhöht. Die Aenderung der Steuerabgaben trat am 1. Januar 2003 in Kraft.

230 vor der Steuergesetzänderung 2003 war die Busse mit 30.- USD festgelegt.

231 Auch in der Schweiz unterliegt gemäss Art. 81 Abs. 1 ZGB nur die Stiftungsurkunde der Beurkundungspflicht und diese auch nur bei der Errichtung unter Lebenden. Für die Schaffung gültiger Reglemente und Beistatuten genügt nach heutiger Lehre einfache Schriftlichkeit. Diese Regelung enspricht derjenigen in Liechtenstein und auch in Panama.

232 vgl. das Kapitel Muster und Vorlagen. Nicht registrierte Dokumentation. Muster eines Beistatuts in deutscher und englischer Fassung.

- Aktivitäten der Stiftung sowohl zu Lebzeiten als auch nach dem Tode des Stifters.
- Die Form der Änderung der Beistatuten.

Während die Statuten als öffentliches Dokument registrierpflichtig sind, sind die Beistatuten privater Natur. Sie werden durch den Stiftungsrat erstellt. Optional, der erhöhten Rechtssicherheit wegen, können die Beistatuten auch registriert werden. Der Stifter kann die Unterschriften auf den Beistatuten notariell beglaubigen lassen. Die Beistatuten werden auf demselben Weg geändert, wie sie erstellt wurden.

c. Das Gründungskapital/Vermögen wird in die Stiftung gelegt

Das Stiftungsvermögen stellt nichts anderes dar als die Summe der Vermögenswerte und Rechte, die vom Stifter oder von Dritten ins Eigentum der Stiftung übertragen und vom Stiftungsrat gemäss der Statuten und Beistatuten verwaltet werden.[233] Es können übertragbare Vermögenswerte jeder Art sein, sei es nationale (panamesische) oder ausländische, bewegliche oder unbewegliche[234]; inklusive zukünftiges Vermögen oder regelmäßige Erträge und/oder Geldeingänge. Vermögen kann in Form von Rechten und/oder Obligationen, Aktien und/oder

233 in Liechtenstein definiert der aRArt.558 PGR die Zuwendungen an die Stiftung, nach ihrer Entstehung:
„1) Ist die Stiftung entstanden, so ist der Stifter oder der Dritte auf Verlangen der Aufsichtsbehörde, des Vertreters des öffentlichen Rechts oder von Interessenten verpflichtet, das in der Stiftungsurkunde zugesicherte Vermögen auf die Stiftung zu übertragen.
2) Rechte, zu deren Uebertragung eine Abtretungserklärung genügt, gehen mit der Entstehung kraft Gesetzes auf die Stiftung über.
3) Wird die Stiftung erst mit dem Tode des Stifters oder nach Beendigung einer Firma oder Verbandsperson wirksam, so gilt sie für die Zuwendungen des Stifters oder Dritter als schon vor dem Tode beziehungsweise Beendigung des Stifters entstanden.
4) Die Widmung eines Vermögens kann insbesondere auch durch Begründung eines Schuldverhältnisses gegenüber dem Stifter oder Dritten, wie namentlich derart erfolgen, dass der Stifter oder ein Dritter sich verfplcihtet, jährlich oder sonst in bestimmten Zeitabschnitten einen festen oder veränderlichen Betrag oder sonst Vermögenswerte zu leisten (Widmung von Renten).
5) Im Zweifel hat die Vermögenslage nach den Vorschriften über treuhandsichere Anlagen zu erfolgen." (aRArt.558 Abs.1-5 PGR).
Das neue liechtensteinische Stiftungsrecht hat diese Regelung übernommen (vgl. nRArt.552 §16 Abs.1 Ziff.3 PGR).

234 Unbewegliches Vermögen (Grundstücke und Gebäude), welches sich auf panamesischem Boden befindet, muss durch eine öffentliche Urkunde, welche ins Öffentlichkeitsregister eingetragen wird, auf die Stiftung übertragen werden.

Dividenden bestehen. Wichtig ist, dass das Stiftungsvermögen in Geld ausgedrückt werden kann (pecunarisch). Als Vermögen einer Stiftung können aber Gegenstände nicht anerkannt werden, mit welchen nicht gehandelt werden kann oder die für den Handel nicht geeignet sind (fuera de comercio), da man zu ihnen kein Eigentumsrecht erwerben kann.

Das Anfangskapital einer panamesischen Stiftung ist gemäss Art. 5 Abs.2 LFIP ein obligatorischer Inhalt der Statuten. Es darf aus jeder rechtlich anerkannten Währung bestehen, muss aber äquivalent einem Mindestbetrag von 10'000.- USD sein.[235] Diese Regelung entspricht der liechtensteinischen.[236]

In Panama besteht keine Notwendigkeit, dem Registeramt diesen Betrag vor der Gründung nachzuweisen. Auch diese Regelung entspricht der liechtensteinischen.[237]

Aus Gründen der Diskretion und Vertraulichkeit bevorzugt der Stifter das wirkliche Stiftungsvermögen nicht anzugeben. Das Gesetz rechnet damit und regelt dies entsprechend: Das Gründungskapital muss von keiner der Gründungspersonen oder Dritten je physisch einbezahlt werden, weder bei der Gründung noch danach; es wird nur in den Statuten als Gründungskapital niedergeschrieben. Der Art.10 LFIP verlangt lediglich, dass, sobald die Stiftung gegründet ist, das für die Stiftung vorgesehene Vermögen in die Stiftung transferiert/überwiesen wird. Dieses Vermögen braucht aber nicht die Höhe von den 10'000.- USD zu erreichen. Auch kann es jederzeit ohne Meldung nach Panama, d.h. ohne Registrierungsbedarf erhöht werden. Für die Öffentlichkeit bleibt somit das effektiv vorhandene Stiftungsvermögen verborgt. Somit stellt sich die Frage, ob eine so liberale Lösung, nicht einem potentiellen Missbrauch ausgesetzt ist.

---

235 In Liechtenstein beträgt gemäss Art.122 Abs.1 PGR das Mindestkapital 30'000.- CHF. Das neue Stiftungsrecht übernahm diese Regelung (vgl. nRArt.552 §13 PGR).

236 Die Angabe des Stiftungskapitals einer liechtensteinischen Stiftung wurde im alten Stiftungsrecht vom Gesetzgeber nicht verlangt, doch in der Praxis wies das Oeffentlichkeitsregisteramt einen Gründungsantrag ohne Kapitalangabe in der Stiftungsurkunde und in den Stiftungstatuten zurück. Das neue liechtensteinische Stiftungsrecht regelt die alte Praxis in nRArt.552 §16 Abs.1 Ziff.3 PGR in gleicher Weise.

237 Bei den liechtensteinischen **registrierten** Stiftungen ist das Erbringen des Kapitals zwecks Erlangens der Rechtspersönlichkeit notwendig (Art. 122 Abs. 2 PGR). Der entsprechende Kapitalnachweis wird vom Oeffentlichkeitsregister verlangt. Bei der **hinterlegten** Stiftung muss der Kapitalnachweis dem Oeffentlichkeitsregisteramt nicht vorgelegt werden, die Verpflichtung zur Einzahlung bleibt bestehen (vgl. nRArt.552 §20 Abs.2 Ziff.11 PGR)

Falls der Stifter die Stiftung auf den Zeitpunkt seines Todes zu errichten wünscht, sind gemäss Art.10 LFIP die auf den Tod des Stifters zugunsten der Stiftung versprochenen (Vermögens-) Zuwendungen geschuldet.[238]

Die Vermögenszuwendung zugunsten der Stiftung wird sofort nach der Entstehung der Stiftung fällig: „Ist die Stiftung entstanden und erlang sie das Recht der Persönlichkeit, so ist der Stifter oder ein Dritter, aufgrund eines Schuldverhältnisses, auf das Verlangen des Stifters oder von einem Stiftungs-Interessenten, verpflichtet, das der Stiftung zugesicherte Vermögen auf die Stiftung formell zu übertragen."[239]

Nach der Widmung verselbstständigt sich das vom Stifter gewidmete Vermögen/Stiftungskapital vom sonstigen Vermögen des Stifters. Es wird als rechtlich getrennt und autonom angesehen und darf nur für den in den Statuten genannten Zweck verwendet werden; es kann nicht mehr zum Zwecke der Erfüllung von persönlichen Verpflichtungen weder des Stifters noch der Begünstigten eingeklagt werden.

Der Schutz des Stiftungsvermögens als eines Sondervermögens ist im vollen Umfange direkt im Gesetz verankert: „Das Stiftungsvermögen stellt ein vom übrigen Vermögen des Stifters abgesondertes, separates Sondervermögen, dar."[240]

Folglich darf das Stiftungsvermögen nicht Gegenstand von gegen den Stifter gerichteten Vermögensmassnahmen sein, ausgenommen solche, welche im Zusammenhang mit der Verfolgung des Stiftungszweckes oder im Zusammenhang mit der Verfolgung legitimer Rechte der Begünstigten stehen.[241]

Auf keinen Fall haftet das Stiftungsvermögen für persönliche Verbindlichkeiten des Stifters oder der Begünstigten.[242]

Dieses Vermögen kann nicht beschlagnahmt oder verpfändet werden, ausser es handle sich um Verpflichtungen oder Schaden verursacht von der Stiftung selbst, bzw. durch die Stiftung beim Erfüllen ihres Zwecks oder die Stiftung wurde unter Benachteiligung von Gläubigern gegründet.

Das heisst, der Stifter oder jeder Dritte, der Vermögen in die Stiftung gelegt hat, verliert seine Eigentümerrechte an diesem Vermögen.[243]

---

238 Art.10 Zweiter Satz LFIP: „Vermögenszuwendung: ... Wird die Stiftung erst mit dem Tode des Stifters wirksam, so gilt sie für die Zuwendungen des Stifters als schon vor dem Tode des Stifters entstanden."

239 Art.10 Abs.1 LFIP

240 Art.11 Abs.1 LFIP

241 Art.11 Abs.2 LFIP

242 Art.11 Abs.3 LFIP

243 Und doch ist es möglich, dass der Stifter über sein gewidmetes Vermögen bestimmt. Dafür gibt es verschiedene Mechanismen; der Stifter ist Mitglied des Stiftungsrates, der Stifter erhält eine Vollmacht, die ihn bevollmächtigt, das Vermögen der Stiftung zu verwalten oder der Stifter tritt in Funktion des Protektors und kontrolliert dieses

Widmungen von Vermögen an die Stiftung sind unwiderruflich für und durch die Person, die sie gemacht hat, ausser das Gegenteil wurde ausdrücklich im Überweisungsdokument der Vermögenszuwendung festgelegt.[244]

IV. Organisation der Stiftung

A. Der Stifter / Gründer

Der Stifter ist zwar kein Organ einer panamesischen Stiftung. Dennoch ist es wichtig, ihn im Zusammenhang mit der Organisation der Stiftung zu erwähnen, weil sein Wille, die Stiftung ins Leben zu rufen, für andere im Gesetz vorgesehenen Organe und Beteiligten, von Wichtigkeit ist. Seine Stellung, obwohl kein Organ, beeinflusst die Stiftung vom ersten Moment ihrer Existenz.

Der Stifter, muss zurechnungsfähig, handlungsfähig und urteilsfähig sein.[245]

Das Gesetz gibt dem Stifter alle Freiheiten, die gewünschten Bedingungen, Grenzen und Regeln bei der Gründung aufzustellen. Der Stifter kann einen dauernden Einfluss auf die Verwaltung der Stiftung ausüben, soweit dies ausdrücklich in den Statuten festgehalten ist, nämlich durch vorbehaltene Rechte oder indem er sich im Gründungsakt als Stiftungsrat oder Protektor einsetzen lässt.[246] Doch in der Regel macht der Stifter von diesem Recht keinen Gebrauch.[247]

Unabhängig davon, ob sich der Stifter Rechte in der Gründungsurkunde reservierte, kann er von Gesetzes wegen beim Richter aus wichtigem Grund die Abberufung eines oder mehreren Stiftungsräte verlangen.[248]

Vermögen, mit der Konsequenz, dass die Ausübung von Kontrolle in anderen Ländern für den Stifter steuerlich nachteilig sein kann.

244 Art.12 Abs.2 LFIP

245 vgl. Art. 297 Código Civil: „capacidad para actuar en el mundo jurídico“. Im panamesischen Recht dürfen Urteilsunfähige, Minderjährige und Taubstumme oder Blinde, die ihren Willen nicht ausdrücken können, nicht als Stifter auftreten.

246 vgl. Art.18 und Art.21 LFIP

247 In der Praxis wählt der Stifter einen Dritten als Stiftungsrat und schliesst mit diesem einen Mandatsvertrag (Bevollmächtigungsvertrag, Fiduzia, Treuhänderschaft, freier Dienstvertrag) ab, in welchem sich der Stiftungsrat verpflichtet, nur nach seinen Weisungen tätig zu sein. Dabei handelt es sich aber nur um einen schuldrechtlichen Vertrag, der keine statutarische Kraft besitzt. Seine Verletzung führt zur Haftung aus Vertrag, nicht aber zur Organhaftung. Vgl. D. Loretz, Diss. Ziff. II. lit. E. 1. bb.

248 vgl. Art.23 LFIP

Die Rechte und Pflichten des Stifters sind die folgenden:

- Die Stiftung gründen und sie widerrufen.[249]
- Den Inhalt der Statuten und Beistatuten bestimmen und den Stiftungszweck ändern.[250]
- Das Vermögen in die Stiftung einbringen.[251]
- Dem Stiftungsrat angehören,[252] die Mitglieder des Stiftungsrates ernennen oder abberufen.[253]
- Den Protektor ernennen und seine Rechte und Pflichten bestimmen.[254]
- Ein oder mehrere Kontrollorgane ernennen.[255]
- Dritte oder sich selber als Begünstigten der Stiftung ernennen.[256]

Wie das liechtensteinische Stiftungsrecht so auch das panamesische enthalten keine strickten Regeln über die Struktur der Organisation einer Stiftung. Dem Stifter steht das Recht zu, die Struktur in den Gründungsdokumenten festzulegen.[257].

Wie schon gesagt, kann der Gründer einer panamesischen Stiftung sowohl eine natürliche als auch eine juristische Person sein. Dies ist eine Neuheit im panamesischen Recht, da bis jetzt als Gründer einer juristischen Person nur natürliche Personen gekannt und anerkannt wurden.[258]

---

249 vgl. Art.1 und Art.4 in Verbindung mit Art.12 Abs.1 Ziff.2 und Art.13 LFIP: Die Stiftung jederzeit widerrufen, falls er sie mit Wirkung „post mortem" errichtet hat (Art. 13 LFIP) oder falls er dies so in den Gründungsdokumenten bestimmt hat (Art. 12. Abs.1 Ziff. 2 LFIP).
Diese Regelung entspricht derjenigen in Liechtenstein (vgl. aRArt. 559 Abs. 4 PGR, siehe auch Revision des Stiftungsrechts, nRArt.552 §22 PGR)

250 vgl. Art. 7 LFIP. Diese Regelung wurde in Liechtenstein im neuen Art.552 §30 PGR der Stiftungsrecht-Revision aufgenommen.

251 vgl. Art.10 LFIP. Sowohl das Startkapital als auch spätere Zuwendungen zu Gunsten des Stiftungsvermögens, jederzeit und ohne Meldung nach Panama.

252 vgl. Art.5 Abs.3 LFIP.

253 vgl. Art.21 LFIP und Art.23 LFIP.

254 vgl. Art.24 LFIP

255 vgl. Art.19 LFIP i.V.m. Art.24 LFIP

256 vgl. Art.5 Abs.7 und Art.24 Abs.2 Ziff.9 LFIP

257 Je nach Zweckbestimmung kann diese Struktur verschiedenartig sein. Die Folgen können im Falle von kaufmännisch geführter Verwlatung des Stiftungsvermögens je nach Land anders aussehen: In Liechtenstein dürfen Stiftungen ausnahmsweise auch nach kaufmännischer Art geführte Geschäfte betreiben (aRArt.557 Abs.3 PGR, sowie nRArt.552 §1 Abs.2 PGR) und dies erfordert die Bestellung einer Revisionsstelle (Auditor), welche der Steuerverwaltung jährliche Berichte über Konti und Verwaltung der Stiftung übermitteln muss; eine gesetzliche Forderung, die Panama nicht kennt.

258 siehe z.B. Art. 1 des Gesetzes über Aktiengesellschaften.

Obwohl der Stifter selbst als Gründer („Beneficial Founder", wirtschaftlicher Stifter) der Stiftung auftreten kann, zieht er aus Anonymitätsgründen in der Regel die treuhänderische Gründung vor, so dass die Stiftung von einem fiduziarischen Stifter, auch rechtlicher Stifter („Nominee founder" oder „Legal Founder") genannt gründet wird.[259] In der Lehre wird die Beziehung zwischen dem wirtschaftlicher Stifter und dem rechtlichen Stifter als ein Bevollmächtigungsvertrag qualifiziert, der in sich eine Vollmacht und einen Auftrag beinhaltet, aufgrund von welchem der rechtliche Stifter die Stiftungsgründung ausführt.

Das panamesische Gesetz schweigt über eine mögliche Zession der Stifterrechte vom treuhänderischen Stifter zum wirtschaftlichen Stifter. Hier muss man auf liechtensteinische Lehre und Rechtssprechung zurückgreifen.

Das bisherige liechtensteinische Recht enthält aber bislang auch keine konkrete Aussage darüber, welcher Rechtsnatur Stifterrechte eigentlich sind und welche rechtlichen Konsequenzen daraus fliessen. Dies hat in der Vergangenheit zu einer uneinheitlichen Judikatur und entsprechender Rechtsunsicherheit geführt.[260] Die erfolgte Revision des liechtensteinischen Stiftungsrechts verändert die Rechte des Stifters nicht. Doch werden sie von den Rechten des Stiftungsrates stärker abgegrenzt.[261] Sowohl in der Rechtssprechung als auch in der Lehre ist umstritten, ob und inwieweit die Gestaltungsrechte des Stifters „übertragbar" sind bzw. ob sie auch einem Dritten eingeräumt werden können.[262]

---

259 In Liechtenstein lehnt der OGH eine Unterscheidung zwischen dem wirtschaftlichen und rechtlichen Stifter ab. Vgl. hierzu den Revisionsvorschlag des Stiftungsrechts vom 10. Sept. 2004, S. 38.

260 Der liechtensteinische Oberste Gerichtshof ist in seiner Entscheidung vom 1.7.1996 (6 C 410/91-20) zum Ergebnis gelangt, dass die dem Stifter vorbehaltenen Rechte frei abgetreten oder sonst übertragen und vererbt werden können. In seinem Urteil vom 6.12.2001 (1 Cg 378/99-50) rückt der OGH vom früheren Entscheid wieder ab, indem er festhält, dass vorbehaltene Stifterrechte höchstpersönlich seien. Solche Gestaltungsrechte seien eigentlich dem Wesen der Stiftung fremd und müssten restriktiv ausgelegt werden. Demnach könnten sie nicht von der Person des Stifters abgespalten und losgelöst von dieser Rechtsposition übertragen werden.

261 vgl. neuer Art.552 §4 und §24 PGR.

262 Die liechtensteinische Revision basiert auf der Meinung, dass Gestaltungsrechte des Stifters (das Recht zum Widerruf der Stiftung und das Recht den Zweck der Stiftung zu ändern) die Abgrenzung zur Körperschaft vollkommen verwischen würden, wenn sie nicht mit dem Ableben des Stifters untergingen, sondern frei übertragbar und vererblich wären. So hält der neue Art.552 §22 PGR fest, dass der Stifter nach wie vor den Stiftungszweck beliebig verändern und die Stiftung jederzeit widerrufen kann. Diese Rechte sind unübertragbar und unvererblich. Hat der Stifter die Stiftung aufgrund einer Verpflichtung gegenüber einem Dritten, der ihm hierzu Vermögen unentgeltlich zur Verfügung gestellt hat, errichtet, so kann der Stifter die Gestaltungsrechte diesem Dritten (mittelbarer Stifter) in der Stiftungsurkunde ausdrücklich vorbehalten. Behält sich der Stifter die genannten Gestaltungsrechte vor,

B. Die Begünstigten

Die Begünstigten stellen kein Organ der Stiftung dar und spielen bei der Stiftung eine „passive", dennoch bedeutende Rolle.[263] Die Begünstigten sind die Personen,[264] welche von der Stiftung begünstigt werden. Sie sind aber weder Inhaber noch Gläubiger der Stiftung, so dass sie dieser gegenüber nur die von den Statuten, dem Beistatut und/oder Beschlüssen des Stiftungsrats vorgesehenen Rechte geltend machen können. Begünstigte können natürliche oder juristische Personen

---

so kann er diese ohne Beschränkungen oder Voraussetzungen ausüben, natürlich ist er an die Schranken der Gesetzmässigkeit und der Sittlichkeit gebunden. Der Stifter darf sich auch andere Änderungsrechte vorbehalten, wie zum Beispiel Rechte bezüglich der Organisation der Stiftung. Im neuen Art.552 §30 PGR sollen aber explizit jene Gestaltungsrechte geregelt werden, die ausschliesslich dem Stifter vorbehalten werden können.

Besonderer Betrachtung bedarf es vor allem dort, wo die Gründung der Stiftung von einer juristischen Person erfolgt, insbesondere fiduziarisch oder quasi-fiduziarisch. Dies wegen der potentiell langen Lebensdauer und der freien Übertragbarkeit der Anteile der juristischen Person. Nach der Entscheidung des OGH vom 6.12.2001 sollen die Stifterrechte bei der fiduziarischen Errichtung der Stiftung allein dem fiduziarischen (rechtlichen) Stifter zukommen. So wurde in der Revision des Stiftungsrechts auch über einen möglichen Abs. 3 des aRArt. 559a PGR diskutiert, welcher folgendermassen lauten sollte: „Soweit die Gestaltungsrechte einer juristischen Person vorbehalten sind, gehen die vorbehaltenen Rechte mit der Auflösung der juristischen Person, in jedem Fall aber nach Ablauf von 30 Jahren ab Errichtung der Stiftung unter."

Der vorgeschlagene Abs. 2 des aRArt. 559a PGR beschäftigte sich mit der Frage, ob die Ausübung der dem Stifter vorbehaltnen Änderungsrechte nur dem fiduziarischen Stifter vorbehalten bleiben kann oder ob der fiduziarische Stifter nicht auch den Auftraggeber als Änderungsberechtigten in der Stiftungsurkunde vorsehen kann. Die liechtensteinische Regierung vertritt die Meinung, dass die vorbehaltenen Änderungsrechte an den Kunden/Auftraggeber übertragen werden können, kommt doch bei der fiduziarischen Stiftungserrichtung nicht der Wille des fiduziarischen Stifters, sondern jener des Auftraggebers zum Ausdruck. Die Möglichkeit der Benennung des Auftraggebers in der Stiftungsurkunde als Berechtigten zur Ausübung eines freien Widerrufs- oder Zweckänderungsrechtes stimmt daher nicht nur materiell mit dem Zweck der Stiftung überein, sondern es bleibt auch der Sinn und Zweck der „Unübertragbarkeit der Stifterrechte" materiell unangetastet.

Das neue liechtensteinische Stiftungsrecht übernahm schliesslich die alte Regelung (vgl. nRArt.552 §4 Abs.3 PGR).

263 schon deshalb weil es keinen Sinn macht, eine Stiftung ohne allfällige Begünstigte zu gründen.

264 Das panamesische Recht erlaubt aber nicht, dass ein Tier den Begünstigten darstellt, wie es in manchen angelsächsischen Ländern durchaus möglich ist. Die Art.5 Abs.7 und Art.18 Abs.1 Ziff.3 und 4 LFIP sprechen über „Personen" und Personen gemäß Art. 38 Código Civil sind nur natürliche oder juristische Personen.

sein, inklusive die Person des Stifters. Die Begünstigten müssen bestimmt oder bestimmbar festgelegt werden. Meistens werden sie nur den Beistatuten, nicht aber in den Statuten namentlich erwähnt, aus Diskretionsgründen, und damit der Öffentlichkeit nicht preisgegeben.

Die Begünstigungsrechte können verschiedenster Natur und bedingt, befristet, un- und/oder widerrufbar sein, usw. Die Rechte und Pflichten aus der Begünstigung bestimmen sich aus dem Gesetz, den Statuten und den Beistatuten.

Die Rechte kann man in zwei Gruppen teilen:

1. Rechte mit materiellrechtlichen Merkmalen: Empfang von Begünstigungen in Form von Vermögen und Erträgnissen,[265] Erhalten von Information über den wirtschaftlichen Stand der Stiftung.[266] Hierzu gehört auch die in Panama für die Begünstigten vorgesehene Steuerbefreiung.[267]
2. Rechte mit Verwaltungsmerkmalen: Erzwingen von Verwaltungsmassnahmen auf gerichtlichem Wege: Die Begünstigten dürfen im Falle eines Verstosses gegen ihre Interessen und Rechte gegen den Stiftungsrat vorgehen und ihn haftbar machen.[268] Dies kann sogar zur Abrufung des Stiftungsrates führen.[269]

---

265 gemäss Art.18 Abs.1 Ziff.4 LFIP: „Ausschüttungen an die Begünstigten aus dem Stiftungsvermögen und Erträgnissen, gemäss Bestimmungen der Stiftungsurkunde sowie der Beistatuten."

266 gemäss Art.18 Abs.1 Ziff.3 LFIP: „Information an die Begünstigten über die Wirtschaftslage der Stiftung, auf die Art und Weise wie in der Stiftungsurkunde oder in den Beistatuten vorgesehen."

267 Der Begünstigte zahlt keine Steuern bei der Übergabe von Immobilien immer, wenn a) der Begünstigte Verwandter ersten Grades dem Stifter ist (z.B. vom Vater zum Sohn und umgekehrt) oder b) der Begünstigte ist Ehepartner des Stifters (Gesetz Nr. 106 vom Jahre 1974 und Gesetz Nr. 31 vom Jahre 1991).

268 vgl. Art.26 LFIP: „Jeder Begünstigte kann beim Aufsichtsorgan oder beim Protektor die Verwaltungstätigkeit, welche seine Rechte verletzt, beanstanden, und im Falle Nichtvorhandenseins des Aufsichtsorgans, sich an den Richter am Sitz der Stiftung wenden."

269 gemäss Art.23 LFIP: „Aktivlegitimation für die Abwahl und Zuwahl von Stiftungsratsmitgliedern:
Das Gerichtsverfahren einer Abwahl von Stiftungsratsmitgliedern kann vom Stifter oder von den Begünstigten beantragt werden.
Im Falle der Minderjährigkeit oder der Bevormundung der Begünstigten kann den Antrag auf Abwahl der Stiftungsratsmitglieder ihr gesetzlicher Vertreter oder ein solcher Vertreter, welcher die ‚patriae potestas' ausübt, stellen.
Das Abwahl-Urteil wird gleichzeitig das neue Ersatzmitglied des Stiftungsrates bestellen, wobei dieses neue Stiftungsratsmitglied die Anforderungen hinsichtlich der entsprechenden Qualifikation für die Verwaltung des Stiftungsvermögens sowie hinsichtlich einer anerkannten moralischen Höhe, aufgestellt durch den Stifter, erfüllen muss."

Die Begünstigten dürfen alle Stiftungsratsbeschlüsse, Verwaltungsakte und Massnahmen anfechten, die ihre Begünstigungen verletzen.

Die Rechte der Begünstigten sind nach panamesischem Recht strikte persönlich.[270] In den Gründungsdokumenten kann dies aber anders bestimmt werden; so kann zum Beispiel ausdrücklich bestimmt werden, dass der Begünstigte auf sein Recht gegen Entschädigung verzichten kann, dass er sein Begünstigungsrecht verpfänden, abtreten oder verkaufen kann oder dass jener Begünstigte, der seine Begünstigungsrechte auf dem prozessualen Weg anfechtet, diese verliert, usw.[271]

Der Art. 14 LFIP legt fest,[272] dass das am Wohnsitz des Stifters oder der Begünstigten gültige **Erbrecht keinen Einfluss** auf die Gültigkeit der Stiftung hat.[273] Massgebend sind einzig die Bestimmungen des Gründungsdokumentes und der Beistatuten. Das bedeutet, dass der panamesische Richter einzig und allein den Wunsch des Stifters respektieren muss.[274] Dies entspricht nicht dem liechtensteinischen Recht,[275] welches sehr wohl die **Pflichtteilsrechte** beachtet.[276] Es ist jedoch wichtig in diesem Zusammenhang zu erwähnen, dass jenes

---

270 Umgekehrt ist es beim angelsächsischen Trust, wo das Recht in erster Linie das Trustvermögen und seine Verwaltung durch den Trustee regelt.

271 Hier kann die liechtensteinische Regelung auch bei der Redaktion des Beistatutes für eine Panama-Stiftung übernommen werden. Bekanntlich erlaubt der aRArt.567 Abs.3 PGR sowie der nRArt.552 §36 PGR dem Stifter, in den Statuten ausdrücklich zu bestimmen, dass alle aus dem Stiftungsvermögen erhaltene Einkünfte dem Begünstigten auf dem Wege der Zwangsvollstreckung oder des Konkurses nicht entzogen werden können. Weiter steht es dem Stifter frei, zu bestimmen, dass die Zweit- oder Drittbegünstigten keine Einsichts- und/oder Kontrollrechte haben.

272 Der Artikel 14 wurde nach dem Vorbild des Trust-Rechts der karibischen Jurisdiktionen als auch Jersey und Guernsey nach Panama übernommen. vgl. Ferrer, S.13.

273 Art.14 LFIP: „Pflichtteilsrechte: Rechtsvorschriften, welche die Erbschaft des Stifters oder der Begünstigten an ihrem Wohnort regeln, haben keine Wirkung auf die Stiftung oder auf ihre Gültigkeit oder auf die Verfolgung des Zwecks der Stiftung, so wie er in der Stiftungsurkunde oder in Beistatuten der Stiftung vorgesehen und geregelt ist."

274 Der Wille des Stifters bei der Errichtung der Stiftung ist maßgebend.

275 Im Entscheid vom 7.3.2002 (1 Cg 145/99-75 – LJZ 2003, 100) ist der liechtensteinische Oberste Gerichtshof (OGH) der weit verbreiteten Meinung entgegengetreten, dass man durch die Errichtung einer liechtensteinischen Stiftung Pflichtteile in anderen Ländern umgehen könne. Vgl. ebenfalls Künzle, Revision des liechtensteinischen Stiftungsrechts, Abschnitt „Keine Umgehung ausländischer Pflichtteile mit FL-Stiftungen", Private 2004, S.22.

276 Die (pflichtteilsverletzten) Erben werden in aRArt.560 Abs.1 PGR und nRArt.552 §38 PGR erwähnt, wo ihnen die Möglichkeit gegeben wird, die Stiftung gleich einer Schenkung anzufechten. Generell verweiste vor der Gesetzesänderung der aR-Art.552 Abs.4 PGR auf das Gesetz über das Treuunternehmen (TruG §78-133), sofern seine Normen nicht dem Wesen der Stiftung widersprechen. Wenn aus den Statuten oder Beistatuten nichts über die Begünstigten oder die Begünstigung zu

Stiftungsvermögen, welches sich in einem Staate (außerhalb Panamas) befindet, in welchem die Pflichtteilsrechte anerkannt werden und somit durchsetzbar sind, ungeachtet der panamesischen Gesetzgebung über die Stiftung, möglicherweise entzogen werden kann.

C. Der Stiftungsrat

1. Begriff und Zusammenstellung

Die Verwaltung der Stiftung obliegt dem Stiftungsrat.[277] Der Stiftungsrat ist somit ein Exekutiv-Organ, welches mit der Verwaltung der Stiftung beauftragt ist. Es hat den Willen des Stifters auszuführen. Als administratives Organ ist es mit Ermessens- und Entscheidungskompetenz ausgestattet.[278] Seine Mitglieder repräsentieren die Stiftung gegenüber Dritten, gegenüber dem Staat und der Verwaltung.[279]

Das panamesische Gesetz schreibt ein Minimum von 3 Mitgliedern des Stiftungsrates, falls es natürliche Personen sind, oder eine juristische Person, zwingend vor.[280] Eine Mischung aus beiden ist in beliebiger Zahl auch möglich. Als juristische Person kann eine Aktiengesellschaft, andere Körperschaft oder sogar eine Bank figurieren. Alle Stiftungsräte können aus dem In- oder Ausland stammen; es wird weder eine berufliche Qualifikation noch der Wohnsitz in Panama verlangt.[281] Der Stifter kann dem Stiftungsrat angehören.[282]

---

entnehmen ist, so wird in Anwendung von §105 Abs. 1 TruG die Vermutung aufgestellt, dass der Stifter der Alleinbegünstigte ist und entsprechend den Regeln des Erbrechtes wird die gesetzliche Nachfolge vermutet. vgl. Bösch, LJZ 2003, S.55ff.

277 Art.17 Abs.1 LFIP: „Stiftungsrat: Die Stiftung verfügt über einen Stiftungsrat, dessen Kompetenzen und Pflichten in der Stiftungsurkunde bestimmt sind.“

278 vgl. Art.17, 18 und 19 LFIP

279 Die Aufgaben des Stiftungsrates können auf andere Subjekte delegiert werden:
auf den Protektor: der Protektor kann die Stiftung direkt verwalten (z.B. Unterschriftenberechtigung auf dem Konto der Stiftung) oder indirekt durch Kontrolle der Akten und Dokumente des Stiftungsrates.
Auf Dritte: Ein System der völlig indirekten Verwaltung, wo eine dritte Person, die kein Subjekt des Stiftungssystems ist, über das Vermögen der Stiftung bestimmen kann. Dies ist zum Beispiel durch eine Generalvollmacht erreichbar.
Auf den Stifter: Das Gesetz erlaubt dem Stifter Mitglied des Stiftungsrates zu sein.

280 Art.17 Abs.2 LFIP: „Die Zahl der Stiftungsratsmitglieder beträgt mindestens (3) drei, es sei denn, eine juristische Person amtet als Stiftungsratsmitglied.“

281 Anders in Liechtenstein, wo neu eine obligatorische Mindestanzahl der Stiftungsratsmitglieder gesetzlich verankert ist (vgl. nRArt.552 §24 Abs.2 PGR), jedoch muss gemäss Art.180a PGR zumindest ein Mitglied des Stiftungsrates liechtenstei-

2. Ernennung des Stiftungsrates

Die Ernennung eines Stiftungsrates gehört zum zwingenden Inhalt der Statuten. Die Art und Weise der Bestellung des Stiftungsrates muss allerdings in den Statuten nicht bestimmt werden.[283]

Den ersten Stiftungsrat bestellt der Stifter. Danach kann er bestimmen, wer und unter welchen Bedingungen die Mitglieder des Stiftungsrates abwählen und/oder neu ernennen darf.[284]

3. Rechte und Pflichten

Der Stiftungsrat kann als administratives Organ, der den Willen des Stifters überwachen und ausführen muss, ohne Anteil an der Willensbildung zu haben, organisiert sein oder es können ihm Ermessensentscheide oder Entscheidungsbe-

---

nischer Bürger mit Wohnsitz in Liechtenstein sein (gleichgestellt sind Ausländer mit Niederlassungsbewilligung) und den Beruf eines Anwaltes, Auditors oder Treuhänders ausüben. Mit diesen Mindestanforderungen soll den Rechtsmissbräuchen vorgebeugt werden, und die liechtensteinischen Behörden sollen einen für sie greifbaren Adressaten haben. Außer dieser Einschränkung ist eine freie Bestimmung des Stiftungsrates möglich. Somit ist nach dem 1.4.2009 in Liechtenstein ein einziges Stiftungsratsmitglied nicht mehr zugelassen.

282 Diese Regelung gemäss Art.5 Abs.3 LFIP entspricht der liechtensteinischen, wo der Stifter ebenfalls als Stiftungsrat zugelassen ist. In österreichischen Stiftungen hingegen können weder juristische Personen, noch die Begünstigten und deren Ehepartner oder Verwandte bis zum dritten Grad nicht als Stiftungsratmitglieder auftreten.

283 vgl. Art.5 Abs.3 LFIP: „Stiftungsurkunde hat zu enthalten: ... Die vollständige und klare Bezeichnung aller Mitglieder des Stiftungsrates, inklusive Wohnort-Anschriften, zu welchen auch der Stifter gehören darf."

284 Der Stifter kann zwischen der auch in Liechtenstein praktizierten Kooptationsform des Stiftungsrates wählen, wo die Stiftungsratsmitglieder ihre Nachfolger selbst wählen oder die in Art.24 Abs.2 Ziff.4, 5 und 6 LFIP vorgesehene Delegation wählen: „Die Stiftungsurkunde oder die Beistatuten können die Errichtung von Aufsichtsorganen vorsehen, welche sich aus natürlichen oder juristischen Personen zusammensetzen können, wie zum Beispiel Revisionsgesellschaften, Protektoren oder ähnliche Personen.

Ihre Kompetenzen und Befugnisse der Aufsichtsorgane sind in der Stiftungsurkunde oder in den Beistatuten vorzusehen und können, unter anderem, folgende Befugnisse beinhalten:

...Die Zuwahl von neuen Stiftungsratsmitgliedern, falls vakant aufgrund von Ablauf der Amtszeit eines gewählten Stiftungsratsmitglieds.

...Die generelle Zuwahl und Ersatzwahl von neuen Stiftungsratsmitgliedern.

...Die zahlenmässige Erhöhung oder Reduktion der Stiftungsratsmitgliedern."

fugnisse eingeräumt werden. Dies entscheidet der Stifter bei der Gründung der Stiftung und setzt es in der Stiftungsurkunde fest.

Falls dies in der Stiftungsurkunde oder in den Stiftungsstatuten fehlt, gelten für den Stiftungsrat die Standardverpflichtungen und Standardkompetenzen des Art. 18 LFIP.[285] Ganz generell ist seine Aufgabe die Verwaltung des Stiftungsvermögens zu Gunsten der Begünstigten in Übereinstimmung mit den Statuten und Beistatuten.[286] Der Art. 18 LFIP sieht folgende Pflichten für den Stiftungsrat vor:

---

285 vgl. Art. 18 LFIP: „Rechte und Pflichten des Stiftungsrates:
Der Stiftungsrat ist verantwortlich für die Verfolgung und Durchführung des Stiftungszweckes.
Falls die Stiftungsurkunde nicht anderweitig bestimmt, obliegen dem Stiftungsrat folgende Rechte und Pflichten:
1. Verwaltung des Stiftungsvermögens gemäss den Bestimmungen der Stiftungsurkunde.
2. Durchführung von Rechtshandlungen, Rechtsgeschäften und Ausführungshandlungen, welche der Erfüllung des Stiftungszweckes dienen, mittels Abschluss von Verträgen, Uebernahme von Verpflichtungen und Bedingungen, vorausgesetzt dass diese Handlungen nicht gegen das Gesetz, die öffentliche Moral und Ordnung verstossen.
3. Information an die Begünstigten über die Wirtschaftslage der Stiftung, auf die Art und Weise wie in der Stiftungsurkunde oder in den Beistatuten vorgesehen.
4. Ausschüttungen an die Begünstigten aus dem Stiftungsvermögen und Erträgnissen, gemäss Bestimmungen der Stiftungsurkunde sowie der Beistatuten.
5. Durchführung von Massnahmen und Anwendung von Rechtsvorschriften, welche dieses Gesetz für die Verwaltung der Stiftung vorsieht."

286 In Liechtenstein hat die erfolgte Revision des Stiftungsrechts die Rechte der Stiftungsorgane oder Dritter im nRArt.552 §31 PGR neu behandelt. Das Recht zur Änderung der Organisation (oder des Zweckes) muss in der Stiftungsurkunde ausdrücklich vorgesehen werden. So kann ein Stiftungsorgan oder ein Dritter den Inhalt der Stiftungsurkunde abändern oder auf der Grundlage der Stiftungsurkunde Zusatzurkunden erlassen, nur wenn der Stifter dies in der Stiftungsurkunde ausdrücklich vorgesehen hat (neuer Art. 552 §31 und 32 PGR). Dies ist unbedenklich für eine Organisationsänderung, die nicht in den Stiftungszweck eingreifen will. Vielmehr ist das mit der Änderungskompetenz betraute Stiftungsorgan, in der Regel der Stiftungsrat, verpflichtet, die Organisation so zu gestalten, dass sie einer optimalen Verwirklichung des zu wahrenden Stiftungszwecks dient. Ergeben sich diesbezüglich Probleme, so kommt die aufsichtsrechtliche Bestimmung von aRArt. 565 PGR, nRArt.552 §33-35 PGR, zum Tragen. Das zuständige Stiftungsorgan kann die Änderung der Stiftungsurkunde von der Genehmigung durch das Gericht abhängig machen (nRArt. 552 §35 PGR). Auch kann das Gericht selber gemäss den im neuen Stiftungsrecht vorgesehenen neuen Art. 552 §33-35 PGR auf Antrag eines Beteiligten oder von Amts wegen die Organisation der Stiftung im Verwaltungswege abändern, wenn die vorhandene Organisation ungenügend geworden ist oder die Funktionsfähigkeit der Stiftung als gefährdet erscheint und sofern die Stiftungs-

a. Verwaltung des Vermögens.[287]
b. Abschliessen jedes Rechtsgeschäftes um den Zweck der Stiftung zu erreichen in Übereinstimmung mit den Gesetzen, der Moral und der öffentlichen Ordnung.[288]

---

urkunde nicht ein anderes Organ oder einen Dritten mit der Änderung der Organisation betraut hat. Diese Regelung entspricht dem früher gültigen aRArt. 565 Abs. 1 PGR: „Die Regierung darf auf Antrag eines Beteiligten oder von Amts wegen nach Anhörung des obersten Stiftungsorganes und jener Personen, deren Rechte berührt werden, die Organisation der Stiftung im Verwaltungswege abändern, wenn die Erhaltung des Vermögens oder die Wahrung des Zweckes der Stiftung die Abänderung dringend erheischt und sofern die Stiftungsurkunde oder das Statut nicht ein anderes Organ oder einen Dritten mit der Änderung der Organisation betraut hat. Gegen solche Abänderungensanordnungen können die Beteiligten die Verwaltungsbeschwerde an den Verwaltungsgerichtshof ergreifen."
Ist keine Organisation vorgesehen oder die vorgesehene ungenügend, so hat die Aufsichtsbehörde im Verwaltungswege und bei den nicht der Aufsicht der Regierung unterstehenden Stiftungen auf Antrag von Beteiligten der Richter im Rechtsfürsorgeverfahren die nötigen Verfügungen zu treffen und erforderlichenfalls ins Öffentlichkeitsregister eintragen zu lassen (neuer Art. 552 §35 PGR). Können diese nicht zweckdienlich getroffen werden, wie etwa bei zu geringem Vermögen, so hat die Aufsichtsbehörde beziehungsweise der Richter, sofern der Stifter keinen Einspruch erhebt oder nicht eine Bestimmung der Stiftungsurkunde ausdrücklich entgegensteht, das Vermögen einer anderen Stiftung mit möglichst gleichartigem Zweck zuzuwenden.
Kritisch wäre es dagegen, wenn einem Stiftungsorgan oder einem Dritten in der Stiftungsurkunde die Kompetenz zur freien Abänderung des Zwecks der Stiftung eingeräumt würde. Der neue Art. 552 §35 PGR sieht deshalb vor, dass eine Änderung des Zweckes durch ein Stiftungsorgan oder einen Dritten nur dann zulässig ist, wenn beispielsweise der Zweck unerreichbar, unerlaubt oder vernunftwidrig ist oder sich die Verhältnisse so geändert haben, dass der Zweck eine ganz andere Bedeutung oder Wirkung erhalten hat und die Stiftung dem Willen des Stifters entfremdet ist. Ein freies Zweckänderungsrecht sollte es nur für den Stifter geben, nicht aber für Stiftungsorgane oder Dritte und ebenso wenig für die Aufsichtsbehörde. Nur so ist eine Versteinerung des Stifterwillens möglich. Zudem würden freie Abänderungsrechte von Stiftungsorganen oder Dritten die Stiftung in die Nähe der Körperschaft rücken. Solch weitreichende Kompetenzen für Organe einer Stiftung sind mit dem Wesen der Stiftung grundsätzlich nicht vereinbar. Dies würde nur wiederum zu Rechtsunsicherheiten im Zusammenhang mit der Frage der Stifterrechte und darüber hinaus zu einer Vermischung von Kompetenzen von Stifter und Organen führen, die der rechtsmissbräuchlichen Verwendung von Stiftungen Vorschub leisten könnten.
Der neue Artikel löst dies dadurch, dass die Abänderung der Organisation explizit in den Stiftungsdokumenten vorgesehen sein muss und die Änderung des Zweckes nur bei Vorliegen qualifizierter Gründe, die beispielhaft aufgeführt werden, erfolgen kann.

287 Art.18 Abs.1 LFIP

c. Information an die Begünstigten über die finanzielle Lage der Stiftung.[289]
d. Ausrichten von Leistungen an die Begünstigten gemäss der Statuten und Beistatuten.[290]
e. Ausführen jedes Vertrages oder jeder Handlung, welcher / welche der Stiftung gesetzlich erlaubt ist.[291]

Seine Rechte bestehen darin, dass er für seine Tätigkeit mit einem meist jährlichen Honorar entschädigt wird.[292]

4. Haftung des Stiftungsrates

Die Pflichten und die Aufgaben des Stiftungsrates werden in erster Linie durch die Statuten bestimmt.[293] Falls die Statuten vorsehen, dass der Stiftungsrat erst nach Zustimmung (weisungsgebunden) eines anderen Organs tätig sein darf, ist für seine Haftung der Art.19 LFIP anwendbar. Sollte der Stiftungsrat alleine, ohne Rücksprache (weisungsfrei), die Stiftung verwalten, ist der Art.20 LFIP anwendbar.

a. Weisungsgebundener Stiftungsrat

Gemäss dem Wortlaut von Art.19 LFIP wird der Stiftungsrat, der erst nach der Einholung der Zustimmung eines anderen Organs tätig sein durfte und tätig war, von der Haftung und Verantwortung befreit.[294] Das Bestellen eines mit den Ent-

288 Art.18 Abs.2 LFIP
289 Art.18 Abs.3 LFIP
290 Art.18 Abs.4 LFIP
291 Art.18 Abs.5 LFIP
292 Das Stiftungsratshonorar sieht eine Jahrespauschale von cca. 3000.- USD vor. Hierzu kommen aufgewendete Leistungen gemäss Stundenaufwand, abgerechnet mit einem Satz von max. 300.- USD/Stunde. Sollte der Stiftungsrat ausserhalb seines Arbeitsortes an Sitzungen teilnehmen, kommen die entsprechenden Reisespesen gemäss Expensar dazu. Für längere Abwesenheit des Stiftungsrates werden „Manntage“ in der Höhe von 1500.- USD/Tag abgerechnet und in Rechnung gestellt.
293 erst subsidiär kommt der Art.20 LFIP zur Anwendung: „Salvo que se disponga otra cosa en el acta fundacional o en sus reglamentos, el Consejo de Fundación deberá...“
294 Art.19 LFIP: „Protektor
Die Stiftungsurkunde kann bestimmen, dass die Stiftungsratsmitglieder Handlungen nur nach vorheriger Genehmigung des Protektors oder eines anderen Aufsichtsorgans, bestimmt vom Stiftungsgründer oder von der Mehrheit der Stiftungsgründer, ausführen dürfen.

scheidungskompetenzen ausgestatteten Organs oder einer natürlichen Person im nicht öffentlichen Beistatut und die diesbezügliche vertragliche Bindung des Stiftungsrates hat zur Konsequenz die Anerkennung des Mandatsvertrages als Haftungsaufhebungsgrundes.[295]

b. Weisungsfreier Stiftungsrat

Gemäss Art.20 LFIP soll der panamesische Stiftungsrat die Sorgfalt eines guten Familienvaters walten lassen.[296] Die Sorgfalt des „Bonus Pater familias" ist ein Grund zur Befreiung von der Haftung oder zur Begrenzung der Haftung für

---

Die Stiftungsratsmitglieder sind **nicht haftbar** für Handlungen, welche sie aufgrund der obenerwähnten Genehmigung ausführten, selbst wenn diese Verluste am Stiftungsvermögen, Vermögensschaden und sonstige Verminderung des Stiftungsvermögens nach sich ziehen."

295 Diese Regelung entspricht nicht der liechtensteinischen, wo der Mandatsvertrag für den Stiftungsrat keine Exculpation bedeutet. In Liechtenstein kann die Stiftung für die strafbaren Handlungen, weil vom Stiftungsrat begangen, nicht verantwortlich gemacht werden. Eine Ausnahme bildet das Verwaltungsstrafrecht, wie z.B. Steuerrecht, Zollrecht, welches die Verbandspersonen, inkl. Stiftung für deliktsfähig erklärt.
Zu beachten ist deshalb der Art. 111 Abs. 4 PGR, der besagt: „Für unerlaubte Handlungen, die ein Organ oder ein sonst statutengemäß berufener Vertreter in Ausübung seiner Vetretungstätigkeit begangen hat, sind die Verbandspersonen in den Schranken ihrer Rechts- und Handlungsfähigkeit außerdem strafrechtlich verantwortlich, unter Vorbehalt eines allfälligen **Rückgriffsrechtes** gegenüber dem **Fehlbaren**."
Was die Verwaltung des Stiftungsvermögens anbelangt, ist die Art und Weise der Vermögensverwaltung grundsätzlich in den Statuten bzw. Beistatuten festzulegen. Dort ist zu bestimmen, welche Befugnisse und Pflichten dem Stiftungsrat bei der Vermögensanlage zukommen (aRArt. 561 Abs. 1 PGR, nRArt.552 §25 PGR). Lassen die Statuten Zweifel über die Vermögensanlage offen, so hat dies gemäß aRArt. 558 Abs. 5 PGR nach den Vorschriften über treuhandsichere Anlagen zu erfolgen. Treuhandsichere Anlagen sind in Art. 913 PGR geregelt. Diesbezüglich ergibt sich in der Lehre ein Auslegungsproblem, ob ein im Volleigentum der Stiftung stehendes Vermögen überhaupt ein Auslandsvermögen sein darf, da Abs.4 dieses Artikels diese Bestimmung für Auslandsvermögen für nicht anwendbar erklärt (D. Loretz, Diss. S. 63ff.). Nichtsdestotrotz, die Pflicht zur Erhaltung, Verbesserung und Versicherung des Vermögens trifft den Treuhänder (aufgrund der Verweisungsnorm des aRArt. 552 Abs.4 PGR), also auch den Stiftungsrat, im Rahmen des Stiftungszwekkes, auch entgegen den Statuten, wenn es die Grundsätze einer guten Geschäftsführung mit Rücksicht auf die Umstände erfordern (§28 Abs. 1 TrUG).

296 vgl. Art.20 LFIP: „Buchführung:
Falls die Stiftungsurkunde oder die Beistatuten nicht anderweitig bestimmen, muss der Stiftungsrat einen Jahresabschluss an die Begünstigten und, falls vorgesehen, auch an das Aufsichtsorgan abliefern.

die fahrlässige Schuld.[297] Diese Formulierung erinnert an den liechtensteinischen Stiftungsrat, der für die sorgfältige Geschäftsführung und Vertretung haftet.[298] Er haftet für den Schaden, den er durch Nichterfüllung seiner Pflichten schuldhaft verursacht hat,[299] und zwar vorsätzlich oder fahrlässig.[300]

Die panamesischen zivilrechtlichen Verjährungsfristen gegen den Mitgliedern des Stiftungsrates betragen 7 Jahre, die strafrechtlichen Verjährungsfristen hängen von der jeweiligen Art der Straftat ab, und betragen maximal 6 Jahre.[301]

Die Haftungsbefreiung der Mitglieder einer panamesischen Stiftung gilt aber nicht gegenüber den Begünstigten oder Dritten bei Schaden, welcher durch grobe Fahrlässigkeit oder Betrug beim Verwalten der Stiftung entstand.[302]

Falls die Stiftungsurkunde und die Beistatuten keine solche Bestimmung kennen, muss der Jahresabschluss alljährlich erfolgen.
Falls der Jahresabschluss nicht innerhalb der in der Stiftungsurkunde oder in den Beistatuten vorgesehenen Frist beanstandet wird, oder falls die Stiftungsurkunde die Buchführung nicht regelt, gilt der Jahresabschluss als genehmigt, sollte er nicht innerhalb von (90) neunzig Tagen seit Erhalt beanstandet werden, wobei zu diesem Zwecke die Frist von (90) neunzig Tagen im Jahresbericht anzumerken ist.
Nach Fristablauf oder nach erfolgter Genehmigung sind die Stiftungsratsmitglieder von jeglicher **Haftung** hinsichtlich der Verwaltung befreit, es sei denn, sie handelten gegen den Grundsatz ‚**bonus pater familias**'.
Die obenerwähnte Genehmigung hat **keine Wirkung** gegenüber den Begünstigten und Dritten, welche Rechte im Zusammenhang mit der Stiftung besitzen, sowie keine Wirkung **im Falle einer schweren Schuld** hinsichtlich der Verwaltung der Stiftung."

297 culpa leve

298 gemäss Art. 182 Abs. 2 PGR, nämlich: „Befugnisse und Pflichten: ...(Die Verwaltung) hat das Unternehmen der Verbandsperson mit Sorgfalt zu leiten und zu fördern und **haftet** für die Beobachtung der Grundsätze einer **sorgfältigen Geschäftsführung** und Vertretung."

299 gemäss Art.220 Abs.1 PGR: „Haftungsfälle bei der Geschäftsführung und Kontrolle: Die mit der Verwaltung und Kontrolle einer Gesellschaft betrauten Personen sind für den Schaden verantwortlich, den sie durch Nichterfüllung der ihnen obliegenden Pflichten verursachen."

300 gemäss Art.218 Abs.1 PGR: „Verantwortlichkeit bei Gesellschaften mit Persönlichkeit und ihnen gleichgestellten Verbandspersonen / Art des Verschuldens: Die Organe einer Gesellschaft mit Persönlichkeit und der ihnen gleichgestellten Verbandspersonen **haften** für den von ihnen verursachten Schaden der Verbandsperson gegenüber, wenn sie ihn **absichtlich** oder **fahrlässig** verschuldet haben." Ausgenommen ist die **leichte Fahrlässigkeit** (vgl. nRArt.552 §24 Abs.6 PGR).

301 In Liechtenstein beginnt die Verjährungsfrist mit der schädigenden Handlung zu laufen und beträgt 2 Jahre, respektive 10 Jahre beim Vorliegen einer Absicht (Art. 226 Abs. 1 PGR).

302 Art.20 Abs.5 LFIP: „Die obenerwähnte Genehmigung hat **keine Wirkung** gegenüber den Begünstigten und Dritten, welche Rechte im Zusammenhang mit der Stiftung besitzen, sowie keine Wirkung **im Falle einer schweren Schuld."**

Der panamesische Gesetzesgeber setzt in diesem Zusammenhang[303] eine jährliche Rechnungsstellungs- und Rechenschaftsablegungspflicht des Stiftungsrates gegenüber den Begünstigten und dem Aufsichtsorgan/Protektor fest und ein diesbezügliches dreimonatiges (90 Tage) Anfechtungsrecht der Berechtigten. Diese Fristen sind jedoch nicht zwingend und der Gründer kann in den Statuten etwas anderes bestimmen. Auf die Frist muss im Jahresbericht hingewiesen werden.[304]

5. Bestellung und Abberufung des Stiftungsrates

Gemäss Art.21 LFIP darf der Stifter sich selbst oder anderen Personen das Recht vorbehalten, Mitglieder des Stiftungsrates zu entlassen, abberufen und neue zu ernennen oder zu bestellen.[305] Diese Regelung entspricht der liechtensteinischen,[306] weil hier der aRArt.555 Abs.2 PGR als Vorlage stand.[307]

Falls jedoch die Statuten oder Beistatuten einer Panama-Stiftung nichts über das Recht oder die Gründe einer Entlassung oder Abwahl der Stiftungsratmitglieder beinhalten, können solche Mitglieder durchs Gericht abberufen werden, bei den folgenden Fällen:[308]

---

303 Die Haftung und die Buchführung werden gemeinsam in Art.20 LFIP festgehalten.

304 Die Buchführungspflicht entspricht der liechtensteinischen Regelung: Die alljährliche Rechnungslegungspflicht ist im nRArt.552 §26 PGR sowie Art. 923 und Art. 923a/§35 PGR verankert.

305 Art.21 LFIP: „Abwahl und Zuwahl von Stiftungsratsmitgliedern durch den Stifter: Mittels Stiftungsurkunde kann sich der Stifter selbst, oder anderen Personen, das Recht vorbehalten, Stiftungsratsmitglieder abzuwählen sowie neue Stiftungsratsmitglieder zu bestimmen und neue zu wählen.“

306 „Die Stiftungsurkunde (der Stiftsbrief) oder das Statut sollen enthalten die Bezeichnung und den Sitz der Stiftung, ihren Zweck oder Gegenstand, die Bezeichnung des Stiftungsvorstandes und die Art und Weise, wie ein anderer Vorstand bestellt wird, sowie die Bestimmung über die Verwendung des Vermögens im Falle der Auflösung der Stiftung.“ (aRArt.555 Abs.2 PGR). Das neue liechtensteinische Stiftungsrecht hat diese Regelung übernommen (vgl. nRArt.552 §20 PGR).

307 vgl. Ferrer, S.17: „This article (21 LFIP) refers to the right of removal or designation of new members of the Foundation Council. Article 555 of the Liechtenstein law also expresses the need to determine in the act of constitution how a new member of the Foundation Council can be appointed if someone resigns, dies or is removed. Some family foundations give this right to third parties or to remaining members of the Council in case of resignation of anyone of them.“

308 Art.22 LFIP: „Abwahl und Zuwahl von Stiftungsratsmitgliedern mittels Verfahren: Falls die Stiftungsurkunde oder die Beistatuten keine Abwahlregelung der Stiftungsratsmitglieder vorsehen, kann die Abwahl der Stiftungsratsmitglieder durch ein summarisches Verfahren prozessualrechtlich in folgenden Fällen erfolgen:

- Interessenskonflikt zwischen den Begünstigten oder dem Stifter und dem Stiftungsratsmitglied.[309]
- Wenn der Stiftungsrat das Vermögen nicht wie ein guter Familienvater verwaltet.[310]
- Bei einer Verurteilung für eine Straftat und/oder Verstoß gegen privates Vermögen oder öffentlichen Glauben,[311] wobei während des Gerichtsprozesses eine temporäre Suspension stattfindet.[312]
- Bei Unfähigkeit oder Unmöglichkeit, die Stiftung zu verwalten.[313]
- Bei seiner Zahlungsunfähigkeit oder aufgrund von Insolvenz- oder Konkursprozess.[314]

Das Gesuch für die Abberufung können der Stifter und/oder die Begünstigten einreichen. Minderjährige oder behinderte Begünstigte werden von derjenigen Person vertreten, die das Recht der „patriae potestas" oder der Vormundschaft hat. Bei einer gerichtlichen Abberufung eines Stiftungsratsmitgliedes enthält das Urteil auch die Ernennung eines des neuen Stiftungsratsmitglieds, welcher über genügend Kompetenz, Kapazität, Vermögen, Befugnis, Fähigkeit, Qualifikation und anerkanntes moralisches Ansehen verfügt.[315]

D. Der Protektor

Die Institution eines Protektors ist durch Einfluss aus den angelsächsischen Ländern entstanden. Der Protektor ist eine Vertrauensperson des Stifters, um die treue Erfüllung der Ziele und Zwecke einer Stiftung und die Interessen der Be-

---

1. Falls ihre Interessen mit denjenigen des Stifters oder der Begünstigten nicht übereistimmen.
2. Falls sie das Stiftungsvermögen nicht mit der Sorgfalt eines ‚bonus pater familias' verwalten.
3. Falls sie verurteilt wurden für Vermögensdelikte oder Delikte gegen öffentliche Ordnung. In einem solchen Falle, solange als das Verfahren pendent ist, kann ein Stiftungsratsmitglied auf dem Verordnungswege ad interim seines Amtes enthoben werden.
4. Aufgrund der Unfähigkeit den Stiftungszweck zu verfolgen, und dies seit dem Kausalzusammenhang der Unmöglichkeit.
5. Aufgrund des Konkurses oder der Zahlungsunfähigkeit."

309 Art.22 Abs.1 Ziff.1 LFIP
310 Art.22 Abs.1 Ziff.2 LFIP
311 „Fé Pública / Public Faith" vgl. Estribí, S.25
312 Art.22 Abs.1 Ziff.3 LFIP
313 Art.22 Abs.1 Ziff.4 LFIP
314 Art.22 Abs.1 Ziff.5 LFIP
315 Art.23 LFIP

günstigten zu überwachen. Das panamesische Stiftungsrecht legt keine Voraussetzungen für diese Funktion fest. So kann der Protektor eine natürliche oder juristische, eine in- oder ausländische Person sein. Der Stifter kann professionelle Voraussetzungen bestimmen oder einfach nur einen Freund oder ein Familienmitglied mit diesem Amt beauftragen. Genauso steht dem Stifter nichts im Wege, mehrere Organe als Protektoren zu errichten, jedes mit verschiedenen Funktionen oder ein öffentliches Amt dazu berufen. Die Funktion des Protektors kann entgeltlich sein oder nicht.

Doch sollen die Aufgaben eines Protektors in den Statuten oder Beistatuten festgelegt werden. Das panamesische Gesetz erwähnt beispielhaft einige seiner Rechte und Aufgaben:[316]

- Er beaufsichtigt die Erfüllung der Stiftungszwecke durch den Stiftungsrat und hütet die Rechte und Interessen der Begünstigten.[317]
- Er verlangt vom Stiftungsrat die Vorlegung von Jahresrechnungen und Geschäftsberichten und gibt seine Zustimmung.[318]

---

316 Art.24 LFIP: „Aufsichtsorgane:
Die Stiftungsurkunde oder die Beistatuten können die Errichtung von Aufsichtsorganen vorsehen, welche sich aus natürlichen oder juristischen Personen zusammensetzen können, wie zum Beispiel Revisionsgesellschaften, Protektoren oder ähnliche Personen.
Ihre Kompetenzen und Befugnisse der Aufsichtsorgane sind in der Stiftungsurkunde oder in den Beistatuten vorzusehen und können, unter anderem, folgende Befugnisse beinhalten:
1. Die Ueberwachung der Erfüllung des Stiftungszweckes durch den Stiftungsrat sowie die Verteidigung der Rechte und der Interessen der Begünstigten.
2. Die Entgegennahme der Berichterstattung des Stiftungsrates.
3. Die Aenderung des Stiftungszweckes falls ein solcher Zweck unmöglich oder allzu schwer erreichbar ist.
4. Die Zuwahl von neuen Stiftungsratsmitgliedern, falls vakant aufgrund von Ablauf der Amtszeit eines gewählten Stiftungsratsmitglieds.
5. Die generelle Zuwahl und Ersatzwahl von neuen Stiftungsratsmitgliedern.
6. Die zahlenmässige Erhöhung oder Reduktion der Stiftungsratsmitgliedern.
7. Die Prüfung der Geschäftstätigkeit des Stiftungsrates gemäss der Stiftungsurkunde oder der Beistatuten.
8. Die Aufbewahrung des Stiftungsvermögens sowie die Ueberwachung der Verwendung des Stiftungsvermögens im Sinne des Stiftungszweckes, in Uebereinstimmung mit der Stiftungsurkunde.
9. Die Abwahl und Zuwahl von Begünstigten, in Uebereinstimmung mit der Stiftungsurkunde oder mit den Beistatuten."

317 Art.24 Abs.2 Ziff.1 LFIP

318 Art.24 Abs.2 Ziff.2 und 7 LFIP

- Er darf die Ziele und Zwecke der Stiftung abändern, falls deren Erfüllung oder deren Erreichen sich als unmöglich oder zu beschwerlich zeigt.[319]
- Er darf neue Mitglieder des Stiftungsrates wählen, im Falle einer temporären oder permanenten Absenz, beim Ablaufen derer Amtszeit und es darf die Anzahl der Mitgliede erhöhen oder vermindern.[320]
- Er verwaltet das Vermögen der Stiftung und hütet dessen Verwendung zur Erlangung des Stiftungszweckes.[321]
- Falls in den Statuten oder Beistatuten erwähnt, darf er Begünstigte streichen und neue bestimmen.[322]

Das panamesische Gesetz schweigt über die Errichtung oder Entlassung eines Kontrollorgans. Der Stifter sollte deshalb Acht geben, die Art und Weise der Ernennung und die Gründe der Abberufung in den Gründungsdokumenten (Stiftungsurkunde und Statuten) eingehend zu regeln.

V. Aufsicht und Kontrolle

Eine staatliche Aufsicht ist im panamesischen Stiftungsrecht nicht vorgesehen.[323] Dies geht aus dem rechtssystematischen Stellenwert der panamesischen Stiftung hervor.[324] Wie eine private Aktiengesellschaft, steht die Stiftung unmittelbar kei-

319 Art.24 Abs.2 Ziff.3 LFIP
320 Art.24 Abs.2 Ziff.4,5 und 6 LFIP
321 Art.24 Abs.2 Ziff.8 LFIP
322 Art.24 Abs.2 Ziff.9 LFIP
323 In Liechtenstein kann der Stifter in den Statuten die Familienstiftungen der behördlichen Aufsicht der liechtensteinischen Regierung (ausgeführt durch das Grundbuch- und Oeffentlichkeitsregisteramt) unterstellen (aRArt. 564 Abs. 2 PGR, nRArt.552 §29 PGR). Die Regierung hat über das Grundbuch- und Oeffentlichkeitsregisteramt dann das Kontrollrecht darüber, ob das Stiftungsvermögen zweckgemäß verwaltet und verwendet wird; sie trifft die geeigneten Maßnahmen und kann folglich auch den Stiftungsrat abberufen. Das neue liechtesteinische Stiftungsrecht bestimmt neu in nRArt.552 §29, dass jeder Beteiligte, somit auch ein Organ der Stiftung, aus dem oben erwähnten Grund zudem beim Richter die Beschwerde führen kann.
324 vgl. Ferrer, S.21: „This...is very clear and states that if a beneficiary sees that the foundation is being managed by the Foundation council with negligence or fraud, or is simply not following the objectives established by the foundation charter, he or she has the recourse of complaining to the protector, if appointed. If not, he or she has the right to initiate legal action to stop such wrongful management.“

ner Staatsaufsicht resp. Staatskontrolle.[325] Der Art.26 LFIP regelt hingegen die Konfliktsituationen, welche, wie unter Privaten, von einem Richter gelöst werden.[326]

Es liegt somit am Gründer, seine Stiftung mit Aufsicht- und Kontrollorganen zu versehen und diese mit verschieden Funktionen und Rechten auszustatten. Es können **Kontrollstellen, Familienräte, Auditoren**, Organe mit Richterfunktionen sowie Beratungsfunktionen oder ähnliche Organe gewählt werden.[327]

Panama will die allfällige Missbrauchsgefahr durch die Geldwäschereibekämpfungsnorm des Art.34 LFIP allein regeln.[328]

---

325 Indirekt über den Art.34 LFIP: „Missbrauchbekämpfung, Massnahmen gegen die Geldwäscherei: Zwecks Missbrauchbekämpfung sind für die Privatstiftungen alle Rechtsvorschriften der Verwaltungsverordnung Nr.468 aus dem Jahre 1994, sowie sämtliche anderen Rechtsnormen, welche die Bekämpfung der Geldwäscherei, resultierend aus dem Drogenhandel regeln, anwendbar."

326 Art.26 LFIP: „Jeder Begünstigte kann beim Aufsichtsorgan oder beim Protektor die Verwaltungstätigkeit, welche seine Rechte verletzt, beanstanden, und im Falle Nichtvorhandenseins des Aufsichtsorgans, sich an den **Richter** am Sitz der Stiftung wenden."

327 Der Art.24 LFIP nennt keine Einschränkungen.
Ähnlich in Liechtenstein. Der aRArt.561 PGR sieht die Schaffung dieser Aufsichts- und Kontrollorgane vor und die aktuell gültige Revision nach nRArt.552 §27 und §28 PGR ebenfalls: Die Organe der Stiftung, wie Stiftungsvorstand, Revisionsstelle und dergleichen, sowie die Art der Geschäftsführung und Vertretung und dergleichen werden in der Stiftungsurkunde festgelegt. Darüber hinaus kann die Stiftungsurkunde die Bestellung weiterer Organe wie Protektoren, Kuratoren und Beiräte vorsehen.

328 Anders in Liechtenstein: Die internationale Kritik kristallisiert sich an der mangelnden Transparenz der liechtensteinischen Stiftung. Auf der einen Seite soll der legitime Schutz der Privatsphäre gewährleistet sein, auf der anderen Seite ist dieser Schutz nur dann legitim, wenn eine allfällige Missbrauchsgefahr mit verhältnismässigen Mitteln auf ein Minimum reduziert wird. Die so genannte fehlende Transparenz ist zu diskutieren, denn alle wichtigen Angaben über den Kunden (das Kundenprofil) sind bekannt; sie sind nur nicht der Öffentlichkeit zugänglich. Diese Angaben müssen unter gewissen Umständen (zum Beispiel bei Strafverfolgungen) den Behörden angegeben werden.
Die Missbrauchsgefahr wird durch eine „Selbstverwaltung unter der Oberaufsicht des Grundbuch- und Öffentlichkeitsregisteramtes" und die Kontrollbefugnisse dieser Institute eliminiert. Neben dieser gesellschaftsrechtlichen Komponente ist die Geldwäscherei- sowie die Sorgfaltspflichtgesetzgebung zu erwähnen, bei welchen Liechtenstein die internationalen Standards erfüllt. Bei der erfolgten Revision des liechtensteinischen Stiftungsrechts soll der Schutz der Privatsphäre einerseits und das öffentliche Interesse andererseits ins Gleichgewicht gebracht werden.
Erstens wird dies durch einen Katalog von Ausnahmen der Eintragungspflicht gelöst. Der revidierte nRArt.552 §21 PGR legt fest, dass alle Stiftungen der Aufsicht

der Regierung, und zwar über die Aufsichtsbehörde, ausgeführt durch das Grundbuch- und Oeffentlichkeitsregisteramt unterliegen.
(Nach dem alten Stiftungsrecht waren ausgenommen:
1. reine und gemischte Familienstiftungen;
2. Stiftungen, deren Begünstigte bestimmt oder bestimmbar sind, sofern solche Stiftungen nicht vornehmlich die Begünstigung der Allgemeinheit bezwecken;
3. Stiftungen zur Erhaltung und Förderung von Unternehmen, an denen die Stiftung beteiligt ist, sofern solche Stiftungen nicht vornehmlich die Begünstigung der Allgemeinheit bezwecken.

Den Stiftungen, auf welche die Ausnahme nach altem Stiftungsrecht zutraf, ist gemeinsam, dass sie sich vornehmlich auf die Vorsorge für bestimmt oder bestimmbar bezeichnete Familien oder auf einen fest umgrenzten Kreis von Personen beschränkten, ohne dass die Begünstigung der Allgemeinheit bezweckt wird.)
Die Revision hat aber den alten Abs. 2 des Art. 564 PGR gestrichen, welcher folgendes festlegte: Die Stiftungsurkunde kann auch andere Stiftungen der Aufsicht der Regierung unterstellen.
Zweitens soll die Aufsicht nur sicherstellen, dass die Stiftung und das gewidmete Vermögen dem Zweck entsprechend verwaltet resp. verwendet wird. Eine öffentliche Aufsicht ist sicher dort nötig und geboten, wo der Zweck einer Stiftung nur allgemein festgehalten wird, und die Begünstigten allgemein umschrieben werden.
Aus dem eben erwähnten ersten Absatz des aRArt. 564 PGR sowie nRArt.552 §35 PGR ist zu folgern, dass jene Stiftungen, die nicht freiwillig der Aufsicht der Regierung unterliegen, einer richterlichen Aufsicht unterstehen (vgl. aRArt. 567 Abs. 1: „Bei den nicht der Aufsicht der Regierung unterstehenden Stiftungen kann der Richter auf Antrag von Beteiligten im Rechtsfürsorgeverfahren all jene Befugnisse aufüben, die der Regierung als Aufsichtsbehörde ... eingeräumt sind.“), übernommen durch das neue liechtensteinische Stiftungsrecht gemäss nRArt.552 §35 PGR.
Das Grundbuch- und Öffentlichkeitsregisteramt hat der Regierung von jeder der Aufsicht unterstehenden Stiftung Mitteilungen zu machen.
Der neue Absatz 1 des nRArt.552 §21 PGR soll eine Präventivaufsicht errichten. Dementsprechend sollen alle aufsichtspflichtigen Stiftungen gezwungen sein, eine unabhängige Revisionsstelle gemäss Gesetz über Wirtschaftsprüfer und Revisionsgesellschaften einzusetzen. Diese Revisionsstelle wäre das Verbindungsglied zur Aufsichtsbehörde und müsste jährlich einen Bericht an diese abgeben, in welchem sie auf eingetretene Missstände aufmerksam macht bzw. die missstandsfreie Stiftungsgebarung bestätigt. Die Aufsichtsbehörde könnte nun einschreiten, wenn ihr Missstände bekannt würden. Die Bestellung einer Revisionsstelle muss unter Vorlage einer Annahmeerklärung dem Grundbuch- und Öffentlichkeitsregisteramt angezeigt werden. Hier ist noch zu erwähnen, dass die Regierung auf Antrag von der Bestellung einer anerkannten Revisionsstelle entbinden könnte (neuer Art.552 §27 Abs.5 Erster Satz PGR). Dies wäre vor allem der Fall bei kleineren gemeinnützigen Stiftungen, deren Vermögen nicht besonders hoch ist und die deshalb unverhältnismässig hohe Ausgaben verhindern möchten, wenn die Geschäftstätigkeit auch sonst ausreichen überprüft werden kann. Auch der Entwurf zur European Foundation sieht eine Revisionsstelle vor, obligatorisch aber erst ab einer bestimmten Grössenordnung.

VI. Auflösung / Liquidation / Löschung

Das panamesiche Stiftungsrecht lässt sich, anders als das liechtensteinische, diesbezüglich von den Normen der Aktiengesellschaft leiten, indem es Gewicht legt auf die Feststellung a) wer die Auflösung beschliesst, b) wer die Liquidation der Vermögenswerte durchführt und c) wer die Löschung im Oeffentlichkeitsregister beantragt.

Die Gründe für eine **Auflösung** der Stiftung sind im Art. 25 LFIP aufgezählt:[329]

Jeder, der an einer bestimmungsgemässen Verwaltung und Verwendung des Vermögens, seines Ertrages oder Verwendung ein Interesse hat und der des öffentlichen Rechts kann gegen eine dem Stiftungszweck widersprechende Verwaltung und Verwendung des Vermögens durch die Stiftungsorgane Beschwerde führen.
Nun wurde im neuen Abs. 3 des nRArt.552 §29 PGR ein neuer Katalog der aufsichtsbehördlichen Befugnisse erstellt werden, neben welchem der alte als sehr dürftig erscheint. Die Aufsichtsbehörde soll neu folgende gebotene Anordnungen treffen können:

- Kontrolle und Abberufung der Stiftungsorgane,
- Durchführung von Sonderprüfungen,
- Erteilung verbindlicher Weisungen an Stiftungsorgane,
- Aufhebung von Beschlüssen der Stiftungsorgane,
- Verbindliche Auslegung der Stiftungsurkunde. (Solche Befugnisse werden der Aufsichtsbehörde auch im schweizerischen Recht gemäss Art. 84 Abs. 2 ZGB zugestanden. Ähnliche Befugnisse kennt das liechtensteinische PGR ausdrücklich auch für den Trust gemäss Art. 919 Abs. 6 und das Treuunternehmen gemäss Art. 932a § 150 PGR.

Im alten liechtensteinischen Stiftungsrecht waren vor der Fällung eines Entscheides der Aufsichtsbehörde oder des Verwaltungsgerichtshofes die Beteiligten zu hören. Dies hat die Revision durch eine Verwaltungsbeschwerde der Beteiligten gegen einen Entscheid der Regierung an den Verwaltungshof ersetzt.
Der neue Absatz 6 des nRArt.552 §29 PGR legt eine Verordnungskompetenz der Regierung fest. Die Regierung soll somit künftig im Verordnungswege die Geschäfte nach diesem Abschnitt unter Vorbehalt des Rechtszuges an die Kollegialregierung an eine Amtsstelle zur selbstständigen Erledigung übertragen und nähere Bestimmungen über das Aufsichtsverfahren und die Gebühren erlassen können.

329 Art.25 LFIP: „Auflösung. Die Stiftung wird aufgelöst:

1. Wenn die Zeitdauer gemäss der Stiftungsurkunde abgelaufen ist.
2. Sobald der Stiftungszweck erfüllt oder sobald der Stiftungszweck unerreichbar geworden ist.
3. Wenn die Stiftung insolvent und nicht in der Lage ist, Zahlungen zu leisten oder sie befindet sich im Konkursverfahren.
4. Mangels genügenden Vermögens.
5. Infolge Widerrufs.
6. Aufgrund einer in diesem Gesetz bestimmten gesetzlichen Regelung oder aufgrund einer in der Stiftungsurkunde vorgesehenen Bestimmung.“

- Ablauf der in den Statuten oder Beistatuten bestimmten Dauer.[330]
- Zweckerfüllung oder Unmöglichkeit der Zweckerfüllung.[331]
- Insolvenz, Überschuldung, Konkurs.[332]
- Vermögensverlust, mangels Aktiven.[333]
- Widerruf[334] der Stiftung.[335]
- Jeder andere in den Statuten, Beistatuten oder im Gesetz genannte Grund.[336]

Das Gesetz sieht vor, dass der Stifter weitere Gründe zur der **Aufhebung** seiner Stiftung in die Statuten oder Beistatuten festsetzt.[337] So kann er zum Beispiel die **Beendigung** einer Stiftung von einer Bedingung oder einem Ereignis abhängig machen.[338] Auch sieht das Stiftungsgesetz die Möglichkeit vor, dass genaue Regeln über die Auflösung und Liquidation erstellt werden, wie zum Beispiel, wer über die Auflösung und Liquidation der Stiftung entscheiden kann, wie der Prozess verlaufen oder was mit dem Vermögen geschehen soll.[339]

---

330 Art.25 Abs.1 LFIP

331 Art.25 Abs.2 LFIP

332 Art.25 Abs.3 LFIP

333 Art.25 Abs.4 LFIP

334 Eine panamesische Stiftung ist nach der Gründung nicht widerrufbar und auch die Übertragung der Vermögenswerte kann nicht widerrufen werden. Sie kann nur unter bestimmten Bedingungen widerrufen werden:
   a. wenn sie über die letztwillige Verfügung zu Lebzeiten des Stifters gegründet und widerrufen wurde (Art.13 LFIP).
   b. wenn der Widerruf explizit in den Statuten oder Beistatuten vorgesehen ist (Art.12 Abs.1 Ziff.2 LFIP).
   c. Solange die Stiftung (noch) nicht im Öffentlichkeitsregister eingetragen wurde (Art.12 Abs.1 Ziff.1LFIP).
   d. wenn ein „Widerruf der Schenkung" wegen Undankbarkeit möglich ist (Art.12 Abs.1 Ziff.3 LFIP), welche sich gemäß III. Buch, Kapitel IV, Titel VI des Zivilgesetzbuches:
      - Wenn die Stiftung nicht mehr die vom Stifter vorgegebenen Bedingungen erfüllt (Art. 964 Código Civil);
      - Wenn die Stiftung (durch Handlungen des Stiftungsrates) ein Delikt gegen der Stifter begeht (Art. 965 Código Civil).

      Die auf die Stiftung übertragenen Vermögenswerte können nur in einem Fall widerrufen werden und zwar wenn es ausdrücklich in den Stiftungsdokumenten erwähnt ist (Art. 12 Abs.2 LFIP).

335 Art.25 Abs.5 LFIP

336 Art.25 Abs.6 LFIP

337 so vorgesehen bereits im Art.5 Abs.10 LFIP, anlässlich der Redaktion der Stiftungsurkunde und der Statuten

338 Art.5 Abs.9 LFIP

339 Die Gründe der Aufhebung einer liechtensteinischen Stiftung waren im aRArt. 568 PGR aufgeführt. Die erfolgte Revision des Stiftungsrechts hat die in der vergangenen Praxis sehr große Rechtsunsicherheit behoben. Bei eingetragenen Stiftungen

Bei der **Liquidation** allfälliger Vermögenswerte einer panamesischen Stiftung hat der Stiftungsrat gemäss dem Stifterwillen folgendes auszuführen:

- Ausbezahlung des restlichen Vermögens an die Begünstigten (der Stifter bestimmt die Art und Weise, sowie die Höhe der Ausbezahlung;
- Verkauf von bestimmten oder allen Vermögenswerten.
- Rückgabe der Vermögenswerte an die Person, von der der Stifter das Vermögen erhalten und in die Stiftung gelegt hat, inkl. Erträgnisse.

---

wurden sie einerseits auf Grund der Feststellung des zuständigen Organs, dass sie über kein Vermögen verfügen, im Register gelöscht, andererseits blieben sie nach der Rechtsprechung trotz Löschung existent, solange sie *de facto* über Stiftungsvermögen verfügten. Umgekehrt blieben Stiftungen, die wegen Vermögenslosigkeit kraft Gesetzes aufgehoben waren, mangels Löschung im Öffentlichkeitsregister eingetragen und damit existent. Bei hinterlegten Stiftungen war in Vergangenheit die Rechtsunsicherheit nicht kleiner. So gingen in der Vergangenheit in Liechtenstein Rechtsmeinungen auch in der Rechtssprechung hinsichtlich der Frage auseinander, welche Rechtsfolgen es habe, wenn eine Stiftung wegen Vermögenslosigkeit schlicht aufgelöst wurde und nachträglich doch noch Vermögen hervorkommt. Die eine Meinung ging davon aus, dass dann die Stiftung gar nicht erloschen sei, sondern weiterexistiert habe. Die andere Meinung war der Auffassung, dass dann eine Nachtragsliquidation zu erfolgen habe und im Rahmen dieser die an sich aufgehobene Stiftung Rechtspersönlichkeit habe.
Erster Absatz des für die Revision vorgeschlagenen aRArt. 568 PGR verfolgte das österreichische Muster gemäß §35 PSG und lautet praktisch identisch mit dem panamesischen Art.25 LFIP.
Das neue liechtensteinische Stiftungsrechts kennt tatsächlich eine ähnliche Regelung in nRArt.552 § 39 wie das panamesische Stiftungsrecht gemäss Art.25 LFIP.
Es geht um Gründe, wann eine Stiftung mittels Auflösungsbeschluss des Stiftungsrates aufzulösen ist (falls die Stiftungsurkunde nichts anderes bestimmt, muss gemäss nRArt.552 §39 Abs.3 PGR der Auflösungsbeschluss einstimmig vom Stiftungsrat gefasst werden) oder etwa aufgrund eines richterlichen Beschlusses aufgelöst wird (ohne Auflösungsbeschluss des Stiftungsrates). Im zweiten Absatz wird dann geregelt, wann ein Auflösungsbeschluss des Stiftungsrates zu verfassen ist und wann dies nicht nötig ist. Keinen Auflösungsbeschluss des Stiftungsrates braucht es bei der amtlichen Liquidation oder einer richterlich verfügten Auflösung, genauso wenig bei der Eröffnung eines Konkurses, da diese selbst die Auflösung der Stiftung bewirkt.
Auch die Aufsichtsbehörde (die Aufsichtsbehörde ist die Regierung und bei den nicht der Aufsicht der Regierung unterstehenden Stiftungen der Richter) hat die Befugnis eine Stiftung aufzulösen und zwar auf Antrag von Beteiligten (nRArt.552 §39 Abs.5 PGR). Die Aufsichtsbehörde kann einen Auflösungsbeschluss des Stiftungsrates aufheben, wenn kein Auflösungsgrund vorliegt (nRArt.552 §39 Abs.5 PGR). Bei den Stiftungen, die durch richterlichen Beschluss aufgelöst wurden, kann die Aufsichtsbehörde die Fortsetzung der Stiftung bewilligen, wenn die Gründe der Auflösung weggefallen sind (nRArt.552 §39 Abs.5 PGR).

- Wiederherstellung der Stiftung unter anderer Zielsetzung und mit anderen Bestimmungen, unter einer Reorganisierung der Verwaltung und Kontrolle.
- Widerruf der Stiftung mit anschliessender Löschung im Oeffentlichkeitsregister.

Natürlich werden vor der Verteilung des Stiftungsvermögens zuerst die Steuerschulden, dann die Forderungen der Stiftungsräte und anderer Organe, sowie die des lokalen Repräsentanten, etc. beglichen.[340]

Nach der Liquidation der Stiftung erfolgt ihre **Löschung**. Über das Löschungsverfahren sind keine Angaben im Gesetz zu finden. Man richtet sich deshalb nach den Bestimmungen über die Aktiengesellschaft.[341] Auch kann die Stiftung nicht durch eine Behörde gelöscht werden, dazu braucht es eine gerichtliche Verfügung.[342] Doch werden Stiftungen, welche ihre Jahresgebühren nach 2 Jahren nicht bezahlt haben, „ex officio" vom Registeramt für **ungültig**[343] erklärt.

Es gibt in Panama keine Möglichkeit die im Öffentlichkeitsregister eingetragenen Stiftungsdaten zu entfernen, das heißt, dass auch nach der Löschung die gesamte Information über die Stiftung immer noch im Öffentlichkeitsregister enthalten ist, mit dem Vermerk „gelöscht".

Die Löschung ist in jedem Falle registrierpflichtig. Die Löschung der Stiftung im Oeffentlichkeitsregister erfolgt aufgrund des Antrages des Stiftungsrates und wird in der panamesischen Amtszeitung publiziert. Somit setzt sich das Löschungsverfahren aus folgenden Schritten:

1. Auflösungsbeschluss. Dieser kann vom Stiftungsrat, dem Stifter selbst oder einem anderen in den Stiftungsstatuten oder Beistatuten bestimmten Organ oder von einem Dritten, welcher mit dieser Aufgabe über eine Vollmacht bestellt wurde, erlassen werden. Er muss notariell beglaubigt werden.
2. Eintragung des Auflösungsbeschlusses ins Öffentlichkeitsregister, gegen Quittung über die Bezahlung der Jahresgebühr.

---

340 nach konkursrechtlicher Rangordnung

341 Neu werden im liechtensteinischen Stiftungsrecht gemäß der aktuellen Revision auf die Liquidation und Löschung einer eingetragenen Stiftung die allgemeinen Vorschriften über die Verbandspersonen (Art. 130 ff. PGR.) angewendet (vgl. nRArt.552 §40 PGR).

342 ähnlich in Liechtenstein: Der aRArt.569 PGR legte das Klagerecht und die Löschung im Register fest. So war die Aufsichtsbehörde, der Vertreter des öffentlichen Rechts, sowie jedermann, der ein Interesse zeigt, zur Klage berechtigt. Die Klage konnte vor oder während des Verfahrens bis zum endgültigen Entscheid auf Antrag oder von Amts wegen im Öffentlichkeitsregister angemerkt werden. Vor dem Entscheid waren die Stiftungsorgane und sonstige Beteiligte anzuhören. Das neue liechtensteinische Stiftungsrecht übernahm diese Regelung (vgl. nRArt.552 §40 Abs.1 PGR).

343 (Fundación) „inválida".

3. Publikation des Auflösungsbeschlusses und der erfolgten Löschung im Amtsblatt.
4. Löschung im Stiftungsregister des Öffentlichkeitsregisteramtes.[344]

VII. Sitzverlegung

1. Ausländische Stiftungen in Panama

Gemäss Art.28 LFIP können sich die im Ausland gemäss ausländischem Recht rechtmässig gegründete Stiftungen freiwillig dem Panamesichen Gesetz für Privatstiftungen unterstellen.

Will zum Beispiel eine liechtensteinische Stiftung ihren Sitz nach Panama verlegen, so kann sie dies gemäss Art.234 Abs.1 PGR sowie gemäss der Verordnung vom 11.02.2003 über die Sitzverlegung einer inländischen Verbandsperson ins Ausland (LGBl. 2003 Nr.68), tun.

Der Art.234 Abs.1 PGR regelt die Sitzverlegung einer liechtensteinischen Stiftung von Liechtenstein ins Ausland: „Die Unterstellung einer inländischen Verbandsperson unter ausländisches Recht und damit die Sitzverlegung ins Ausland ist ohne Auflösung nur mit Bewilligung des Grundbuch- und Oeffentlichkeitsregisteramtes zulässig".

Der im Art.239 Abs.1 PGR für jede liechtensteinische Verbandsperson vorgeschriebene Repräsentant wird die Genehmigung der Sitzverlegung nach Panama beim Oeffentlichkeitsregisteramt beantragen und dafür folgende Unterlagen vorlegen:

a. Beschluss des Stiftungsrates über die Sitzverlegung
b. Stiftungsvermögensaufstellung
c. Bestätigung der Steuerverwaltung über die Bezahlung der fälligen Steuern

---

344 In Liechtenstein muss die Auflösung dem Grundbuch- und Öffentlichkeitsregisteramt angezeigt werden und die Löschung erfolgt dann von Gesetzes wegen. Auch dort wird die Stiftung im Stiftungsregister gelöscht (aRArt. 569 Abs. 1 PGR, nRArt.552 §40 Abs.3 PGR).
Ebenfalls soll sich gemäss der neuen Stiftungsrecht-Revision bei nicht eingetragenen Stiftungen die Liquidation auf die Begleichung der Verbindlichkeiten und die Verteilung des Liquidationsüberschusses nach den Bestimmungen der Stiftungsurkunde beschränken. Nach der durchgeführten Liquidation hat dann der Stiftungsvorstand die Beendigung der Liquidation und die Löschung der Stiftung dem Grundbuch- und Öffentlichkeitsregisteramt mitzuteilen. Nachträglich hervorgekommenes Vermögen ist nach den Bestimmungen über die Nachtragsliquidation (Art 139 PGR) zu verteilen (neuer Art.552 §40 Abs.5 PGR). Diese Regelung lehnt sich an §19 Abs. 3 und 4 TrUG an.

d. Erklärung des Stiftungsrates, dass die Stiftung gegenüber Dritten keine Verbindlichkeiten hat
e. Bestätigung über den Fortbestand der Stiftung nach panamesichem Recht.

a. Beschluss des Stiftungsrates über die Sitzverlegung

Der Stiftungsratsbeschluss kann wie folgt lauten:

„Der Stiftungsrat beschliesst, gestützt auf die ihm gesetzlich und statutarisch zustehende Kompetenz folgendes: Der Sitz der Stiftung wird im Sinne von Art.234 PGR ohne vorherige Auflösung nach Panama verlegt". (Datum und Unterschrift des Stiftungsrates).

b. Stiftungsvermögensaufstellung

Die Vermögensaufstellung ist eine einfache Bilanz. Sie resultiert aus der Anwendbarkeit von Art.1045 PGR in Verbindung mit Art.945 und aRArt.557, nRArt.552 §26 PGR für hinterlegte Familienstiftungen. Der Art.1045 PGR sieht nämlich die Verpflichtung zur Rechnungslegung lediglich für alle juristischen Personen vor, welche im Oeffentlichkeitsregister eintragungspflichtigt sind: „Wer verpflichtet ist, seine Firma in das Oeffentlichkeitsregister eintragen zu lassen (Art.945 PGR) und ein nach kaufmännischer Art geführtes Gewerbe betreibt (Art.107 PGR), ist zur ordnungsgemässen Rechnungslegung verpflichtet".

Diese Rechnungslegunspflicht gemäss Art.1045 betraf die Familienstiftungen, welche nach dem alten liechtensteinischen Stiftungsrecht gegründet wurden nicht, da sie gemäss aRArt.557 Abs.2 PGR ohne Eintragung ins Oeffentlichkeitsregister entstanden sind: „Kirchliche Stiftungen, reine und gemischte Familienstiftungen sowie Stiftungen, deren Genussberechtigte bestimmt oder bestimmbar sind, erlangen ohne Eintragung ins Oeffentlichkeitsregister das Recht der Persönlichkeit".

Für die, nach dem neuen liechtensteinischen Stiftungsrecht gegründeten Familienstiftungen gilt der nRArt.552 §26 PGR (Rechnungswesen). Somit kann die Vermögensaufstellung, unterzeichnet vom Stiftungsrat wie folgt aussehen:

„Liechtensteinische Stiftung / Vermögensaufstellung: Aktiven, bestehend aus Banken/ Debitoren/ Beteiligungen/ Reserven in der Gesamthöhe von CHF 30'000.-, und Passiven bestehend aus Stiftungskapital in der Gesamthöhe von CHF 30'000.-". (Datum und Unterschrift des Stiftungsrates).

c. Bestätigung der Steuerverwaltung über die Bezahlung der fälligen Steuern

Die für die Sitzverlegungsverfügung notwendige Bestätigung der liechtensteinischen Steuerverwaltung hat folgenden Wortlaut:

„Liechtensteinische Steuerverwaltung / Bestätigung: Wir bestätigen hiermit, dass die Stiftung mit Sitz in LI-9490 Vaduz und der ensprechenden Steuer-Aktennummer bei der Liechtensteinischen Steuerverwaltung eingetragen ist und der liechtensteinischen Steuerpflicht unterliegt. Die Verbandsperson weist zur Zeit keine Steuerschulden gegenüber der Liechtensteinischen Steuerverwaltung auf." (Datum, Stempel und Unterschrift der Steuerverwaltung).

d. Erklärung des Stiftungsrates, dass die Stiftung gegenüber Dritten keine Verbindlichkeiten hat

Diese Erklärung des Stiftungsrates muss in der Form eines Stiftungsratsbeschlusses verfasst werden, mit folgendem Wortlaut:

„Stiftungsratsbeschluss / Bestätigung: Der Stiftungsrat bestätigt, gestützt auf die ihm gesestzlich und statutarisch zustehende Kompetenz, dass keine Verbindlichkeiten gegenüber Dritten bestehen." (Datum und Unterschrift des Stiftungsrates).

e. Bestätigung über den Fortbestand der Stiftung nach panamesichem Recht

Diese für die Sitzverlegungsverfügung notwendige Bestätigung ist auf dem Briefpapier eines panamesischen Anwaltes verfasst und hat folgenden Inhalt:

„To whom it may concern / I, Panamanian Lawyer, duly qualified to practice law in the Republic of Panama, hereby confirm the following: A Foundation incorporated under the laws of Liechtenstein which transfers its residence from Liechtenstein to Panama, may continue (under the laws of Panama) as a Panamanian Foundation". (Datum und Unterschrift des panamesischen Anwalts).

f. Antrag

Der für die Sitzverlegungsverfügung notwendige Antrag an das Grundbuch- und Oeffentlichkeitsregisteramt hat neben den Beilagen a.-e. wie oben erwähnt folgenden Inhalt:

„Gesetzlicher Repräsentant / Im Auftrage der Stiftung und in unserer Eigenschaft als gesetzliche Repräsentanz beantragen wir, in Anwendung von Art.234 PGR dieser Stiftung die Bewilligung zur Sitzverlegung ohne vorherige Auflösung zu erteilen". (Datum, Beilagen a.-e., Unterschrift der gesetzlichen Repräsentanz).

g. Verfügung

Die beantragte Sitzverlegung-Genehmigungsverfügung des Grundbuch- und Oeffentlichkeitsregisteramtes hat folgenden Inhalt:

„Grundbuch- und Oeffentlichkeitsregisteramt / Verfügung: Gestützt auf Art.234 Abs.1 PGR, LGBl.1926 Nr.4 in der geltenden Fassung sowie die VO vom 11.02.2003 über die Sitzverlegung einer inländischen Verbandsperson ins Ausland, LGBl.2003 Nr.68, wird über den Antrag der Repräsentanz auf Genehmigung der Sitzverlegung der Stiftung nach Panama, Republic of Panama verfügt:

1. Die Bewilligung zur Sitzverlegung der Stiftung ins Ausland ohne vorherige Auflösung wird erteilt.

2. Die Verwaltungsgebühr beträgt CHF 600.-. Die Rechnungsstellung erfolgt durch die Gerichtskasse.

Begründung: Mit entsprechendem Schreiben ersuchte die gesetzliche Repräsentanz um Erteilung der Beiwlligung zur Sitzverlegung der Stiftung ohne vorherige Auflösung nach Panama. Es wurden folgende Unterlagen vorgelegt: Beschluss des Stiftungsrates über die Sitzverlegung, Vermögensaufstellung, Bestätigung der Steuerverwaltung, dass die fälligen Steuern in Liechtenstein bezahlt sind, Erklärung des Stiftungsrates, dass die Stiftung gegenüber Dritten keine Verbindlichkeiten hat, Bestätigung eines Panamesischen Anwalts, dass die Stiftung nach panamesichem Recht fortbestehen kann.

Aufgrund dessen hat sich das Grundbuch- und Oeffentlichkeitsregisteramt mit dem Ansuchen befasst und ist nach entsprechender Prüfung der Unterlagen zur Auffassung gelangt, dass gemäss Art.234 Abs.1 PGR einer Sitzverlegung ins Ausland ohne vorherige Auflösung im vorliegenden Fall keine Hindernisse entgegenstehen.

Die Entscheidungsgebühr stützt sich auf Art.2 VO vom 11.02.2003, LGBl.2003 Nr.68 über die Sitzverlegung einer inländischen Verbandsperson ins Ausland". (Verteiler, Rechtsmittelbelehrung, Datum, Stempel und Unterschrift des Grundbuch- und Oeffentlichkeitsregisteramtes).

h. Publikation

Aufgrund des internen amtlichen Verteilers wird die Sitzverlegungsverfügung des Grundbuch- und Oeffentlichkeitsregisteramtes an die liechtensteinische Steuerverwaltung zur Kenntnisnahme zugestellt zusammen mit dem Zusatz auf dem aktuellen Oeffentlichkeitsregisterauszug, nämlich:

„Oeffentlichkeitsregister Liechtenstein / Stiftung aufgehoben: Die Stiftung wird infolge Verlegung des Sitzes nach Panama im Oeffentlichkeitsregister von

Amtes wegen gelöscht". (Datum, Stempel und Unterschrift des Grundbuch- und Oeffentlichkeitsregisteramtes sowie Rechnung über CHF 150.-).

2. Panamesische Eintragungsvorschriften für ausländische Stiftungen in Panama

Die im Ausland gemäss ausländischem Recht gegründete Stiftungen, welche sich dem panamesischen Gesetz unterstellen wollen, haben die Unterlagen gemäss Art.29 und Art.30 LFIP an einen panamesischen Anwalt zusammen mit einer entsprechenden Vollmacht abzugeben. Bei den Unterlagen handelt es sich im wesentlichen um einen Sitzverlegungsbeschluss des Stiftungsrates, genannt „Deklaration", sowie um einen weiteren Stiftungsratsbeschluss, genannt „Zertifikat" bezüglich des ununterbrochenen Fortbestandes der Stiftungsexistenz in Panama, jeweils mit in Art.29 und Art.30 LFIP erwähnten Beilagen.

Für den Praktiker ist es ratsam, mit der Vorbereitung der Unterlagen für die panamesische Registrierung in dieser Reihenfolge zu beginnen:

a. Errichtungsurkunde / Stiftungsurkunde

Der Art.30 Abs.1 LFIP beschreibt sie generell als Gründungsamtsbestätigung aus dem Ursprungsland. Diese muss beglaubigt mit Apostille sein.

b. Amtsbestätigung / Oeffentlichkeitsregister-Auszug

Der Art.29 Abs.2 LFIP beschreibt sie als die gültige Registerbestätigung aus dem Ursprungsland. Sie muss aktuellen Datums sein und gemäss Art.29 Abs.1 LFIP den Namen der Stiftung und das Gründungsdatum beinhalten und sie muss beglaubigt mit Apostille sein.

c. Stiftungsstatuten

Diese haben gemäss Art.30 Abs.1 LFIP in der gültigen aktuellen Fassung vom zuständigen Amt beglaubigt und mit Apostille zu versehen sein.

d. Deklaration

Dieser Stiftungsratsbeschluss, mit Apostille, welcher auf Englisch redigiert sein darf, soll gemäss Art.29 Abs.3 LFIP den Willen zur Sitzverlegung nach Panama und den Willen zum Fortbestand der Stiftung in Panama manifestieren. Er bestätigt zudem, alle für die Stiftungseintragung vom Gesetz verlangten Formforschriften gemäss Art.5 LFIP erfüllen zu wollen. Der Stiftungsratsbeschluss kann folgenden Wortlaut haben:

„Resolution: The Board of the (Liechtenstein) Foundation, based on the legal and statutory powers granted to it, herewith resolves as follows:

1. To transfer the domicile and the registered office of the Foundation to Panama city, Panama.
2. To continue the legal existence of the Foundation under applicable Panamanian Law.
3. To comply in all respects with all provisions of Panamanian law, and in particular, Article 5 of the Panamanian law on Private Foundations."

(Datum und Unterschrift des Stiftungsrates).

e. Zertifikat

Das Zertifikat, beglaubigt mit Apostille, wiederum in die Rechtsform eines Stiftungsratsbeschlusses gekleidet, ausgestellt vom Stiftungsrat als dem zuständigen Organ im Sinne der internen Stiftungsorganisation, hat gemäss Art.29 und Art.30 LFIP die Unterlagen gemäss a.-d. als Beilagen zu enthalten. Sein Wortlaut kann folgender sein:

„Certificate of Continuation:

The undersigned Members of the Board of Foundation hereby certify that this Foundation was constituted under the laws of the Principality of Liechtenstein on the same day when the Foundation's Charter was deposited with the Public Registry of Liechtenstein.

In agreement with the provisions of Law no.25 of 1995 and Executive Degree no.417 of August 8, 1995 of the Republic of Panama, we hereby expressly declare that it is our wish to continue the legal existence of this Foundation as a Panamanian Foundation.

To such end and to comply with the requirements of the Panamanian Law on Private Foundations, we agree to amend and/or add the following articles to the Foundation Charter, so that they shall be as follows

The Domicile / Applicable Law: The new domicile of the Foundation will be that of the resident agent. By means of the Board resolution the domicile may at any time be transferred to another place in Panama or abroad. All legal relationships arising from the constitution and existence of the foundation are subject to the law in force at the domicile of the foundation. The competent courts of jurisdiction for the foundation are those of its domicile.

The Resident Agent: The resident agent of the foundation is the law firm..., Panama.

The Board: The Board of Foundation may consist of natural and/or legal (juridical) persons. The tenure of office of the Board of Foundation is unlimited. The Members of the Board of Foundation and their addresses are:... as President / Counsillor and Secretary, all with sole signatory right.

Vacancies: In case of vacancies or nomination of additional members, the Board of Foundation appoints the new members itself, by cooptation. The nomination of additional members requires unanimity. If there is no member of the Board left or if the remaining member of the Board is incapable to act, the Resident Agent shall be authorized to appoint the new members of the Board.

In witness whereof we sign the present Certificate of Coninuation". (Datum und Unterschrift der Mitglieder des Stiftungsrates)

Das Zertifikat bezüglich der Kontinuität sowie die diesem Zertifikat gemäss Art.29 und Art.30 LFIP erwähnte, beigelegte Dokumentation wird im Oeffentlichkeitsregister ordentlich protokolliert und eingetragen, um die Kontinuität des Rechtsexistenz der Privatstiftung in Panama zu gewährleisten.

f. Vollmacht mit Apostille zugunsten eines panamaischen Anwaltes mit der entsprechenden Ermächtigung das Verfahren der ununterbrochenen Kontinuität der Stiftung in Panama durchzuführen.

Die Vollmacht, beglaubigt mit Apostille, hat nach panamesischen Gepflogenheiten folgenden Wortlaut:

„The undersigned Members of the Board of the (Liechtenstein) Foundation herewith authorize the (Panamanian) Law Office in Panama, to undertake all necessary steps in order to continue the legal existence of the above mentioned foundation under the laws of the Republic Panama and appoint the same as Resident Agent of the continued foundation in Panama.

After final registration of the continued foundation at the Foundation Section of the Panamanian Public Registry, the foundation shall be deleted from the Liechtenstein Register."

(Datum und Unterschrift des Stiftungsrates)

3. Sitzverlegung panamesischer Stiftung ins Ausland

In Anwendung der Bestimmungen der Stiftungsurkunde oder der Beistatuten können gemäss Art.32 LFIP sowohl die unter dem panamesichen Stiftungsgesetz gegründeten Stiftungen als auch ihre Vermögenswerte ins Ausland transferiert werden oder sich der ausländischen Jurisdiktion unterstellen.

§ 5. Zusammenfassung

In Panama wurde die privatrechtliche Stiftung als Rechtsperson am 12. Juni 1995 durch das Gesetz Nr. 25, *La Ley de Fundaciones de Interés Privado* („LFIP“) als **lex specialis** in das panamesische Rechts**system**[345] integriert. Es handelt sich dabei beinahe um eine Kopie der liechtensteinischen Familienstiftung, wobei auch neue Artikel hinzugefügt wurden. Der liechtensteinischen Stiftung diente wiederum als Vorbild die Schweiz.[346]

Die **historische** Auslegung[347] zeigt, aufgrund der Entstehungsgeschichte der Rechtsform der Stiftung, dass es seit der Antike Rechtsnormen gibt, welche die wesentlichen Elemente einer Stiftung, nämlich Stifterwille, Stiftungszweck, Stiftungsvermögen und Stiftungsbegünstigte, aufweisen. Jedes Land, welches das Stiftungsrecht eines anderen adoptierte, tat dies meistens mit mit erheblichen Änderungen, so dass die (leider oft vorgenommene) Herstellung von Analogieschlüssen mit der adoptierten Rechtsvorlage als oft unzutreffend anzusehen ist. Das gilt auch für Panama, und dies ist der Grund, weshalb das panamesische Stiftungsgesetz flexibler und in gewisser Hinsicht moderner, als seine liechtensteinische Vorlage, ausfiel.

Das panamesische Stiftungsrecht ist einfacher als das liechtensteinische formuliert und die Rechtsnormen sind übersichtlicher und klarer definiert, als diejenigen in Liechtenstein. Schon die Regelung der **Eintragung**[348] einer Stiftung in Panama ist rechtssystematisch der liechtensteinischen Regelung voraus. Da Liechtenstein sowohl eine Hinterlegung[349] als auch eine Eintragung[350] einer Stiftung vorsieht, ist der ausländische Jurist mit einer Gesetzesregelung konfrontiert, die erst nach einem intensiven und eingehendem Studium der liechtensteini-

345 vgl. vorne, §3 Systematische Auslegung
346 SANTO-PASSO, 2002, S.46 ff.
347 vgl. vorne, §2 Historische Auslegung
348 vgl. die klare Enumeration gemäss Art.5 LFIP.
349 vgl. Art.554 PGR
350 vgl. Art.556 PGR

schen Gesetzesmaterie verstanden wird.[351] Hier könnte die panamesische Regelung[352] für Liechtenstein ein Vorbild sein.[353]

Die für das liechtensteinische Stiftungsrecht so wichtige Unterteilung der Stiftungen, je nach **Zweck**, in verschiedene **Arten**, wie z.B. kirchliche Stiftungen, reine und gemischte Familienstiftungen, Stiftungen mit bestimmten und/oder bestimmbaren Stiftungsbegünstigten, charitative und gemeinnützige Stiftungen usw., entfällt in Panama.[354] Das panamesische Stiftungsrecht kennt keine Einschränkung,[355] resp. Klassifizierung des Stiftungsszweckes, mit der Folge, dass die Wahl des Stiftungszweckes keinerlei Konsequenzen nach sich zieht.[356] Der völlig liberale und freie Stifterwille geht eindeutig vor und muss sich keiner allfälligen, dogmatischen Zweckvorlage, weil eben nicht vorhanden, anpassen. Dies

---

351 vgl. die Ausführungsregelung für die hinterlegten und die eingetragenen Stiftungen im Abschnitt 9 „Stiftung" Art.89 (Belege bei Errichtung: Prüfung) und Art.90 (Eintragung) OeRegV. Obwohl später im Jahre 2003 redigiert und in Kraft gesetzt, unterscheidet die OeRegV nicht zwischen Aforderungen für die eingetragenen und die hinterlegten Stiftungen. Diese sind lediglich mit Hinweis auf aRArt.554 PGR (hinterlegte Stiftungen) resp. aRArt.556 PGR (registrierte Stiftungen) im Verordnungstext durch den Leser selbst zu systematisieren. Das gleiche gilt für das neue liechtensteinische Stiftungsrecht (vgl. nRArt.552 §16 in Verbindung mit §19 Abs.3 resp. §20 Abs.2 PGR), welches für einen Nicht-Juristen unklar und verwirrend ist. Die panamesiche Regelung (Art.5 LFIP), obwohl in diesem Zusammenhang älter, könnte für Liechtenstein Vorbild sein.

352 weil jüngeren Datums mit einer aktuellen Wortlaut-Redaktion. Vgl. vorne, §2. Historische Auslegung und §3. Systematische Auslegung

353 In Liechtenstein in die Grenze der Entstehung oder Nicht-Erstehung einer Stiftung fliessend. Das alte PGR selbst verweist auf die richterliche Entscheidung hinsichtlich der Entstehung einer Stiftung, in Fällen wo nicht genügend klar ist, zu welchem Zwecke das Vermögen verwaltet wird. Vgl. aRArt.552 Abs.3 PGR: „Inwieweit einem abgesondert verwalteten Vermögen (Fonds) privatrechtliche Selbständigkeit oder die Eigenschaft eines Treuhandgutes zukommt, ist vom Richter im Einzelfalle zu beurteilen." Das neue liechtensteinische Stiftungsrecht übernahm diese Regelung (vgl. nRArt.552 §14 Abs.5 i.V. mit §20 und §21 PGR).
Diese Rechtsunsicherheit kennt das panamaische Stiftungsrecht, dank der Eintragungspflicht, nicht.

354 vgl. vorne, §4.II. Arten der Stiftung, weil das LFIP **nur private Stiftungen** regelt.

355 vgl. vorne, §3. Systematische Auslegung / Eingliederung des LFIP in das panamesische Rechtssystem.

356 Wie zum Beispiel eine staatliche Aufsicht als Konsequenz, oder ähnliches (vgl. aRArt.564 PGR, nRArt.552 §21 und §29 PGR).

ist ein eindeutiger Vorteil für den ausländischen Juristen[357] und erleichtert die juristische Beratung wesentlich.[358]

Der **Gründer** geniesst im panamaischen Stiftungsrecht Freiheiten und Vorteile, die er kaum in einer europäischen Jurisdiktion zugestanden bekommt. Er kann sich, wie im panamesichen Gesetz vorgesehen,[359] zum Begünstigten[360] bestellen, als Stiftungsrat[361] wählen lassen, Zweck-[362] oder sonstige Statutenänderungen[363] vorbehalten, Kontroll-[364] und Exekutivorgane[365] inkl. ihre Kompetenzen[366] bestimmen, usw.[367]

Der Ausschluss von Ansprüchen der pflichtteilsverletzten Erben[368] gewährleistet die absolute Gültigkeit der Bestellung von **Begünstigten**. Dies im Unterschied zu Liechtenstein.[369]

---

357 Der ausländische Jurist, welcher den Stifter berät, kann von einer generell gültigen Parteiautonomie ausgehen, ohne Steuerfolgen befürchten zu müssen, resp. Begünstigten-Einschränkungen und Begünstigten-Vorbestellungen dulden zu müssen, um nicht der staatlichen Aufsicht unterstellt zu werden usw. (im Gegensatz zur liechtensteinischen Regelung gemäss aRArt.553 Abs.2, aRArt.557 Abs.2, aRArt.564 Abs.1 PGR, sowie nRArt.552 §21 und §29 PGR).

358 Somit entfällt die, für den Stifter in anderer Ländern so wichtige vorgegebene „Vorlage“ und Vordefinition der Stiftung als „Familienstiftung“, „Unternehmensstiftung“, „Stiftung mit charitativen Merkmalen“ usw., weil diese Zweckvorgabe keinerlei Konsequenzen in Panama nach sich zieht.

359 Der Grundsatz der überaus starken Stellung des Gründers, auch nach erfolgter Gründung, bestimmt das ganze LFIP, weil die allfälligen Vorbehalte des Gründers laufend im Gesetzestext vorgesehen sind. (vgl. als Beispiel Art.5 Abs.11 LFIP zur Redaktion der Stiftungsurkunde und Stiftungsstatuten: (und)...“Andere Vorschriften, welche der Stifter als massgebend erachtet.“

360 Art.5 Abs.7 iVm Art.24 Abs.2 Ziff.9 LFIP

361 Art.5 Abs.3 iVm Art.21 LFIP

362 Art.5 Abs.6 und 10 LFIP

363 Art.5 Abs.8 LFIP

364 Art.19 iVm Art.24 Abs.1 und 2 LFIP

365 Art.21 LFIP iVm Art. 24 Abs.2 Ziff. 4,5,6 LFIP

366 Art.17 LFIP und Art.24 LFIP

367 Die in Art.5 Abs.11 vorgesehene Generalklausel („...andere Vorschriften, welche der Stifter als massgebend erachtet.“), erlaubt dem Gründer die Bestimmungen von Rechtsgeschäften in die Statuten aufzunehmen, welche in anderen Jurisdiktionen als problematisch erscheinen, wie z.B. Kreditaufnahme und Vergabe von Darlehen, zwingende Schiedsgerichtskompetenz mit panamesischer Richterbesetzung für die Schlichtung von sämtlichen Streitigkeiten usw.

368 Der Art. 14 LFIP legt fest dass das am Wohnsitz des Stifters oder der Begünstigten gültige Erbrecht keinen Einfluss auf die Gültigkeit der Stiftung hat. Massgebend sind einzig die Bestimmungen des Gründungsdokumentes und der Beistatuten. Das bedeutet, dass der panamesische Richter einzig und allein den Wunsch des Stifters respektieren muss.

Die Anzahl der Stiftungsratsmitglieder ist auf minimum 3 natürliche Personen oder eine juristische Person beschränkt. Alle **Stiftungsräte** können aus dem In- oder Ausland stammen; es wird weder eine berufliche Qualifikation noch der Wohnsitz in Panama verlangt. Der Stifter kann dem Stiftungsrat angehören. Die Haftung des Stiftungsrates wird gemäss Gesetzeswortlaut unterschiedlich behandelt, je nach dem, ob der Stiftungsrat weisungsgebunden[370] oder weisungsfrei[371] handelt. Dies ist eine autonome panamesische Regelung.[372]

Die Wahl des **Protektors** ist fakultativ.[373]

Das panamesische Stiftungsrecht kennt nur die richterliche Aufsicht.[374] Eine staatliche Kontrolle, bis auf die Geldwäschereibekämpfungsnorm[375] entfällt.

Die Auflösungs- und Liquidationsvorschriften sind ebenfalls privaten Charakters.[376]

Das Fehlen des Kapitalnachweises in irgendeiner Form, das Nichtvorhandensein einer publizierten Vermögensaufstellung, keine Kontrolle der Redaktion der Statuten seitens des Oeffentlichkeitsregisteramtes, kein Erfordernis eines lokalen Stiftungsrates und das Fehlen einer Staatsaufsicht führen zu einer überaus liberalen und diskreten, praktischen Gründung und Verwaltung einer Panama-Stiftung, die jeder liberal denkende Jurist zu schätzen weiss.[377]

---

369 Diese Regelung entspricht nicht dem liechtensteinischen Recht, welches sehr wohl die Pflichtteilsrechte beachtet.

370 Art.19 LFIP

371 Art.20 LFIP

372 und steht im diametralen Gegensatz zu Liechtenstein, wo der Stiftungsrat primär haftet, unabhängig von einem allfälligen Mandatsvertrag mit einem Dritten.

373 Seine Aufgaben sind deshalb nur beispielhaft im Art.24 LFIP erwähnt und seine Wahl und Abberufung im Gesetz überhaupt nicht vorgesehen.

374 Art.26 LFIP

375 Art.34 LFIP

376 eine Löschung „von Amtes wegen“ ist nicht vorgesehen. Das Auflösungs-, Liquidation- und Löschungsverfahren lehnt sich an dasjenige der Aktiengesellschaft an.

377 Demgegenüber fragt sich sowohl die schweizerische als auch die europäische Lehre ob eine so liberale Lösung nicht einem potentiellen Missbrauch ausgesetzt ist, was kürzlich in Liechtenstein Gegenstand der aktuellen Revision und Novellierung des Stiftungsrechtes gewesen ist (vgl. Abschnitt Aufsicht und Kontrolle).

§ 6. Muster / Vorlagen

I. Publizierte Stiftungsdokumentation (HR-Auszug)

A. Handelsregisterauszug (spanische Originalfassung)

REPUBLICA DE PANAMA
REGISTRO PUBLICO DE PANAMA

CERTIFICA
CON VISTA A LA SOLICIDUD NUMERO:
QUE LA FUNDACION:
se encuentra registrada la Ficha: Documento: desde el: en
la Seccion de Fundaciones de Interés Privado.
QUE la Fundación se encuentra vigente.
QUE su(s) Fundador(es) es(son):
QUE sus miembros del consejo son:
QUE su agente residente es:
QUE su patrimonio es de 10'000.- dolares americanos
QUE su duración es perpetua
QUE su domicilio es Panamá
Expedido y firmado en la Provincia de Panama, el:
Nota: esta certificacion pago derechos por un valor de B. 30.-, Comprobante no:
no.certificado : Fund.Int.Priv. no:
Fecha: Certificador:
(Sello del Registro Público de Panamá – Departamento de Certificados / Firma del Certificador)

B. Handelsregisterauszug (deutsche Uebersetzung)

PANAMAISCHE REPUBLIK
DAS PANAMAISCHE ÖFFENTLICHKEITSREGISTER

BESTÄTIGT AMTLICH
GEMÄSS GESUCH Nr.

DASS DIE STIFTUNG:
Registriert ist unter Microfilm-Fiche: Dokument:
seit dem Datum:
in der Abteilung für Private Stiftungen
DASS die Stiftung rechtsgültig besteht
DASS ihr(e) Stifter sind:
DASS ihre Stiftungsratsmitlgieder sind:
DASS ihr lokaler Resident-Agent ist:
DASS ihr Kapital aus 10'000.- US Dollar besteht.
DASS ihre Dauer unbeschränkt ist.
DASS ihr Sitz in Panama ist.

Herausgegeben und unterschrieben in der Provinz Panama am:
Bemerkung: Dieser Registerauszug trägt eine Stempelsteuer von B.30.- mit der Quittungsnummer:
Zertifikationsnummer:
Datiert: Urkundsperson:
(Stempel: Panamaisches Oeffentlichkeitsregister – Abteilung für Zertifikate / Unterschrift der Urkundsperson)

C. Handelsregisterauszug (englische Uebersetzung)

REPUBLIC OF PANAMA
PUBLIC REGISTRY OF PANAMA
CERTIFIES:
PURSUANT TO THE REQUEST No:
THAT THE FOUNDATION:
Is recorded at Microjacket-Fiche: Document:
Since:
In the Section of Private Interest Foundations.
THAT the Foundation is in good standing.
THAT the Founder(s) is(are):
THAT the Members of the Foundation Council are:
THAT its Resident Agent is:
THAT its patrimony is 10'000.- American Dollars.
THAT its duration is perpetual.
THAT its domicile is in Panama.

Issued and signed in Panama province on:
Note: This certification has paid a stamp tax of B.30.- Voucher No:
Certificate Number:
Dated: Certifier:
(Seal of the Public Registry- Certifications Department / Signature of the Certifier)

II. Nicht publizierte Stiftungsdokumentation (Beistatut)

A. Beistatut (deutsche Fassung)

Beistatut der Stiftung

Der unterzeichnete Stiftungsrat erlässt, gestützt auf seine statutarischen Kompetenzen bezüglich der Begünstigten und der Begünstigungsrechte folgendes Beistatut:

1. Erstbegünstigter

Der Stiftungsrat bestellt als ersten und einzigen Begünstigten und Genussberechtigten:
-

Der Erstbegünstigte ist mit sofortiger Wirkung für die Dauer seines Lebens begünstigt auf die nach Abzug bestehender Verpflichtungen frei verfügbaren Erträgnisse und auf das Vermögen der Stiftung.

2. Zweitbegünstigter

Nach dem Ableben des Erstbegünstigten tritt:
-

mit gleichen Rechten und im gleichen Umfang an seine Stelle.

3. Drittbegünstigte

Nach dem Ableben des Erstbegünstigten und des Zweitbegünstigten werden zu Drittbegünstigten zu gleichen Teilen bestellt:

-
-

Im Falle des Vorversterbens oder Ablebens eines Drittbegünstigten treten seine direkten Nachkommen auf den Ueberrest zu gleichen Teilen nach Stämmen an seine Stelle.

4. Begünstigung Minderjähriger

Im Falle der Minderjährigkeit eines Begünstigten macht der Stiftungsrat an diesen nur in dem Umfang Ausschüttungen aus den Erträgnissen als es notwendig ist, um die Kosten für Unterhalt, Erziehung, und Ausbildung zu bestreiten. Der Stiftungsrat mach solche Zuwendungen nach seinem freien Ermessen.

5. Begünstigungsdauer

Das Begünstigungsrecht eines Begünstigten gilt lediglich für die Dauer des Lebens des jeweiligen Begünstigten. Eine testamentarische Verfügung über das Begünstigungsrecht ist ausgeschlossen.
Macht ein Begünstigter von seinem Bezugsrecht zeit seines Lebens nicht oder nicht im vollen Umfange Gebrauch, so fallt sein Recht den nachfolgenden Begünstigten gemäss diesem Beistatut zu.

6. Ausschüttungen

Der Stiftungsrat führt die Ausschüttungen an die Begünstigten durch. Der Zahlungsort wird von den Begünstigten selber festgelegt, jedoch hat der Stiftungsrat das Recht, die Auszahlung auf eine Konto bei einer Bank in der Schweiz vorzunehmen.

Sollte eine Zuwendung an die Begünstigten verhindert oder deren freie Verfügung mittelbar oder unmittelbar eingeschränkt werden, so soll der Stiftungsrat keine weiteren Zuwendungen vornehmen, solange der Hinderungsgrund besteht.

7. Aenderung des Beistatuts

Der Stiftungsrat wird das Beistatut nur auf Antrag und mit Zustimmung des Erstbegünstigten ändern. Nach dem Ableben des Erstbegünstigten wird dieses Beistatut unabänderlich.

Datum / Ort : Der Stiftungsrat:

B. Beistatut (englische Fassung)

By Laws of the Foundation

The undersigned Members of the Board of Foundation resolve in accordance with the statutes and articles of incorporation to pass and implement these by-laws with regard to the beneficiaries and their beneficial interest in the foundation:

1. First beneficiary

As first beneficiary for his lifetime is appointed:

-

His beneficial interest includes the right to claim at any time alle the net assets as well as the net proceeds of the foundation's assets.

2. Second beneficiary

After the death of the first beneficiary, second beneficiary in remainder to all the net assets and net proceeds of the foundation's assets shall be:

-

3. Third beneficiaries

After the death of the first and the second beneficiary third beneficiaries in equal parts in remeinder to all the net assets and net proceeds of the foundation's assets shall be:

-
-

In case of either one of the these beneficiaries being predeceased his/her descendants in equal parts per stirpes and, if there are none, the surviving beneficiaries in equal parts will take over his/her beneficial interest.

4. Minority beneficiaries

All beneficial rights are valid under the reservation that all the beneficiaries, untill they reach the age of twentyfive years, only receive such disbursements as is deemed necessary by the Board of Foundation to maintain an adequate standard of living and provide well for their good education and maintenance.

5. Transfer of beneficial rights

All beneficial rights are valid during the life time of the respective beneficiaries only. None of the beneficiaries shall have the right or title to assign, sell, transfer, charge or dispose by will of this beneficial interest.

If a beneficiary does not make use of, or claim his beneficial interest during his lifetime, the remaining undistributed assets as well as the accumulated proceeds hereof will accrue to the next following beneficiary or beneficiaries as designated by these by-laws.

6. Distributions

The Board of Foundation is responsible for distributions to the beneficiaries upon their rightfull demand at such place and date and in such form as indicated by them unless the foundation itself or other beneficiaries are put into jeopardy by such distribution.

In such a case the Board of Foundation can at any time be discharged of ist obligations towards the beneficiaries by consigning the assets corresponding to their part in a Swiss bank to be held at the free disposal of such beneficiaries.

The Board of Foundation will, however, follow the wishes of the beneficiaries, if these wishes are usual and reasonable and will do so at the sole risk of these beneficiaries.

7. Modification

These by-laws are subject to amendment, modification or revocation upon the prior written consent of the first beneficiary. After his decease these by-laws shall be irrevocable and unamendable.

Date and Place: The Board of Foundation:

§ 7. Gesetzestexte

I. LFIP, Gesetz Nr. 25/95 vom 12. Juni 1995, über Privatstiftungen

1. LFIP Gesetzestext in Spanisch (Originaltext)

Ley 25 de 12 de Junio de 1995 por la cual se regulan las Fundaciones de interés privado

Artículo No. 1

Definición y constitución de las fundaciones de interés privado.

Podrán crear una fundación de interés privado de conformidad con las formalidades prescritas en la presente Ley, una o más personas naturales o jurídicas, por sí o por medio de terceros. Para ello, se requiere la constitución de un patrimonio destinado exclusivamente a los objetos o fines expresamente previstos en el acta fundacional. El patrimonio inicial podrá ser aumentado por el creador de la fundación, que se denominará el fundador, o por cualquier otra persona.

Artículo No. 2

Fundaciones de interés privado diferentes a fundaciones tradicionales humanitarias, caritativas o de interés público.

Las fundaciones de interés privado se regirán por el acta fundacional y sus reglamentos, así como por las disposiciones de esta Ley y demás disposiciones legales o reglamentarias que le sean aplicables. A estas fundaciones no se les aplicarán los preceptos del Título II del Libro I del Código Civil.

Artículo No. 3

Fundaciones de interés privado no deberán ser creadas para realizar negocios de manera usual o para fines comerciales o de lucro.

Las fundaciones de interés privado no podrán perseguir fines de lucro. No obstante, podrán llevar a cabo actividades mercantiles en forma no habitual, o ejercer los derechos provenientes de los títulos representativos del capital de sociedades mercantiles que integren el patrimonio da la fundación, siempre que el resultado o producto económico de tales actividades sea dedicado exclusivamente a los fines de la fundación.

Artículo No. 4

Fundaciones de interés privado podrán ser creadas intervivos o mortis causa. Formalidades para la creación de testamento no serán aplicables a las fundaciones mortis causa.

Las fundaciones de interés privado podrán constituirse para que surtan sus efectos, desde el momento de su creación o después de la muerte de su fundador, por cualesquiera de los siguientes métodos:

Mediante documento privado suscrito por el fundador, cuya firma deberá estar autenticada por notario público del lugar de su constitución.

Directamente ante notario público del lugar de su constitución.

Sea cual fuere el método de la constitución, deberán cumplirse las formalidades que para la creación de las fundaciones se establecen en la presente Ley.

En caso de que la fundación sea creada, ya sea por documento público o privado, para que surta efecto después de la muerte del fundador, no se requerirán las formalidades previstas para el otorgamiento del testamento.

Artículo No. 5

Información o formalidades que deberán contener las fundaciones de interés privado.

El acta fundacional deberá contener:

El nombre de la fundación, expresando en cualquier lengua con caracteristicas del alfabeto latino, el que no será igual o similar al de otra fundación preexistente en la República de Panamá, a objeto de que no se preste a confusión. El nombre deberá incluir la palabra fundación para distinguirlo de otras personas naturales o jurídicas de otra naturaleza.

El patrimonio inicial de la fundación, expresado en cualquier moneda de curso legal, que en ningún caso será inferior a una suma equivalente a diez mil balboas (B/. 10'000.00).

La designación, en forma completa y clara, incluyendo la dirección del miembro o de los miembros del Consejo de Fundación, al que podrá pertenecer el fundador.

El domicilio de la fundación.

El nombre y domicilio del agente residente de la fundación en la República de Panamá, que deberá ser abogado, o una firma de abogados, quien deberá refrendar al acta fundacional, antes de su inscripción en el Registro Público.

Los fines de la fundación.

La forma de designar a los beneficiarios de la fundación, entre los cuales puede incluirse al fundador.

La reserva del derecho a modificar el acta fundacional cuando se considere conveniente.

La duración de la fundación.

El destino que se le dará a los bienes de la fundación, y la forma de la liquidación de su patrimonio, en caso de disolución.

Cualquier otra cláusula lícita que el fundador considere conveniente.

Artículo No. 6

Observancia de las regulaciones con el registro de los actos y títulos en el Registro Público.

El Acta Fundacional, lo mismo que cualquier modificación se le haga a ésta, deberá redactarse en cualquier lengua con caracteres del alfabeto latino y cumplir con las normas de inscripción de actos y títulos en el Registro Público, para lo cual ha de ser previamente protocolizado en una notaría de la República.

Si el Acta Fundacional o sus modificaciones no estuvieren redactadas en idioma español, deberán ser protocolizadas, junto con su traducción por un intérprete público autorizado de la República de Panamá.

Artículo No. 7

Modificaciones al acta fundacional.

Las modificaciones al acta fundacional, cuando sean permitidas, han de efectuarse y firmarse de acuerdo con lo que en ella se establece. El respectivo acuerdo, resolución o acto de modificación, deberá contener la fecha en que se realizó, el nombre claramente identificable de la persona o de las personas que lo suscriben y las firmas, que deberán ser autenticadas por notario público del lugar donde se firme el documento.

Artículo No. 8

Derecho de inscripción y tasa anual de las fundaciones de interés privado similares a los establecidos para las sociedades anónimas.

Toda fundación de interés privado deberá pagar derecho registral y una tasa única anual equivalente a lo que se establecen para las sociedades anónimas en los artículos 318 y 318A del Código Fiscal.

El procedimiento y la forma de pago, el recargo por mora, las consecuencias por la falta de pago y todas las otras disposiciones complementarias de los preceptos lelgales antes citados, le serán aplicadas a las fundaciones de interés privado.

Artículo No. 9

Inscripción de fundaciones de interés privado en el Registro Público le otorgará personería jurídica.

La inscripción del acta fundacional en el Registro Público le otorgará a la fundación personalidad jurídica sin necesidad de ninguna otra autorización legal o administrativa. La inscripción en el Registro Público constituye, además, medio de publicidad frente a terceros.

En consequencia, la fundación podrá adquirir y poseer bienes de toda clase, contraer obligaciones y ser parte en procesos administrativos y judiciales de todo orden, con areglo a lo que establecen las disposiciones que resulten aplicables.

Artículo No. 10

Obligaciones del fundador o terceras partes en contribuir bienes para la fundación.

Una vez que la fundación ha adquirido personalidad jurídica, el fundador o los terceros que se han obligado a aportar bienes a la fundación, por sí mismos, o a petición de cualqier persona con interés en la fundación, deberán formalizar la transferencia a la fundación, de los bienes a que se obligaron.

Cuando la fundación sea constituida para surtir efectos a partir de fallecimiento del fundador, se considerará que ha existido con anterioridad a su muerte, con respecto a las donaciones que éste le haya hecho a la fundación.

Artículo No. 11

Bienes de la fundación constituyen un patrimonio separado y aparte del patrimonio del fundador.

Para todos los efectos legales, los bienes de la fundación constituirán un patrimonio separado de los bienes personales del fundador.

Por tanto no podrán ser secuestrados, embargados, ni objeto de acción o medida cautelar, excepto por obligaciones incurridas o danos, causados con ocasión de la ejecución de los fines u objetivos de la fundación, o por derechos legítimos de sus beneficiarios.

En ningún caso responderán por obligaciones personales del fundador o de los beneficiarios.

Artículo No. 12

Revocación de las fundaciones.

Las fundaciones serán irrevocables, salvo en los siguientes casos:

Cuando el Acta Fundacional no ha sido registrada en el Registró Público.

Cuando se establezca expresamente lo contrario en el Acta Fundacional.

Por cualquier de las causales de revocación de las donaciones.

Las transferencias que se hagan a las fundaciones serán irrevocables por quien haya hecho la transferencia, salvo que se establezca expresamente lo contrario en el acto de transferencia.

Artículo No. 13

Fundaciones creadas por disposiciones testamentarias, derechos para revocar las mismas.

En adición a lo dispuesto en el artículo anterior cuando la fundación ha sido creada para que surta efectos después de la muerte del fundador, éste tendrá, en forma excluyente e ilimitada, el derecho de revocarla.

Los herederos del fundador no tendrán derecho a revocar la creación o las transferencias, aún en el caso de que la fundación no haya sido inscrita en el Registro Público antes del fallecimiento del fundador.

Artículo No. 14

Reglas de herencia forzosa del domicilio del fundador o de los beneficiarios no afectarán a la fundación o su validez.

La existencia de disposiciones legales en materia hereditaria en el domicilio del fundador o de los beneficiarios, no será oponible a la fundación, ni afectará su validez, ni impedirá la realización de sus objetivos, en la forma prevista en el acta fundacional o sus reglamentos.

Artículo No. 15

Los aportes en favor de la fundación, fraude de acreedores del fundador.

Tendrán derecho a impugnar los aportes o las transferencias de bienes en favor de una fundación, los acreedores del fundador, o de un tercero, cuando la transferencia constituya acto en fraude de acreedores.

Los derechos y acciones de dichos acreedores prescribirán a los tres (3) anos, contados a partir del aporte o la transferencia de los bienes a la fundación.

Artículo No. 16

Las normas sobre transmisión de bienes en favor de la fundación

El patrimonio de la Fundación puede originarse en cualquier negocio jurídico lícito y podrá estar constituido sobre bienes de cualquier naturaleza, presentes o futuros.

También podrán incorporarse al patrimonio sumas periódicas de dinero u otros bienes por parte del fundador o de terceros.

La transferencia de bienes al patrimonio de la fundación puede realizarse por documento público o privado. No obstante, si se trataré de bienes inmuebles, la transferencia se ajustará a las normas sobre transmisión de bienes inmuebles.

Artículo No. 17

Consejo de Fundación

La fundación deberá tener un Consejo de Fundación, cuyas atribuciones o responsabilidades serán establecidas en el acta fundacional o en sus reglamentos. Salvo que fuese una persona jurídica, el número de miembros del Consejo de Fundación no será menor de (3) tres.

Artículo No. 18

Responsabilidades del Consejo de Fundación

El Consejo de Fundación tendrá a su cargo el cumplimiento de los fines u objetivos de la fundación.

Salvo que se exprese otro señalamiento en el acta fundacional o en sus reglamentos, el Consejo de Fundación tendrá las siguientes obligaciones y deberes generales:

Administrar los bienes de la fundación, de acuerdo con el acta fundacional o sus reglamentos.

Celebrar actos, contratos o negocios jurídicos que resulten convenientes o necesarios para cumplir el objeto de la fundación, e incluir en los contratos, convenios y demás instrumentos u obligaciones, cláusulas y condiciones necesarias y convenientes, que se ajusten a los fines de la fundación y que no sean contrarios a la ley, la moral, las buenas costumbres o al orden público.
Informar a los beneficiarios de la fundación de la situación patrimonial de ésta, según lo establezca el acta fundacional o sus reglamentos.

Entregar a los beneficiarios de la fundación los bienes o recursos que a su favor haya establecido el acta fundacional o sus reglamentos.

Realizar los actos que esta Ley y demás disposiciones legales o reglamentarias que sean aplicables, le permiten a la fundación.

Artículo No. 19

Facultades del Protector

El acta fundacional o sus reglamentos podrán disponer que los miembros del Consejo de Fundación sólo puedan ejercer sus facultades con la autorización previa de un protector, comité o cualquier otro órgano de fiscalización, designado por el fundador o por la mayoría de los fundadores.

Los miembros del Consejo de Fundación no serán responsables por la pérdida o deterioro de los bienes de la fundación, ni por los daños o perjuicios causados, cuando la mencionada autorización haya sido debidamente obtenida.

Artículo No. 20

Cuentas anuales

Salvo que se disponga otra cosa en el acta fundacional o en sus reglamentos, el Consejo de Fundación deberá rendir cuentas de su gestión a los beneficiarios y, en su caso, al órgano de fiscalización.

Si el acta fundacional o en sus reglamentos nada establecieren sobre el particular, la rencidión de cuentas deberá hacerse anualmente.

Si la cuenta presentada no se objetaré dentro del término previsto en el acta fundacional o en sus reglamentos, en su defecto, se considerará que ha sido aprobada, dentro de (90) noventa días, contado a partir del día en que si recibió, para lo cual se dejará constancia de este plazo en el informe de rendición de cuentas.

Transcurrido dicho período o aprobada la cuenta, los miembros del Consejo de Fundación quedarán exonerados de responsabilidad por su gestión, salvo que no hubiesen actuado con la diligencia de un buen padre de familia.

Tal aprobación no los exonera frente a los beneficiarios o terceros que tengan interés en la fundación, por los daños causados por culpa grave o dolo en la administración de la fundación.

Artículo No. 21

Derecho de remover, designar o adicionar nuevos miembros del Consejo de Fundación

En el acta fundacional, el fundador podrá reservarse para sí mismo, o para otras personas, el derecho de remover a los miembros del Consejo de Fundación, lo mismo que designar o adicionar nuevos miembros.

Artículo No. 22

Derecho de remover judicialmente los miembros del Consejo de Fundación

Cuando el acta fundacional o los reglamentos nada estableciesen sobre el derecho y las causas de remoción de los miembros del Consejo de Fundación, estos podrán ser removidos judicialmente, mediante los trámites del proceso sumario, por las siguientes causas:

Cuando sus intereses fuesen incompatibles con los intereses de los beneficiarios o del fundador.

Si administraren los bienes de la fundaci?on sin la diligencia de un buen padre de familia.

Si fueren condenados por delito contra la propiedad o la fe pública. En este caso, mientras se tramita el proceso penal, se podrá decretar la suspención temporal del miembro procesado.

Por incapacidad o imposibilidad para ejecutar los objetivos de la fundación, desde que tales causales se configuren.

Por insolvencia, quiebra o concurso.

Artículo No. 23

Petición por la remoción de los miembros del Consejo de Fundación

Pueden pedir la remoción de los miembros de Consejo de Fundación, el fundador y el beneficiario o los beneficiarios.

Si los beneficiarios fuesen incapacitados o menores de edad, éstos podrán ser representados por quienes ejerzan sobre ellos la patria potestad o la tutela, en su caso.

Artículo No. 24

Órganos de fiscalización

El acta fundacional o sus reglamentos podrán prever la constitución de órganos de ficalización, que podrán estar constituidos por personas naturales o jurídicas, tales como auditores, protectores de la fundación u otros similares.

Las atribuciones de los órganos de fiscalización se establecerán en el acta fundacional o en sus reglamentos y podrán incluir, entre otras, las siguientes:

Velar porque se cumplan los fines de la fundación por parte de Consejo de Fundación y por los derechos e intereses de los beneficiarios.

Exigir rendición de cuentas al Consejo de Fundación.

Modificar los fines y objetivos de la fundación, cuando éstos resultasen de imposible o gravosa realización.

Designar nuevos miembros en el Consejo de Fundacón, por ausencia temporal, definitiva o por extinción del período de alguno de ellos.

Nombrar nuevos miembros del Consejo de Fundación en casos de ausencia temporal o accidental de alguno de ellos.

Aumentar el número de los miembros del Consejo de Fundación.

Refrendar los actos adoptados por el Consejo de Fundación, indicados en el acta fundacional o sus reglamentos.

Custodiar los bienes de la fundación y procurar que se cumpla su aplicación a los usos o finalidades enunciadas en el acta fundacional.

Excluir a beneficiarios de acta fundacional o sus reglamentos.

Artículo No. 25

Disolución de la fundación

La fundación se disolverá por:

La llegada del día indicado en que deba terminar la fundación de acuerdo con el acta fundacional.

El cumplimiento de los fines para los cuales fue constituida o por hacerse imposible su realización.

Encontrarse en estado de insolvencia, cesación de pagos o haberse declarado judicialmente el concurso de acreedores.

La pérdida o extinción total de los bienes de la fundación.

Su revocación.

Cualquier otra causa establecida en el acta fundacional o en la presente Ley.

Artículo No. 26

Derechos de los beneficiarios

Todo beneficiario de la fundación podrá impugnar los actos de la fundación que lesionen los derechos que ésta le confiere, denunciando dicha circunstancia al protector o a otros órganos de fiscalización si los hubiere, o en su defecto, promoviendo directamente la reclamación judicial correspondiente, ante el juzgado competente del domicilio de la fundación.

Artículo No. 27

Impuestos

Estarán exentos de todo impuesto, contribución, tasa, gravamen o tributo de cualquier clase o denominación, los actos de constitución, modificación o extinción de la fundación, así como los actos de transferencia, transmisión o gravamen de los bienes de la fundación y la renta proveniente de dichos bienes o cualquier otro acto sobre ellos, siempre que tales bienes constituyan:

1. Bienes situados en el extranjero.
2. Dinero depositado por personas naturales o jurídicas cuya renta no sea de fuente panameña o no sea gravable en Panama por cualquier causa.
3. Acciones o valores de cualquier clase, emitidos por sociedades cuya renta no sea de fuente panamena, o cuando su renta no sea gravable por cualquier causa, aún cuando tales acciones o valores estén depositados en la República de Panamá.

También estarán exentos de todo impuesto, los actos de transferencia de bienes inmuebles, títulos, certificaciones de depósitos, valores, dinero o acciones efectuadas por razón del cumplimiento de los fines u objetivos o por la extinción de la fundación, a favor de los parientes dentro del primer grado de consanguinidad y del cónyuge del fundador.

Artículo No. 28

Fundaciones extranjeras

las fundaciones constituidas de conformidad con una ley extranjera, podrán acogerse a las disposiciones de esta Ley.

Artículo No. 29

Certificado de continuación

Las fundaciones a que se refiere el artículo anterior, que opten por acogerse a las disposiciones de esta Ley, presentarán un certificado de continuación, expedido por los órganos que con arreglo a su régimen interno les corresponda, el cual deberá contener:

1. El nombre de la fundación y la fecha de su constitución.
2. Los datos de su inscripción o el depósito registral en su país de origen.
3. La declaración expresa de su deseo de continuar su existencia legal como una fundación panameña.
4. Los requisitos que para la constitución de fundaciones de interés privado estipula el artículo 5 de esta Ley.

Artículo No. 30

Acta original de constitución, Poder para la continuación de la fundación en Panamá

A la certificación contentiva de la resolución de continuación y lo demám requisitos mencionados en el artículo anterior, deberán adjuntarse los siguientes documentos:

1. La copia del acta original de constitución de la fundación que exprese su deseo de continuar en Panamá, junto con cualquier modificación posterior.
2. El poder otorgado a un abogado panameño para que lleve a cabo los trámites para hacer efectiva la continuación de la fundación en Panamá.

Artículo No. 31

Consequencias del cambio de domicilio y legislación

En los casos previstos en el artículo 26, las responsabilidades, deberes y derechos de la fundación, adquiridos con anterioridad al cambio de domicilio o de legislación, continuarán vigentes, así como los procesos que se hubieren instaurado en su contra, o los que la fundación hubiere promovido, sin que resulten afectados tales derechos y obligaciones con el cambio autorizado por las citadas disposiciones legales.

Artículo No. 32

Continuación de fundaciones panameñas en extranjero

Las fundaciones constituidas de conformidad con la presente Ley, así como bienes que integran su patrimonio, podrán trasladarse o someterse a las leyes y jurisdicción de otro país, según lo disponga el acta fundacional o sus reglamentos.

Artículo No. 33

Inscripciones en el Registro Público

Las inscripciones relacionadas con las fundaciones de interés privado se efectuarán en el Registro Público, en la sección especial, que se denominará „Sección de Fundaciones de Interés Privado".

El Órgano Ejecutivo, por conducto de Ministerio de Gobierno y Justicia, expedirá el reglamento aplicable a esta sección.

Artículo No. 34

Uso indebido de las fundaciones, el lavado de dinero procedente del narcotráfico

Para evitar el uso indebido de las fundaciones de interés privado se aplicarán, para su funcionamiento, todas la sdisposiciones legales contenidas en el Decreto Ejecutivo no.468 de 1994 y cualquier otra norma vigente, destinada a combatir el lavado de dinero procedente del narcotráfico.

Artículo No. 35

Confidencialidad

Los miembros del Consejo de Fundación y de los órganos de fiscalización, si los hubiere, así como los servidores públicos o privados que tuviesen conocimiento de las actividades, transacciones u operaciones de las fundaciones, deberán mantener reserva y confidencialidad al respecto, en todo momento.

Las infracciones a este deber serán sancionadas con prisión de 6 (seis) meses y multa de cincuenta mil balboas (B/.50'000.-), sin perjuicio de la responsabilidad civil correspondiente.

Lo dispuesto en este artículo se aplicará sin perjuicio de las informaciones que deberán revelarse a las autoridades oficiales y de las inspecciones que éstas deban efectuar en la forma establecida por la Ley.

Artículo No. 36

Controversias

Todas controversia que no tenga señalada en esta Ley un procedimiento especial, será resuelta por los trámites del juicio sumario.

Podrá establecerse en el acta fundacional o en los reglamentos de la fundación, que qualquier controversia que surja sobre la fundación, será resuelta por árbitros o arbitradores, así como el procedimiento, a que ellos deban sujetarse.

En caso de que no se hubiere establecido tal procedimiento, se aplicarán las normas que al respecto contenga el Código Judicial.

Artículo No. 37

Vigor

Esta Ley comenzará a regir a partir de su promulgación.

2. LFIP Gesetzestext in Englisch (Uebersetzung)

3. Law No. 25 of the 12th June, 1995 which regulates the Private Foundations

Article No. 1

Definition and constitution of a Private Foundation

One or more natural or juridical persons, acting in their own name or through another, may constitute a private foundation in accordance with the procedures provided in this law. For such purpose, it shall be required the endowment of a patrimony for the purposes expressly provided in the foundation charter. The original endowment may be increased by the creator of the foundation, hereinafter referred to as the founder, or by any other person.

Article No. 2

Private foundations different from traditional foundations (for charitable purposes)

Private foundations shall be governed by the foundation charter and its regulations, as well as by the provisions of this law and other applicable legal and regulatory provisions. The provisions of Title II of Book I of the Civil Code shall not apply to private foundations.

Article No. 3

Private foundation shall not be created to carry out business on a habitual manner, commercial or profit oriented activities

Private foundations shall not be profit oriented. They may nevertheless engage in commercial activities in a non-habitual manner or exercise rights deriving from titles representing the capital of business companies held as part of a foundation's assets, provided that the economic result or proceed from such activities are used exclusively towards the foundation's objectives.

Article No. 4

Private foundations can be created inter-vivos or mortis causa. Formalities for the creation of wills shall not apply to foundations mortis causa

Private foundations may be constituted to become effective at the time of constitution or after death of their founder, in either of the following manners:

1. By private document subscribed by the founder whose signature shall be authenticated by a public notary at the place of constitution.
2. Directly before a public notary at the place of constitution.

In either case, the constitution of the foundation shall comply with the formalities established in the present law for the creation of foundations.

In case of a foundation being created to become effective after the death of the founder, whether by public or private document, the formalities required for the execution of wills shall not apply.

Article No. 5

Information or formalities which the private foundation charter shall contain

The foundation charter shall contain:

The name of the foundation in any language with characters of the Latin alphabet, and which shall not be identical or similar to that of any other foundation previously existing in the Republic of Panama, to avoid confusion. The name shall include the word foundation to distinguish it from a natural person or from a different kind of juridical person.

The initial capital of the foundation, expressed in any currency of legal tender, and which shall in no case be less than an amount equivalent to $ 10'000.00.

A complete and clear designation of the member or members of the Foundation Council, to which the founder may belong, including their addresses.

The domicile of the foundation.

The name and domicile of the resident agent of the foundation in the Republic of Panama, who must be an attorney or law firm. The resident agent must countersign the foundation charter prior to its registration at the Public Registry.

The purposes or objects of the foundation.

The manner of appointing the beneficiaries of the foundation, which may include the founder.

The reservation of the right to modify the foundation charter when deemed convenient.

The duration of the foundation.

The destination to be given to the estate of the foundation and the manner of liquidation such estate in the event of dissolution.

Any other lawful clauses which the founder may consider convenient.

Article No. 6

Compliance with regulations regarding registration of acts and titles at the Public Registry

The foundation charter, as well as any amendment thereto, may be drafted in any language with characters of the Latin alphabet, and must comply with the regulations regarding registration of acts and titles at the Public Registry, for which purpose it must be protocolized by a public notary of the Republic of Panama. If the foundation charter or its amendments are not written in Spanish, the same shall be protocolized together with its Spanish translation made by a certified public translator of the Republic of Panama.

Article No. 7

Amendment to the foundation charter, formalities to follow

Any amendment to the foundation charter, when permitted, shall be executed and signed in accordance to the provisions of the foundation charter itself. The relevant agreement, resolution or act of amendment shall contain the date in which it was carried out, and a clear indication of the name of the person or persons executing such amendments, whose signatures shall likewise be authenticated by a notary public at the place of execution of the document.

Article No. 8

Registration and annual taxes of private foundations similar to those established for Panamanian corporations

Every private foundation shall pay registration fees and annual taxes equivalent to those established for corporations in articles 318 and 318A of the Fiscal Code.

The procedure and form of payment, the surcharge for late payment, the consequences of non-payment, as well as all the complementary dispositions of the legal precepts previously cited, will also be applicable to private foundations.

Article No. 9

Registration of foundations at the Public Registry shall grant juridical personality

The registration of the foundation charter of a private foundation at the Public Registry shall confer upon it juridical personality without the need for any other legal or administrative authorization. Registration at the Public Registry shall in addition constitute a means of publicity with regard to third parties.

Consequently, a foundation may acquire and own assets of all kinds, incur obligations and be a party to administrative and judicial proceedings of any order, in accordance with any applicable legal provisions.

Article No. 10

Obligations of founder or third parties to contribute assets to the foundation

Once a foundation has acquired juridical personality, the founder or any third party who has acquired an obligation to contribute assets to the foundation, either by himself/herself or at the request of another person with interest in the foundation, shall formalize the transfer to the foundation of the assets which they agreed to transfer. When the foundation is constituted to be effective at the time of death of its founder, it shall be deemed to have existed prior to the death of the founder with respect to the donations which he/she may have made to the foundation.

Article No. 11

Assets of the foundation to constitute an estate separate and apart from that of the founder

The assets of the foundation shall constitute an estate separate from the founder's personal assets for all legal purposes, and may not be seized or attached or be subject to any precautionary action or measure, except in the case of obligations incurred, or damages caused by virtue of actions taken fulfilling the purposes or objectives of the foundation, or of legitimate rights of the beneficiaries of the foundation.

In no case shall such assets be affected or used to respond for the personal obligations of the founder or of the beneficiaries.

Article No. 12

Revocation of foundations

Foundations shall be irrevocable except in the following cases:

If the foundation charter has not been registered at the Public Registry.

If the foundation charter provides otherwise.

For any of the causes of revocation applicable to donations.

The transfers of assets made to foundations shall be irrevocable by the person who made the transfer, unless it is expressly stated otherwise in the act of transfer of such assets.

Article No. 13

Foundations created by testamentary dispositions, rights to revoke the same

In addition to the foregoing provisions, if a foundation has been created to be effective at the time of death of its founder, he / she shall have the exclusive and unlimited right to revoke it.

The heirs of the founder, after his / her death, shall have no right to revoke the creation or transfer of assets to the foundation, even when it has not been registered at the Public Registry before the death of the founder.

Article No. 14

Forced heirship rules of the domicile of the founder or beneficiaries shall not affect foundation or its validity

The existence of legal provisions regarding inheritance, at the place of domicile of the founder or the beneficiaries shall not affect the foundation or its purposes in the manner provided in the foundation charter or its regulations.

Article No. 15

Transfer of assets to the foundations with intent to defraud creditors. Statute of limitation

The creditors of the founder or of a third party shall have the right to contest the contribution or transfer constitutes an act in fraud of the creditors.

The rights and actions of such creditors shall lapse at the expiration of three (3) years, counted from the dated of the contribution or transfer of the assets to the foundation.

Article No. 16

Assets of the foundation may originate from any lawful business, but transfer must follow appropriate formalities

The patrimony of the foundation may originate from any lawful business and may consist of assets of any kind, present or future. Other sums of money or assets may periodically be incorporated to the estate by the founder or third parties.

The transfer of assets to the estate of the foundation may be effected by public or private document, provided however that, in the case of immovable property, the transfer shall comply with the rules for the transfer of such property.

Article No. 17

Foundation Council

The foundation shall have a Foundation Council whose powers or responsibilities shall be established in the foundation charter or in its regulation.

Unless the Council is a juridical person, the number of members of the Foundation Council shall be no less than three (3).

Article No. 18

Responsibilities of Foundation Council

The Foundation Council shall be responsible for carrying out the purposes or objectives of the foundation. Unless the foundation charter or its regulations provide otherwise, the Foundation Council shall have the following general obligations and duties:

To administer the assets of the foundation in accordance with the foundation charter or its regulations.

To carry out acts, contracts or lawful business which are convenient or necessary to advance the purposes of the foundation, and to include in such contracts, agreements and other instruments or obligations such clauses and conditions as are necessary or convenient and not contrary to the law, to bonos mores, or to public order and which are inc accordance with the purposes of the foundation.

To inform the beneficiaries of the foundation or the economic situation of the same as provided by the foundation charter or its regulations.

To deliver to the beneficiaries of the foundation the assets, properties or resources designated for them by the foundation charter or its regulations.

To carry out all such acts or contracts which are permitted to the foundation by the present law and by other applicable legal or regulatory provisions.

Article No. 19

Responsibilities of members of the Foundation Council when prior authorization of protector or third party is necessary to exercise their powers

The foundation charter or its regulations may provide that, in order to exercise their powers, the members of the Foundation Council must obtain the previous authorization of a protector, committee or the majority of the founders.

The members of the Foundation Council shall not be held liable for the loss or deterioration of the assets of the foundation or for the damages caused by their decisions, provided that the above mentioned authorization has been duly obtained.

Article No. 20

Rendering of accounts of its administration by foundation Council

Unless the foundation charter or its regulations provide otherwise, the Foundation Council must render accounts of its administration to the beneficiaries and, where applicable, to the supervisory entity.

If the foundation charter or its regulations contain no provision in this regard, the rendering of accounts must be done annually.

If the accounts so rendered are not objected within the time specified in the foundation charter or its regulations, or, if the charter does not regulate the matter, within ninety (90) days from the date the accounts were received, they shall be deemed to have been approved, for which purpose the above mentioned period of ninety (90) days must be indicated in the report rendering the accounts.

On the lapse of such period or upon the approval of the accounts, the members of the Foundation Council shall be free of liability for their administration, unless they had failed to act with the diligence of a bonus paterfamilias.

The above mentioned approval does not exonerate the members of the Foundation Council vis-à-vis the beneficiaries or third parties having an interest in the foundation with respect to damages caused by gross negligence or fraud in the administration of the foundation.

Article No. 21

Reservation of right to remove members of Foundation Council by founder or by another person

The Founder may reserve for himself/herself or for other persons, in the foundation charter, the right to remove the members of the Foundation Council as well as the right to designate or add new members.

Article No. 22

Right to remove members of Foundation Council by judicial proceeding

If the foundation charter or its regulations contain no provision regarding the right and causes for removal of the members of the Foundation Council, said members may be removed by means of summary judicial proceedings for the following causes:

When their interests are incompatible with the interests of the beneficiaries or of the founder.

If they do not administer the assets of the foundation with the diligence of a bonus pater familias.

If they are convicted of a crime against private property or public faith. In such case, while the criminal proceedings are taking place, the temporary suspension of the member on trial may be decreed.

For incapacity or impossibility to carry out the objectives of the foundation, from the time such causes arise.

For insolvency or bankruptcy proceedings.

Article No. 23

Founders and beneficiaries are the only parties authorized to petition for judicial removal of members of Foundation Council

The judicial removal of the members of the Foundation Council may be requested by the founder and the beneficiary or beneficiaries. If the beneficiaries were disabled or minors, they may be represented by whoever exercises patriae potestas or legal guardianship over them, as the case may be.

The judgment of the court decreeing the removal shall also appoint new members to replace the former, who must be persons with sufficient capacity, qualifications and recognized moral standing to administer the assets of the foundation in accordance with the purposes established by the founder.

Article No. 24

Supervisory body or similar entities, possible authority

The foundation charter or its regulations may provide for the constitution of supervisory bodies, which may be composed of natural or juridical persons, such as auditing companies, protectors of the foundation, or other similar entities.

The powers of the supervisory entities shall be established in the foundation charter or its regulations, and may include, among others, the following:

To ensure the fulfillment of the foundation's purposes, by the Foundation Council and to protect the rights and interests of the beneficiaries.

To require the Foundation Council to render accounts.

To modify the objects and purposes of the foundation when their fulfillment becomes impossible or too burdensome.

To appoint new members of the Foundation Council by reason of temporary or permanent absence, or for the expiration of the period for which they were appointed.

To appoint new members of the Foundation Council in replacement of existing members in the event of temporary or accidental absence of any of them.

To increase or reduce the numer of members of the Foundation Council.

To approve the acts done by the Foundation Council pursuant to the foundation charter or its regulations.

To act as custodian of the assets of the foundation and to oversee the application thereof to the objects or purposes contained in the foundation charter.

To remove beneficiarier of the foundation and to add new beneficiaries in accordance with the provisions of the foundation charter or its regulations.

Article No. 25

Dissolutions of Foundations

The foundation shall be dissolved:

On the date in which the foundation must come to an end in accordance with the foundation charter.

On the accomplishment of the ends or purposes for which it was created or if their fulfillment becomes impossible.

If it becomes insolvent, incapable of making payments, or it has been judicially declared to be subject to bankruptcy proceedings.

On the loss or total extinction of the assets of the foundation.

On its revocation.

For any othe reason established in the foundation charter or in the present law.

Article No. 26

Beneficiaries of the Foundation may object acts of the foundation which damage their rights or interests

Any beneficiary of the foundation may object acts of the foundation which damage his or her rights or interests by denouncing such circumstance to the protector or other supervisory body, if any, or if there are none, by directly instituting the corresponding judicial action before the appropriate court of the domicile of the foundation.

Article No. 27

Exemption of certain taxes for private foundations

The acts of constitution, amendment or extinction of the foundation, as well as the act of transfer, transmittal or encumbrance of assets of the foundation and the income arising therefrom, or any other act in connection therewith, shall be exempt from all taxes, contributions, duties, liens or assessments of any kind, provided they relate to

Assets located abroad.

Money deposited by natural or juridical persons whose income does not derive from a Panamanian source or is not taxable in Panama for any reason.

Shares or securities of any kind issued by corporations which income is not derived from a Panamanian source, or which are not taxable for any reason, even when such shares or securities are deposited in the Republic of Panama.

The transfer of immovable property, titles, certificates of deposit, assets, funds, securities or shares carried out by reason of the fulfillment of the objectives of the foundation or the termination of the same, in favor of relatives within the first degree of consanguinity or the spuse of the founder shall be exempted from all taxes.

Article No. 28

Foreign Foundations

Foundations organized in accordance with a foreign law may become subject to the provisions of this law.

Article No. 29

Requirements for foreign foundations to continue as Panamanian private foundations

Foundations referred to in the preceding article that elect to become subject to the provisions of this law shall present a certificate of continuation, is sued by the corresponding body or organ of the foundation which according to its own internal organization shall issue the same, and which shall contain:

The name of the foundation and the date of its constitution.

Data about the registration or deposit of the instrument at the registry of the country of origin.

An express declaration of its desire to continue its legal existence as a Panamanian foundation.

The requirements of article 5 of this law for the constitution of Panamanian private foundations.

Article No. 30

Additional requirements of foreign foundations to continue as Panamanian private foundations

The certification containing the resolution of continuation and the other requirements mentioned in the preceding article shall have the following documents attached to it:

Copy of the original act of constitution of the foundation which desires to continue as a Panamanian foundation, together with any subsequent amendment.

Power of attorney extended to a Panamanian lawyer to carry out the necessary procedures to affect the continuation of the foundation in Panama.

Article No. 31

Continuation of foreign foundations to continue as Panamanian private foundations, obligations and responsibilities shall continue in effect

In the cases provided for in article 28, the responsibilities, duties and rights acquired prior to the change of jurisdiction of the foundation, as well as proceedings brought against it or those brought by the foundation, shall continue in effect, and such rights and obligations shall not be affected by the change of jurisdiction authorized by the aforementioned legal provisions.

Article No. 32

Panamanian Private Foundations can migrate or become subject to the laws of other countries

Foundations constituted in accordance with this law, as well as the assets which constitute their patrimony, may transfer or become subject to the laws and jurisdiction of another country, as may be provided by their foundation charter or their regulations.

Article No. 33

Registration of private foundations shall be made at special section of Public Registry

Registration in connection with private foundations shall be made at the Public Registry in a especial section to be known as „Section of Private Foundations". The Executive Branch of Government, acting through the Ministry of Government and Justice, shall issue the regulations applicable to such section.

Article No. 34

All pertinent legal precepts shall apply to Panamanian private foundations to avoid their use for money laundering activities form the drug-traffic business

To avoid the undue use of private foundations, all the provisions in Executive Decree No. 468 of 1994 and any other legal disposition in force aimed at combating money laundering arising from drug trafficking shall be applied to their operations.

Article No. 35

The need to maintain secrecy on information about private foundations by attorneys, public employees or third parties handling the information.

All members of the Foundation Council and of the supervisory bodies, if any, as well as public or private employees, who have any knowledge of the activities, transactions or operations of the foundations, must at all times hold the same in secret and confidentiality. Breaches of this duty shall be sanctioned with imprisonment of six months and a fine of $50,000.00, without prejudice to the corresponding civil liability.

The provisions of this article are applicable without prejudice to the information which must be disclosed to official authorities and the inspections the latter must carry out in the manner established by the law.

Article No. 36

Controversies shall be resolved by summary proceedings but foundational documents might establish obligation to submit to arbitration.

Any controversy for which no special procedure is specified in the present law shall be resolved by summary proceedings. The foundation charter or its regulations may establish that any controversy arising in connection with the foundation shall be resolved by an arbitrator or arbitrators, as well as the procedure to be followed thereby. In the event no such procedure has been established, the statutes ruling such matters as contained in the Judicial Code shall apply.

Article No. 37

Date of entering into effect of law

This law shall enter into force after its promulgation.

4. LFIP Gesetzestext in Deutsch (Uebersetzung)

5. Gesetz Nr.25 vom 12. Juni 1995 betreffend Privatrechtliche Stiftungen

Artikel Nr. 1

Definition und Umschreibung der Privatstiftung

Eine oder mehrere natürliche oder juristische Personen können im eigenen Namen oder im Namen von anderen Dritten eine Stiftung gemäss den Bestimmungen dieses Gesetzes errichten.

Zur Errichtung einer Stiftung bedarf es der Widmung eines Vermögens für einen bestimmt bezeichneten, in der Stiftungsurkunde ausdrücklich festgelegten Zweck.

Das ursprünglich gewidmete Stiftungsvermögen kann durch den Gründer der Stiftung, weiter Stifter genannt, oder durch jede andere Person erhöht werden.

Artikel Nr. 2

Abgrenzung der Privatstiftung gegenüber den traditionellen wohltätigen und charitativen Stiftungen sowie gegenüber den öffentlichrechtlichen Stiftungen

Die Privatstiftungen werden sowohl durch die Stiftungsurkunde und deren Beistatuten als auch durch die Bestimmungen dieses Gesetzes und anderen zuständigen gesetzlichen und regulierenden Vorschriften geregelt.

Die Vorschriften und Bestimmungen des Titels II, Buch I, Zivilgesetzbuch sind für Privatstiftungen nicht anwendbar.

Artikel Nr. 3

Verbot der gewinnbringenden kommerziellen oder gewinnorientierten Geschäftstätigkeit einer Privatstiftung

Private Stiftungen dürfen keine gewinnorientierte Zwecke verfolgen.

Dennoch können sie ausnahmsweise eine nach kaufmännischer Art geführte kommerzielle Tätigkeit betreiben oder aufgrund von kommerziellen Beteiligungen im Stiftungsvermögen eine solche kommerzielle Geschäftstätigkeit ausüben, unter der Bedingung, dass der wirtschaftliche Erlös ausschließlich der Verfolgung ihres nichtwirtschaftlichen Stiftungszweckes zugute kommt.

Artikel Nr. 4

Gründung inter-vivos oder mortis-causa. Nichtanwendbarkeit der Formvorschriften für Testamente und letztwillige Verfügungen

Private Stiftungen können auf die Art und Weise gegründet werden, dass sie ihre Wirkung ab dem Zeitpunkt ihrer Gründung oder aber erst nach dem Tode des Stifters entfalten, nämlich:

mittels eines vom Stifter unterschriebenen, privaten Dokumentes, wobei die Unterschrift notariell, am Ort der Gründung beglaubigt werden muss,

mittels einer vor dem Notar, am Ort der Gründung, unterzeichneten, beglaubigten Stiftungsurkunde.

In beiden Fällen müssen die Anforderungen, welche für die Gründung einer Stiftung in diesem Gesetz verlangt werden, erfüllt werden.

Im Falle dass die Stiftung, sei es durch ein privates oder öffentliches Dokument so gegründet wird, dass sie ihre Wirkung nach dem Tode des Stifters entfalten soll, finden die ansonsten für letzwillige Verfügungen und Testamente gültigen Formvorschriften keine Anwendung.

Artikel Nr. 5

Stiftungsurkunde
Die Stiftungsurkunde hat zu enthalten:

1. Den Namen der Stiftung, in jeder beliebigen Sprache ausgedruckt, jedoch geschrieben in lateinischen Buchstaben, welcher gegenüber den bereits in Panama existenden Stiftungen weder identisch noch ähnlich ist. Der Stiftungsname soll den Begriff Stiftung beinhalten um die Stiftung von anderen natürlichen oder juristischen Personen zu unterscheiden.
2. Das Stiftungsvermögen, bewertet in einer beliebigen gesetzlichen Währung, jedoch nicht minder als (zehn Tausend US Dollar) USD 10'000.-.
3. Die vollständige und klare Bezeichnung aller Mitglieder des Stiftungsrates, inklusive Wohnort-Anschriften, zu welchen auch der Stifter gehören darf.
4. Den Sitz der Stiftung.
5. Den Namen und die Adresse des lokalen, residenten Agenten der Stiftung in der panamaischen Republik, welcher entweder ein Rechtsanwalt oder eine Rechtsanwaltskanzlei sein muss und welcher die Stiftungsurkunde vor der Eintragung in das Oeffentlichkeitsregister gegenzeichnen muss.
6. Den Zweck der Stiftung.
7. Die Art und Weise der Bezeichnung der Begünstigten, zu welchen auch der Stifter gehören darf.
8. Den Aenderungsvorbehalt der Stiftungsurkunde, falls nötig.
9. Die Dauer der Stiftung.
10. Die Bestimmung über die Vewendung des Stiftungsvermögens im Falle der Auflösung der Stiftung.
11. Andere Vorschriften, welche der Stifter als massgebend erachtet.

Artikel Nr. 6

Eintragung der Stiftungsurkunde ins Stiftungsregister

Die Stiftungsurkunde, sowie alle Aenderungen der Stiftungsurkunde, können in einer beliebigen Sprache, jedoch unter Verwendung der lateinischen Buchstaben, verfasst werden, und müssen für ihre Registrierung den Vorschriften des panamaischen Oeffentlichkeitsregisters entsprechen, und zu diesem Zwecke vor einem Notaren der panamaischen Republik beurkundet werden.

Falls die Stiftungsurkunde oder ihre Abänderung in einer anderen als der spanischen Sprache verfasst ist, muss sie zusammen mit einer amtlichen spanischen Uebersetzung vor einem Notaren der panamaischen Republik beurkundet werden.

Artikel Nr. 7

Aenderungen der Stiftungsurkunde

Jede Aenderung der Stiftungsurkunde, falls in der Stiftungsurkunde vorgesehen und erlaubt, muss den diesbezüglichen Vorschriften der Stiftungsurkunde selbst entsprechen.

Die Aenderung hat in beglaubigter Form eines unterzeichneten Beschlusses, eines Rechtsaktes oder einer Vereinbarung zu erfolgen, beinhaltend das entsprechende Aenderungsdatum, den Ausübungsort und den Namen der Personen, welche bei der Aenderung mitgewirkt und dieselbe vor einem Notaren unterschrieben haben.

Artikel Nr. 8

Gründungs- und Jahressteuer

Die Entrichtung der Gründungs- und Jahressteuer einer Privatstiftung entspricht den gleichen für die Gesellschaften relevanten Abgaben gemäss Art.318 und Art.318A des Steuergesetzes.

Die Bestimmungen über die Art und Form der Steuerbezahlung, sowie die Anwendung der Bussen für eine verspätete Steuerbezahlung, wie sie in den vorerwähnten Bestimmungen des Steuergesetzes vorgesehen sind, sind ebenfalls für die Privatstiftungen anwendbar.

Artikel Nr. 9

Entstehung

Die Stiftung entsteht mit der Eintragung der Stiftungsurkunde ins Oeffentlichkeitsregister und die Stiftung erlangt mit dieser Eintragung das Recht der Persönlichkeit, ohne Erfordernis von weiteren rechtlichen oder administrativen Massnahmen.

Die Eintragung ins Oeffentlichkeitsregister ist zudem gegenüber dritten Parteien bindend.

Folglich kann die Stiftung Güter aller Art erwerben und halten sowie Verbindlichkeiten eingehen und als aktiv und passiv legitimierte Partei in Verwaltungs- und Rechtsprozessen, wie sie im allgemeinen für die Oeffentlichkeit gelten, auftreten.

Artikel Nr. 10

Vermögenszuwendung

Ist die Stiftung entstanden und erlang sie das Recht der Persönlichkeit, so ist der Stifter oder ein Dritter, aufgrund eines Schuldverhältnisses, auf das Verlangen des Stifters oder von einem Stiftungs-Interessenten, verpflichtet, das der Stiftung zugesicherte Vermögen auf die Stiftung formell zu übertragen.

Wird die Stiftung erst mit dem Tode des Stifters wirksam, so gilt sie für die Zuwendungen des Stifters als schon vor dem Tode des Stifters entstanden.

Artikel Nr. 11

Stiftungsvermögen als Sondervermögen

Das Stiftungsvermögen stellt ein vom übrigen Vermögen des Stifters abgesondertes, separates Sondervermögen, dar.

Folglich darf das Stiftungsvermögen nicht Gegenstand von gegen den Stifter gerichteten Vermögensmassnahmen sein, ausgenommen solche, welche im Zusammenhang mit der Verfolgung des Stiftungszweckes oder im Zusammenhang mit der Verfolgung legitimer Rechte der Begünstigten stehen.

Auf keinen Fall haftet das Stiftungsvermögen für persönliche Verbindlichkeiten des Stifters oder der Begünstigten.

Artikel Nr. 12

Widerruf der Stiftung

Stiftungen sind unwiderruflich, außer in den folgenden Fällen:

Wenn die Stiftungsurkunde nicht im Öffentlichkeitsregister registriert wurde.

Wenn der Widerruf ausdrücklich in der Stiftungsurkunde vorgesehen ist.

Wenn einer der Gründe des Widerrufs von Schenkung eintrifft.

Überweisungen von Vermögen an die Stiftung sind unwiderruflich für und durch die Person, die sie gemacht hat, ausser das Gegenteil wurde ausdrücklich im Überweisungsdokument der Verrmögenszuwendung festgelegt.

Artikel Nr. 13

Widerruf von Stiftungen gegründet durch testamentarische Anordnungen

Zusätzlich zu den Anordnungen des vorangehenden Artikels, wenn die Stiftung so gegründet wurde, dass sie ihre Wirkung nach dem Tode des Stifters tun soll, hat dieser das ausschließliche und unbeschränkte Recht, die Stiftung zu widerrufen.

Die Erben des Stifters, nach dem Tode desselben, haben kein Recht die Gründung der Stiftung oder die Vermögensüberweisungen an sie zu widerrufen, auch wenn die Stiftung während Lebzeiten des Stifters nicht ins Öffentlichkeitsregister eingetragen wurde.

Artikel Nr. 14

Pflichtteilsrechte

Rechtsvorschriften, welche die Erbschaft des Stifters oder der Begünstigten an ihrem Wohnort regeln, haben keine Wirkung auf die Stiftung oder auf ihre Gültigkeit oder auf die Verfolgung des Zwecks der Stiftung, so wie er in der Stiftungsurkunde oder in Beistatuten der Stiftung vorgesehen und geregelt ist.

Artikel Nr. 15

Gläubigerschutz

Die Vermögenszuwendungen zu Gunsten der Stiftung können von den Gläubigern des Stifters oder von Dritten angefochten werden, falls diese Vermögenszuwendungen auf betrügerische Art und Weise erfolgten.

Die Anfechtungsfrist der Gläubiger beträgt drei (3) Jahre ab dem Datum der Vermögenszuwendung.

Artikel Nr. 16

Vermögensarten

Das Stiftungsvermögen darf verschiedener Herkunft sein, vorausgesetzt es stammt aus legalen, bereits erfolgten oder künftigen Rechtsgeschäften.

Ebenfalls können, seitens des Stifters oder von Dritten, periodische Zuwendungen dem Stiftungsvermögen zugefügt werden.

Die Vermögenszuwendung kann in einem privaten oder öffentlichen Dokument verbrieft werden.

Falls es sich bei der Vermögenszuwendung um Immobilien handelt sind die entsprechenden formellen Uebertragungsvorschriften zu beachten.

Artikel Nr. 17

Stiftungsrat

Die Stiftung verfügt über einen Stiftungsrat, dessen Kompetenzen und Pflichten in der Stiftungsurkunde bestimmt sind.

Die Zahl der Stiftungsratsmitglieder beträgt mindestens (3) drei, es sei denn, eine juristische Person amtet als Stiftungsratsmitglied.

Artikel Nr. 18

Rechte und Pflichten des Stiftungsrates

Der Stiftungsrat ist verantwortlich für die Verfolgung und Durchführung des Stiftungszweckes.

Falls die Stiftungsurkunde nicht anderweitig bestimmt, obliegen dem Stiftungsrat folgende Rechte und Pflichten:

1. Verwaltung des Stiftungsvermögens gemäss den Bestimmungen der Stiftungsurkunde.
2. Durchführung von Rechtshandlungen, Rechtsgeschäften und Ausführungshandlungen, welche der Erfüllung des Stiftungszweckes dienen, mittels Abschluss von Verträgen, Uebernahme von Verpflichtungen und Bedingungen, vorausgesetzt dass diese Handlungen nicht gegen das Gesetz, die öffentliche Moral und Ordnung verstossen.
3. Information an die Begünstigten über die Wirtschaftslage der Stiftung, auf die Art und Weise wie in der Stiftungsurkunde oder in den Beistatuten vorgesehen.
4. Ausschüttungen an die Begünstigten aus dem Stiftungsvermögen und Erträgnissen, gemäss Bestimmungen der Stiftungsurkunde sowie der Beistatuten.
5. Durchführung von Massnahmen und Anwendung von Rechtsvorschriften, welche dieses Gesetz für die Verwaltung der Stiftung vorsieht.

Artikel Nr. 19

Protektor

Die Stiftungsurkunde kann bestimmen, dass die Stiftungsratsmitglieder Handlungen nur nach vorheriger Genehmigung des Protektors oder eines anderen Aufsichtsorgans, bestimmt vom Stiftungsgründer oder von der Mehrheit der Stiftungsgründer, ausführen dürfen.

Die Stiftungsratsmitglieder sind nicht haftbar für Handlungen, welche sie aufgrund der obenerwähnten Genehmigung ausführten, selbst wenn diese Verluste am Stiftungsvermögen, Vermögensschaden und sonstige Verminderung des Stiftungsvermögens nach sich ziehen.

Artikel Nr. 20

Buchführung

Falls die Stiftungsurkunde oder die Beistatuten nicht anderweitig bestimmen, muss der Stiftungsrat einen Jahresabschluss an die Begünstigten und, falls vorgesehen, auch an das Aufsichtsorgan abliefern.

Falls die Stiftungsurkunde und die Beistatuten keine solche Bestimmung kennen, muss der Jahresabschluss alljährlich erfolgen.

Falls der Jahresabschluss nicht innerhalb der in der Stiftungsurkunde oder in den Beistatuten vorgesehenen Frist beanstandet wird, oder falls die Stiftungsurkunde die Buchführung nicht regelt, gilt der Jahresabschluss als genehmigt, sollte er nicht innerhalb von (90) neunzig Tagen seit Erhalt beanstandet werden, wobei zu diesem Zwecke die Frist von (90) neunzig Tagen im Jahresbericht anzumerken ist.

Nach Fristablauf oder nach erfolgter Genehmigung sind die Stiftungsratsmitglieder von jeglicher Haftung hinsichtlich der Verwaltung befreit, es sei denn, sie handelten gegen den Grundsatz ‚bonus pater familias'.

Die obenerwähnte Genehmigung hat keine Wirkung gegenüber den Begünstigten und Dritten, welche Rechte im Zusammenhang mit der Stiftung besitzen, sowie keine Wirkung im Falle einer schweren Schuld hinsichtlich der Verwaltung der Stiftung.

Artikel Nr. 21

Abwahl und Zuwahl von Stiftungsratsmitgliedern durch den Stifter

Mittels Stiftungsurkunde kann sich der Stifter selbst, oder anderen Personen, das Recht vorbehalten, Stiftungsratsmitglieder abzuwählen sowie neue Stiftungsratsmitglieder zu bestimmen und neue zu wählen.

Artikel Nr. 22

Abwahl und Zuwahl von Stiftungsratsmitgliedern mittels Verfahren

Falls die Stiftungsurkunde oder die Beistatuten keine Abwahlregelung der Stiftungsratsmitglieder vorsehen, kann die Abwahl der Stiftungsratsmitglieder durch ein summarisches Verfahren prozessualrechtlich in folgenden Fällen erfolgen:

1. Falls ihre Interessen mit denjenigen des Stifters oder der Begünstigten nicht übereistimmen.
2. Falls sie das Stiftungsvermögen nicht mit der Sorgfalt eines ‚bonus pater familias' verwalten.

3. Falls sie verurteilt wurden für Vermögensdelikte oder Delikte gegen öffentliche Ordnung. In einem solchen Falle, solange als das Verfahren pendent ist, kann ein Stiftungsratsmitglied auf dem Verordnungswege ad interim seines Amtes enthoben werden.
4. Aufgrund der Unfähigkeit den Stiftungszweck zu verfolgen, und dies seit dem Kausalzusammenhang der Unmöglichkeit.
5. Aufgrund des Konkurses oder der Zahlungsunfähigkeit.

Artikel Nr. 23

Aktivlegitimation für die Abwahl und Zuwahl von Stiftungsratsmitgliedern

Das juristische Verfahren einer Abwahl von Stiftungsratsmitgliedern kann vom Stifter oder von den Begünstigten beantragt werden.

Im Falle der Minderjährigkeit oder der Bevormundung der Begünstigten kann den Antrag auf Abwahl der Stiftungsratsmitglieder ihr gesetzlicher Vertreter oder ein solcher Vertreter, welcher die ‚patriae potestas' ausübt, stellen.

Das Abwahl-Urteil wird gleichzeitig das neue Ersatzmitglied des Stiftungsrates bestellen, wobei dieses neue Stiftungsratsmitglied die Anforderungen hinsichtlich der entsprechenden Qualifikation für die Verwaltung des Stiftungsvermögens sowie hinsichtlich einer anerkannten moralischen Höhe, aufgestellt durch den Stifter, erfüllen muss.

Artikel Nr. 24

Aufsichtsorgane

Die Stiftungsurkunde oder die Beistatuten können die Errichtung von Aufsichtsorganen vorsehen, welche sich aus natürlichen oder juristischen Personen zusammensetzen können, wie zum Beispiel Revisionsgesellschaften, Protektoren oder ähnliche Personen.

Ihre Kompetenzen und Befugnisse der Aufsichtsorgane sind in der Stiftungsurkunde oder in den Beistatuten vorzusehen und können, unter anderem, folgende Befugnisse beinhalten:

1. Die Ueberwachung der Erfüllung des Stiftungszweckes durch den Stiftungsrat sowie die Verteidigung der Rechte und der Interessen der Begünstigten.
2. Die Entgegennahme der Berichterstattung des Stiftungsrates.
3. Die Aenderung des Stiftungszweckes falls ein solcher Zweck unmöglich oder allzu schwer erreichbar ist.
4. Die Zuwahl von neuen Stiftungsratsmitgliedern, falls vakant aufgrund von Ablauf der Amtszeit eines gewählten Stiftungsratsmitglieds.
5. Die generelle Zuwahl und Ersatzwahl von neuen Stiftungsratsmitgliedern.

6. Die zahlenmässige Erhöhung oder Reduktion der Stiftungsratsmitgliedern.
7. Die Prüfung der Geschäftstätigkeit des Stiftungsrates gemäss der Stiftungsurkunde oder der Beistatuten.
8. Die Aufbewahrung des Stiftungsvermögens sowie die Ueberwachung der Verwendung des Stiftungsvermögens im Sinne des Stiftungszweckes, in Uebereistimmung mit der Stiftungsurkunde.
9. Die Abwahl und Zuwahl von Begünstigten, in Uebereinstimmung mit der Stiftungsurkunde oder mit den Beistatuten.

Artikel Nr. 25

Auflösung

Die Stiftung wird aufgelöst:

1. Wenn die Zeitdauer gemäss der Stiftungsurkunde abgelaufen ist.
2. Sobald der Stiftungszweck erfüllt oder sobald der Stiftungszweck unerreichbar geworden ist.
3. Wenn die Stiftung insolvent und nicht in der Lage ist, Zahlungen zu leisten oder sie befindet sich im Konkursverfahren.
4. Mangels genügenden Vermögens.
5. Infolge Widerrufs.
6. Aufgrund einer in diesem Gesetz bestimmten gesetzlichen Regelung oder aufgrund einer in der Stiftungsurkunde vorgesehenen Bestimmung.

Artikel Nr. 26

Begünstigte

Jeder Begünstigte kann beim Aufsichtsorgan oder beim Protektor die Verwaltungstätigkeit, welche seine Rechte verletzt, beanstanden, und im Falle Nichtvorhandenseins des Aufsichtsorgans, sich an den Richter am Sitz der Stiftung wenden.

Artikel Nr. 27

Steuerprivileg

Steuerfreiheit sowie Steuerbefreiung von allen Steuern, Abgaben, Gebühren usw. jeglicher Art, geniessen die Verwaltungsakte bezüglich der Stiftungsgründung, Stiftungsabänderung, Vermögenszuwendung, Vermögensbelastung, Vermögensausschüttung, sei es Kapital- oder Errtägniss-Auschüttung aus dem Stiftungsvermögen, vorausgesetzt, folgende Bedingungen hinsichtlich des Vermögens zutreffen:

1. Das Stiftungsvermögen liegt im Ausland.
2. Das Stiftungsvermögen sowie dessen Erträgnisse, welches nicht panamaischer Herkunft ist, egal ob von einer natürlichen oder juristischen Person aufbewahrt, ist von jeglicher Besteuerung in Panama befreit.
3. Aktien und Wertpapiere aller Art, herausgegeben von Gesellschaften, welche ihr Einkommen nicht aus panamaischen Quelle beziehen, oder welche Steuerfreiheit, aus welchem Grunde auch immer, geniessen, unabhängig, ob solche Aktien und Wertpapiere in Panama aufbewahrt werden oder nicht.

Die Vermögenszuwendungen von beweglichen Sachen, Titeln, Aufbewahrungszertifikaten, Wertsachen, Geld, Aktien und Obligationen, ausgeführt im Sinne der Erfüllung des Stiftungszweckes oder im Sinne ihrer Beendigung und Stiftungsauflösung, zu Gunsten der Blutsverwandten ersten Grades des Stifters oder seiner Gemahlin, sind von allen Steuern befreit.

Artikel Nr. 28

Ausländische Stiftungen

Die im Ausland gemäss ausländischem Recht rechtmässig gegründete Stiftungen können sich freiwillig diesem Gesetz unterstellen.

Artikel Nr. 29

Formvorschriften für ausländische Stiftungen in Panama

Die im Ausland gemäss ausländischem Recht gegründete Stiftungen, welche sich diesem Gesetz unterstellen wollen, haben ein Zertifikat bezüglich der ununterbrochenen Kontinuität des Stiftungsbestehens, ausgestellt vom zuständigen Stiftungsorgan im Sinne der internen Stiftungsorganisation, welches zu enthalten hat:

1. Name und Gründungsdatum der Stiftung.
2. Gründungsamtsbestätigung und Registerbestätigung aus dem Ursprungsland.
3. Ausdrückliche Deklaration über die gewünschte rechtliche Weiterexistenz der Stiftung als panamaische Stiftung.
4. Uebrige Erfordernisse für die Stiftungsgründung gemäss Art.5 dieses Gesetzes.

Artikel Nr. 30

Zusätzliche Beilagen für die Unterstellung unter das panamaische Stiftungsgesetz

Das Zertifikat, wie im vorstehenden Artikel beschrieben, ist mit folgenden Beilagen zu versehen:

1. Kopie der ursprünglichen Stiftungsgründungsurkunde zusammen mit allen allfälligen Aenderungen.
2. Vollmacht zugunsten eines panamaischen Anwaltes mit der entpsrechenden Ermächtigung das Verfahren der ununterbrochenen Kontinuität der Stiftung in Panama durchzuführen.

Das Zertifikat bezüglich der Kontinuität sowie die diesem Zertifikat gemäss diesem Artikel erwähnte, beigelegte Dokumentation wird im Oeffentlichkeitsregister ordentlich protokolliert und eingetragen, um die Kontinuität des Rechtsexistenz der Privatstiftung in Panama zu gewährleisten.

Artikel Nr. 31

Rechtsfolgen der Unterstellung unter das panamaische Stiftungsgesetz

In Fällen gemäss Art.28, bleiben in Kraft sämtliche, vor der Aenderung der Jurisdiktion geltenden Verantwortlichkeiten, Rechte und Pflichten, sowie die gegen diese Stiftungen gerichtete Gerichtsverfahren oder die seitens der Stiftungen initiierten, pendenten Gerichtsverfahren. Die Gültigkeit solcher Rechte und Pflichten wird durch die Aenderung Jurisdiktion nicht berührt.

Artikel Nr. 32

Panamaische Stiftungen im Ausland

In Anwendung der Bestimmungen der Stiftungsurkunde oder der Beistatuten können sowohl die unter diesem Gesetz gegründeten Stiftungen als auch ihre Vermögenswerte ins Ausland transferiert werden oder sich der ausländischen Jurisdiktion unterstellen.

Artikel Nr. 33

Oeffentlichkeitsregister

Die Registrierung der Privatstiftungen erfolgt in einer Spezialabteilung des Oeffentlichkeitsregisters, genannt als „Sektion der Privatstiftungen". Die entsprechende Verordnung für das Registrationsverfahren erlässt die Exekutivabteilung des Justizministeriums.

Artikel Nr. 34

Missbrauchbekämpfung, Massnahmen gegen die Geldwäscherei

Zwecks Missbrauchbekämpfung sind für die Privatstiftungen alle Rechtsvorschriften der Verwaltungsverordnung Nr.468 aus dem Jahre 1994, sowie sämtliche anderen Rechtsnormen, welche die Bekämpfung der Geldwäscherei, resultierend aus dem Drogenhandel regeln, anwendbar.

Artikel Nr. 35

Geheimhaltungspflicht

Alle Stiftungsratsmitglieder und allfällige Mitglieder der Aufsichtsorgane, sowie private Angestellte und Beamte, welche Kenntnis über die Tätigkeit, Transaktionen und Operationen einer Stiftung erlangen, müssen dies gegenüber jedermann dauernd geheim halten.

Verletzungen der Geheimhaltungspflicht werden mit Gefängnis bis 6 (sechs) Monaten und einer Busse von USD 50'000.- bestraft. Vorbehalten bleiben die zivilrechtlichen Ansprüche.

Artikel Nr. 36

Streitigkeiten

Alle Streitigkeiten und Kontroversen welche durch dieses Gesetz nicht im einzelnen geregelt sind unterliegen dem summarischen Verfahren.

Die Stiftungsurkunde kann Vorschriften aufsetzen, die alle Streitigkeiten, welche im Zusammenhang mit der Stiftung entstehen können, einem oder mehreren Richtern zur Entscheidung, im Rahmen eines besonderen Verfahrens, anvertraut.

Sollten keine Verfahrensnormen in der Stiftungsurkunde vorgesehen werden, gelten die allgemeinen Verfahrensnormen.

Artikel Nr. 37

Inkraftsetzung

Dieses Gesetz tritt am Tage der Kundmachung in Kraft.

II. PGR, Personen- und Gesellschaftsrecht vom 26. Januar 1926, 2. Abteilung: Die Verbandspersonen (die juristischen Personen), 5. Titel: Die Anstalten und Stiftungen, 2. Abschnitt: Die Stiftungen (Art. 552-570)

1. Altes Recht, gültig bis zum 1.April 2009 (Originaltext)

DIE STIFTUNGEN

A. Umschreibung und Abgrenzung

Art. 552

I. Im Allgemeinen

1) Zur Errichtung einer Stiftung durch Einzelpersonen oder Verbandspersonen oder Firmen bedarf es der Widmung eines Vermögens (Stiftungsgut) für einen bestimmt bezeichneten Zweck. Als Zwecke fallen insbesondere in Betracht: kirchliche, Familien- und gemeinnützige Zwecke. Die Stiftung darf ein nach kaufmännischer Art geführtes Gewerbe nur betreiben, wenn es der Erreichung ihres nichtwirtschaftlichen Zweckes dient oder Art und Umfang der Haltung von Beteiligten einen kaufmännischen Betrieb erfordern.
2) Vermögenswidmungen ohne Persönlichkeit (unselbständige Stiftungen, Zustiftungen) oder Zuwendungen mit Auflage einer besonderen Verwaltung unter besonderem Namen und der Verwendung für einen besonderen Zweck und dergleichen an schon bestehende Verbandspersonen oder Einzelpersonen oder Gesellschaften stehen unter den besonderen hierauf anwendbaren Vorschriften, wie über Schenkung oder über das Erbrecht und ergänzend unter den Vorschriften über das stillschweigende Treuhandverhältnis.
3) Inwieweit einem abgesondert verwalteten Vermögen (Fonds) privatrechtliche Selbständigkeit oder die Eigenschaft eines Treuhandgutes zukommt, ist vom Richter im Einzelfalle zu beurteilen.
4) Die Vorschriften über das Treuunternehmen mit Persönlichkeit finden auf Stiftungen, insbesondere hinsichtlich der Stiftungsbeteiligten (Stifter, Stiftungsvorstand, Stiftungsgeniesser) entsprechende Anwendung, wenn und soweit sich aus den nachfolgenden Bestimmungen oder den Stiftungsstatuten oder aus den Vorschriften über die Anmeldungspflicht der Treuunternehmen nicht Abweichungen ergeben.

Art. 553

II. Kirchliche und Familienstiftung

1) Kirchliche Stiftungen im Sinne dieses Abschnittes sind zu kirchlichen Zwecken errichtete Stiftungen.
2) Eine Familienstiftung ist eine reine, wenn das Stiftungsvermögen dauernd zum Zwecke der Bestreitung der Kosten der Erziehung und Bildung, der Ausstattung oder Unterstützung von Angehörigen einer oder mehrerer bestimmter Familien, oder zu ähnlichen Zwecken verbunden ist.
3) Sie ist eine gemischte, wenn ein derart gewidmetes Vermögen ausserdem oder ergänzend auch ausserhalb der Familie liegenden, kirchlichen oder sonstigen Zwecken dienen soll.

Art. 554

III. Hinterlegung

Zur Ueberwachung der Eintragungspflicht und Verhütung von Stiftungen mit widerrechtlichem oder unsittlichem Zwecke sowie zur Vermeidung von Umgehungen einer allfälligen Aufsicht ist bei Errichtung einer Stiftung die Stiftungsurkunde bzw. eine beglaubigte Abschrift der letztwilligen Verfügung oder des Erbvertrages und bei Abänderung des Stiftungszweckes die diesbezügliche Urkunde durch den Stiftungsvorstand oder Repräsentanten bzw. durch das Verlassenschaftsgericht beim Grundbuch- und Oeffentlichkeitsregisteramt zu hinterlegen, sofern nicht sonst eine Anmeldung zur Eintragung ins Oeffentlichkeitsregister erfolgt.

B. Errichtung

Art. 555

I. Stiftungsurkunde

1) Die Errichtung der Stiftung erfolgt in der Form einer Urkunde, auf der die Untersschriften der Stifter beglaubigt sind, durch letztwillige Verfügung oder durch Erbvertrag.
2) Die Stiftungsurkunde (der Stiftsbrief) oder das Statut sollen enthalten die Bezeichnung und den Sitz der Stiftung, ihren Zweck oder Gegenstand, die Bezeichnung des Stiftungsvorstandes und die Art und Weise, wie ein anderer

Vorstand bestellt wird, sowie die Bestimmung über die Verwendung des Vermögens im Falle der Auflösung der Stiftung.

Art. 556

II. Eintragung ins Stiftungsregister

1) Die Anmeldung der Stiftung zum Stiftungsregister ist unter Beilage einer beglaubigten Abschrift der Stiftungsurkunde von sämtlichen Mitgliedern der Verwaltung persönlich zu Protokoll zu erklären oder schriftlich in beglaubigter Form einzureichen.
2) Die Eintragung und Veröffentlichung, welche durch Anschlag an der Gerichtstafel erfolgen kann, haben zu enthalten: Namen (Firma), Sitz, Zweck der Stiftung, das Datum der Errichtungsurkunde, die Organisation und Vertretung, wobei Namen und Wohnort beziehungsweise Firma und Sitz der Mitglieder des Vorstandes beziehungsweise sonstiger Vertreter anzugeben sind.
3) Die Eintragung und Veröffentlichung kann nötigenfalls auf Grund der Stiftungsurkunde auch auf Anordnung der Regierung als Aufsichtsbehörde, allenfalls von der Registerbehörde von Amtes wegen auf Anzeige der Verlassenschaftsbehörde oder auf Antrag von Bedachten erfolgen.

Art. 557

III. Entstehung

1) Die Stiftung entsteht erst mit der Eintragung ins Oeffentlichkeitsregister als Stiftungsregister.
2) Kirchliche Stiftungen, reine und gemischte Familienstiftungen sowie Stiftungen, deren Genussberechtigte bestimmt oder bestimmbar sind, erlangen ohne Eintragung ins Oeffentlichkeitsregister das Recht der Persönlichkeit.
3) Stiftungen, die ein nach kaufmännischer Art geführtes Gewerbe betreiben, sind zur Eintragung verpflichtet und erlangen erst mit der Eintragung das Recht der Persönlichkeit.
4) Die Eintragung einer durch letztwillige Verfügung errichteten Stiftung hat erst nach dem Tode des Stifters und beim Erbvertrage, wenn dieser es nicht anders bestimmt, eines der Stifter zu erfolgen.

Art. 558

IV. Vermögenszuwendung

1) Ist die Stiftung entstanden, so ist der Stifter oder der Dritte auf Verlangen der Aufsichtsbehörde, des Vertreters des öffentlichen Rechts oder von Interessenten verpflichtet, das in der Stiftungsurkunde zugesicherte Vermögen auf die Stiftung zu übertragen.
2) Rechte, zu deren Uebertragung eine Abtretungserklärung genügt, gehen mit der Entstehung kraft Gesetzes auf die Stiftung über.
3) Wird die Stiftung erst mit dem Tode des Stifters oder nach Beendigung einer Firma oder Verbandsperson wirksam, so gilt sie für die Zuwendungen des Stifters oder Dritter als schon vor dem Tode beziehungsweise Beendigung des Stifters entstanden.
4) Die Widmung eines Vermögens kann insbesondere auch durch Begründung eines Schuldverhältnisses gegenüber dem Stifter oder Dritten, wie namentlich derart erfolgen, dass der Stifter oder ein Dritter sich verfplcihtet, jährlich oder sonst in bestimmten Zeitabschnitten einen festen oder veränderlichen Betrag oder sonst Vermögenswerte zu leisten (Widmung von Renten).
5) Im Zweifel hat die Vermögenslage nach den Vorschriften über treuhandsichere Anlagen zu erfolgen.

Art. 559

V. Widerruf

1) Ein Widerruf der Stiftung ist nur zulässig:
   1. wenn die Stiftung noch nicht ins Oeffentlichkeitsregister eingetragen ist, falls eine Eintragung zum Entstehen erforderlich ist;
   2. falls eine Eintragung der Stiftung nicht erforderlich ist und diese noch zu Lebzeiten des Stifters rechtswirksam werden soll, bis zum Abschluss der Beurkundung;
   3. bei den durch letztwillige Verfügung oder Erbvertrag errichteten Stiftungen nach den hierfür geltenden erbrechtlichen Vorschriften.
2) Bei letztwilligen Verfügungen hat der Stifter selbst ein unbeschränktes Widerrufsrecht, nicht dagegen die Erben nach dessen Tode, auch wenn die Stiftung noch nicht ins Oeffentlichkeitsregister eingetragen ist.
3) Ebenso haben die Erben kein Widerrufsrecht, wenn der Stifter bei der Stiftung unter Lebenden die Urkunde zwar errichtete, jedoch vor der Eintragung der Stiftung ins Oeffentlichkeitsregister gestorben ist.

4) Der nach Inhalt der Stiftungsurkunde ausdrücklich vorbehaltene Widerruf oder die vorbehaltene Abänderung der Urkunde oder des Statuts ist jederzeit zulässig.

Art. 560

VI. Anfechtung

1) Eine Stiftung kann von den Erben oder den Gläubigern gleich einer Schenkung angefochten werden.
2) Der Stifter und seine Erben können die Stiftung gegen Willensmängeln gleich den Vorschriften über Mängel des Vertragsabschlusses auch nach der Eintragung anfechten.

C. Organisation

Art. 561

I. Im Allgemeinen

1) Die Organe der Stiftung, wie Stiftungsvorstand, Revisionsstelle und dergleichen, sowie die Art der Geschäftsführung und Vertretung und dergleichen werden durch die Stiftungsurkunde oder durch ein vom Stifter mittels Urkunde, letztwilliger Verfügung oder Erbvertrages aufgesetztes Stiftungsstatut festgestellt.
2) Die Verleihung des Stiftungsgenusses kann unabhängig von der Stiftungsverwaltung einem besonderen Organe (Kollatoren) übertragen werden.
3) Auf die Befugnisse und Pflichten der in dieser Art bestellten Organe finden die Vorschriften über die bezüglichen Organe bei der Anstalt unter Vorbehalt folgender Bestimmungen entsprechende Anwendung.

Art. 562

II. Anordnung der Aufsichtsbehörde

1) Ist keine Organisation vorgesehen oder die vorgesehene ungenügend, so hat die Aufsichtsbehörde im Verwaltungswege unter entsprechender Berücksichtigung der Vorschriften über die Organisation der Anstalt die nötigen Verfügungen zu treffen und erforderlichernfalls ins Oeffentlichkeitsregister eintragen zu lassen.

2) Können diese nicht zweckdienlich getroffen werden, wie etwa bei zu geringem Vermögen, so hat die Aufsichtsbehörde, sofern der Stifter keine Einspruch erhebt oder nicht eine Bestimmung der Stiftungsurkunde oder des Stiftungsstatuts ausdrücklich entgegensteht, das Vermögen einer anderen Stiftung mit möglichst gleichartigem Zwecke zu treuen Händen zuzuwenden.

Art. 563

D. Haftung und Ausschluss der Vollstreckung usw.

1) Für die Schulden der Stiftung haftet den Gläubigern nur das Stiftungsvermögen.
2) Von der weitergehenden Bestimmung bei Familienstiftungen abgesehen, dürfen Einkünfte, welche jemand aus einer Stiftung unentgeltlich bezieht, auf dem Wege des Sicherungsverfahrens, der Zwangsvollstreckung oder des Konkurses nur insoweit entzogen werden, als sie nicht zur Bestreitung des notwendigen Unterhalts des Bedachten für sich, seinen Ehegatten und seine noch unversorgten Kinder erforderlich sind.
3) Unbekannte Stiftungsgeniesser können bei den der Aufischt unterstehenden Stiftungen durch die Regierung, sonst aber auf Antrag durch den Richter im Aufgebotsverfahren ermittelt werden.

E. Aufsicht

Art. 564

I. Im Allgemeinen

1) Mit Ausnahme der kirchlichen, der reinen und gemischten Familienstiftungen oder solcher Stiftungen, als deren Genussberechtigte bestimmte oder bestimmbare natürliche oder juristische Personen, Firmen oder deren Rechtsnachfolger bezeichnet sind oder die nur Vermögen verwalten und seine Erträgnisse verteilen, Beteiligung oder dergleichen bezwecken, stehen die Stiftungen unter der Aufsicht der Regierung, der die Registerbehörde von jeder eintragungspflichtigen Stiftung Mitteilung zu machen hat.
2) Die Stiftungsurkunde kann auch andere Stiftungen der Aufsicht der Regierung unterstellen.
3) Die Aufsichtsbehörde hat dafür zu sorgen, dass das Stiftungsvermögen seinen Zwecken gemäss verwaltet und verwendet wird; sie kann zu diesem Zwecke

die gebotenen Anordnungen, wie Kontrolle und Abberufung der Stiftungsorgane treffen.

4) Gegen eine dem Stiftungszwecke widersprechende Verwaltung und Verwendung des Vermögens durch die Stiftungsorgane kann jeder, der an einer bestimmungsmässigen Verwaltung und Verwendung des Vermögens, seines Ertrages oder Gebrauchs ein Interesse hat, und der Vertreter des öffentlichen Rechts bei der Aufsichtsbehörde Beschwerde führen.
5) Vor Fällung eines Entscheides der Aufsichtsbehörde oder des Verwaltungsgerichtshofes sind die Beteiligten zu hören.

II. Aenderung

Art. 565

1. Der Organisation

1) Die Regierung darf auf Antrag eines Beteiligten oder von Amtes wegen nach Anhörung des obersten Stiftungsorganes und jener Personen, deren Rechte berührt werden, die Organisation der Stiftung im Verwaltungswege abändern, wenn die Erhaltung des Vermögens oder die Wahrung des Zweckes der Stiftung die Abänderung dringend erheischt und sofern die Stiftungsurkunde oder das Statut nicht ein anderes Organ oder einen Dritten mit der Aenderung der Organisation betraut hat.
2) Als Stiftungsorgan kann von der Aufsichtsbehörde insbesondere die Landesbank bezeichnet werden.
3) Gegen solche Abänderungsanordnungen können die Beteiligten die Verwaltungsbeschwerde an den Verwaltungsgerichtshof ergreifen.

Art. 566

2. Des Zweckes

1) Die Regierung darf auf Antrag von Beteiligten oder von Amtes wegen und nach Anhörung des obersten Stiftungsorganes und jener Personen, deren Rechte berührt werden, den Zweck der Stiftung im Verwaltungswege abändern, wenn ihr ursprünglicher Zweck eine ganz andere Bedeutung oder Wirkung erhalten hat, so dass die Stiftung dem Willen des Stifters offenbar entfremdet ist.
2) Die Stiftungsurkunde oder das Statut können auch vorsehen, dass ein Stiftungsorgan oder ein Dritter die Aenderung des Zweckes vornehmen können,

wie beispielsweise, wenn der Zweck unerreichbar, unerlaubt oder vernunftwidrig ist.

3) Unter gleichen Voraussetzungen können Auflagen oder Bedingungen, die den Stiftungszeck beeinträchtigen, aufgehoben oder abgeändert werden.
4) Der letzte Absatz des vorhergehenden Artikels findet entsprechende Anwendung.

Art. 567

F. Familienstiftung, Kirchliche Stiftung und dergleichen

1) Die dauernde oder zeitweilige richterliche Aufsicht in bezug auf Anordnung und Organisation und des Zweckes über die der Aufsicht nicht unterstehenden Stiftungen, soweit es nicht kirchliche sind, und ihre Umwandlung kann auf Antrag von Beteiligten vom Richter im Rechtsfürsorgeverfahren ausgesprochen und, wenn hinreichende Gründe vorliegen, wieder aufgehoben werden; in diesem Falle kann der Richter gleich der Regierung als Aufsichtsbehörde die entsprechenden Anordnungen treffen.
2) Ueber sonstige Anstände privatrechtlicher Natur, wie über die Frage der Genussberechtigung (Anrecht und Vorrecht), ihren Umfang und dergleichen entscheidet in allen Fällen der Richter im Streitverfahren soweit nicht freies Ermessen der Stiftungsorgane vorgesehen ist.
3) Bei Familienstiftungen kann der Stifter zugleich bestimmen, dass die Gläubiger der bestimmt bezeichneten Drittbedachten (Destinatäre) diesen ihren unentgeltlich erlangten Stiftungsgenuss auf dem Wege des Sicherungsverfahrens, der Zwangsvollstreckung oder Konkurses nicht entziehen dürfen.
4) Es können auch Treuhandzertifikate an die Genussberechtigten ausgegeben werden.

G. Aufhebung

Art. 568

I. Von Gesetzes wegen

Die Aufhebung einer Stiftung erfolgt von Gesetzes wegen, sobald ihr Zweck unerreichbar geworden ist, insbesondere wenn der Stiftungszweck nicht mehr verwirklicht werden kann, wenn sie mangels genügenden Vermögens ihre Aufgaben nicht mehr erfüllen kann oder die in der Stiftungsurkunde oder dem Statut vorgesehene Zeitdauer abgelaufen ist.

Art. 569

II. Klagerecht und Löschung im Register

1) Zur Klage berechtigt ist die Aufsichtsbehörde, der Vertreter des öffentlichen Rechts, sowie jedermann, der ein Interesse hat.
2) Die Aufhebung ist dem Grundbuch- und Oeffentlichkeitsregisteramt von Amtes wegen behufs Löschung anzuzeigen.
3) Die Klage kann vor oder während des Verfahrens bis zum endgültigen Entscheid auf Antrag oder von Amtes wegen im Oeffentlichkeitsregister angemerkt werden und vor dem Entscheide sind die Stiftungsorgane und sonstige Beteiligte anzuhören.

Art. 570

III. Umwandlung

Eine Stiftung kann ohne Liquidation vom Stiftungsrat oder durch einen von ihm ermächtigten Dritten, wenn die Umwandlung ausdrücklich vorbehalten ist und sonst die erfolrderlichen Voraussetzungen, wie Statut oder Organe, geschaffen werden, in eine Anstalt oder ein Treuunternehmen mittels formrichtiger Urkunde umgewandelt werden.

2. Altes Recht, gültig bis zum 1.April 2009 (in Englisch)

Second Section

THE FOUNDATIONS

A. Definition and delimitation

Art. 552

I. In general

1) For a foundation to be formed by natural persons or legal entities or firms, it is necessary for assets to be endowed (foundation property) for a certain specific purpose. Ecclesiastical, family and nonprofit making purposes may be given particular consideration. Commercial activities may be undertaken by a

foundation only provided such activity serves its noncommercial purpose or the type and scope of the participations held require the facilities of a commercial business.

2) Asset donations without legal personality (dependent foundations) or donations tied to the condition of a special administration under a special name and of application for a special purpose and similar conditions to already existing legal entities or natural persons or companies are subject to special regulations such as those applying to gifts or concerning the law of succession and, supplementary, to the regulations concerning the implied trust relationship.
3) The judge shall decide in the individual case the extent to which separately administered assets (fund) shall be entitled to independence according to private law or to the character of trust property.
4) The regulations concerning the trust enterprise with legal personality shall be applied to foundations accordingly, particularly with regard to foundation participants (founder, foundation council, beneficiaries), where and insofar as the following provisions of the foundation articles or the regulations concerning the obligation of trust enterprises to register do not determine to the contrary.

Art. 553

II. Ecclesiastical and family foundations

1) Ecclesiastical foundations within the intendment of this secion are foundations formed for ecclesiastical purposes.
2) A family foundation is a pure family foundation where the foundation assets are continously connected with the purpose of defraying the expences for the upbringing and education, outfitting or support of the relatives of one or several designated families, or with similar purposes.
3) It is a mixed foundation where assets so donated serve ecclesiastical or other purposes outside the family in addition or supplementary.

Art. 554

III. Deposition

To ensure observance of the obligation to register, to prevent foundations with unlawful or inmoral purposes and to avoid circumvention of possible supervision, the foundation deed including all amendments of the foundation's articles and/or certified copy of the testamentary disposition or the deed of inheritance must be deposited by the foundation council or the legal representative and/or the probate court with the Register Office at the time a foundation is formed, insofar as an application for entry does not ensue otherwise.

B. Formation

Art. 555

I. Foundation Deed

1) The formation of a foundation ensues in the form of a deed on which the signatures of the founders are certified, by testamentary disposition or by deed of iheritance.
2) The foundation deed or the articles must contain the name and dimicile of the foundation, its purpose or object, the designation of the foundation council members and the method for appointing another foundation council as well as a provision concerning the application of the assets in the event of the dissolution of the foundation.

Art. 556

II. Entry in the Foundation Register

1) The foundation's application to register in the Foundation Register must be recorded by all the members of the foundation council personally or submitted in writing in certified form, whereby the application must be accompanied by a certified copy of the foundation deed.
2) The entry and publication, which may ensue by announcement on the court notice board, must contain: the name (name of the firm), address and purpose of the foundation, the date of the formation deed, the names and addresses and/or the name and domicile of the firm of the foundation council members and/or of other representatives.
3) If necessary, entry and publication may also be undertaken by order of the Government as supervising authority by virtue of the foundation deed, possibly by the Register Authority es officio upon notification by the Probate Authority or upon petition of the Beneficiaries.

Art. 557

III. Existence

1) The foundation only comes into existence when entered in the Public Register as Foundation Register.
2) Ecclesiastical foundations, pure and mixed family foundations and foundations whose entitled beneficiaries are specifically designated or definable, acquire legal personality without being entered in the Public Register.
3) Foundations which engage in commercial activities are under the obligation to register and acquire legal personality only when entered in the Public Register.
4) The registrationn of a foundation formed by testamentary disposition shall ensue only after the death of the founder, and, in the case of a deed of inheritance, provided that this does not determine otherwise, only after the death of one of the founders.

Art. 558

IV. Donation of assets

1) When the foundation has come into existence, the founder or the third party, upon demand of the Supervising Authority, the representative of public law or of interested parties, is required to transfer to the foundation the assets mentioned in the deed of foundation.
2) Rights, for whose transfer a declaration of assignment is sufficient, devolve by operation of the law upon the foundation on coming into existence.
3) Where the foundation only becomes effective on the death of the founder or after the termination of a firm or legal entity, the said foundation shall be deemed to have been in existence already before the death or termination of the founder for the donations of the founder or third party.
4) The donation of assets may also be effected, in particular, by the establishment of a contractual relationship to the founder or third party according to which the founder or third party undertakes to donate annually or at certain intervals a fixed or variable sum or other assets (donation of periodical payments).
5) In case of doubt, the investment of assets shall ensue pursuant to the regulations concerning trust investments.

Art. 559

V. Revocation

1) Revocation of the foundation is admissible only:
   1. if a foundation has not yet been entered in the Public Register, in as much as existence ensues only in the event of such entry;
   2. in the event that registration of the foundation is not necessary and the foundation should become effective in law during the founder's lifetime, up to the time of conclusion of registration;
   3. in the case of foundations formed by testamentary disposition or deed of inheritance, pursuant to the regulations of the laws of succession applicable to these circumstances.
2) In the case of testamentary dispositions, the founder personally has an unrestricted right of revocation but not, on the other hand, the heirs after the founder's death, not even if the foundation is not yet entered in the Public Register.
3) Likewise, the heirs do not have a right of revocation where in the case of the foundation inter vivos the founder certainly drew up the deed but died before the foundation was entered in the Public Register.
4) Revocation expressly reserved in the foundation deed or the reserved amendment of the deed or of the articles is admissible at any time.

Art. 560

VI. Contestation

1) The validity of a foundation may be disputed by the heirs or the creditors in the same way as gift.
2) Also after it has been registered, the founder and his heirs may dispute the validity of the foundation on grounds of deficiency of intention in the manner admissible puruant to the provisions of contract law.

C. Governing Bodies

Art. 561

I. In general

1) The foundation's governing bodies, such as the foundation council, the audit authority and similar bodies, as well as the type of administration and repre-

sentation, etc., are determined in the deed of foundation or in the foundation's articles, drawn up by the founder in a document, a will or a deed of inheritance.
2) The conferment of beneficial interest in the foundation may be entrusted to a special body (collators), independently of the foundation council.
3) The regulations concerning the governing bodies in question in the case of establishments shall be applied accordingly to the powers and duties of the bodies appointed in this amnner, with reservation of the following provisions.

Art. 562

II. Order of the Supervisory Authority

1) Where no governing bodies have been provided for or where those provided are inadequate, the Supervisory Authority shall take the necessary steps with appropriate observance of the regulations concerning the establishment's governing bodies, and, if required, the Supervisory Authority shall arrange for an entry in the Public Register.
2) In the envent that such steps cannot be taken expediently, if, for instance, there are inadequate assets, the Supervisory Authority, provided the founder does not object or a provision of the foundation deed or the foundation articles is not expressly opposed to this, shall donate the assets on trust to another foundation having as fas as possible the same kind of purpose.

Art. 563

D. Liability and exclusion of enforcement etc.

1) Only the foundation's assets shall be liable for the foundation's debts to the creditors.
2) Except for the extensive provisions in the case of family foundations, income which a person receives from a foundation without valuable consideration may be withdrawn by injunction, levy of execution and writ or bankruptcy proceedings only, when said income is not required for the defrayal of the essential living expenses of the beneficiary, his spouse and his children without means.
3) In the case of foundations subject to supervision, unknown beneficiaries of the foundation may be traced by the Government or, otherwise, upon application by the judge in public citation proceedings.

E. Supervision

Art. 564

I. In general

1) With exception of ecclesiastical foundations, pure and mixed family foundations or such foundations as those whose entitled beneficiaries are specifically designated or definable natural persons or legal entities, firms or their successors in title, or those foundations whose purpose is solely to administer the assets and distribute the income, participation or similar, the foundations are subject to supervision by the Government, which shall be notified by the Register Authority of every foundation under obligation to register.
2) The foundation deed may also subject other foundation to Government supervision.
3) It shall be incumbent upon the Supervising Authority to ensure that the foundation assets are administered and applied pursuant to their purposes; this Supervising Authority may give the necessary orders regarding, for example, auditing and the dismissal of the foundations' governing bodies.
4) Any person who has an interest in the administration and application of the assets, their yield or use and the representative of public law may lodge a complaint with the Supervisory Authority concerning an administration and application of the assets by the foundations' bodies, which is in conflict with the purpose of the foundation.
5) The participants shall be heard before a decision is pronounced by the Yupervising Authority of the Administrative Court of Justice.

II. Amendment

Art. 565

1. Concerning governing bodies

1) After hearing the foundation's supreme authority and those persons, whose rights are affected, the Government, upon application of one of the participants or ex officio, may change the foundation's organization by administrative action, if this is required urgently, in order to preserve the assets or safeguard the foundation's purpose and insofar as the foundation deed or the articles has/have not entrusted another body or a third party with the changing of the organization.

2) The Landesbank in particular may be designated as foundation governing body by the Supervisory Authority.
3) In opposition to such amendment orders, the participants may lodge an appeal with the Administrative court.

Art. 566

2. Concerning the purpose

1) After hearing the foundation's supreme body and those persons whose rights are affected, the Government, upon application by participants or ex officio, may amend the foundation deed by administrative action, if its original purpose has acquired a completely different meaning or effect and as a result of this the foundation is obviously estranged from the intentions of the founder.
2) The foundation deed or the articles may also provide for a foundation governing body or a third party to be empowered to effect amendment of the purpose if it is incapable of achievement, inadmissible or unreasonable.
3) Charges and conditions which impair the foundation's purpose may be cancelled or amended under the same preconditions.
4) The last paragraph of the preceding article shall be applied accordingly.

Art. 567

F. Family foundations, ecclesiastical foundations and similar

1) Permanent or temporary judicial supervision with respect to the regulation of the governing bodies and the purpose of foundations not subject to supervision, insofar as acclesiastical foundations are not concerned, and their conversion may, upon application of participants, be pronounced by the judge in extrajudicial proceedings and, if adequate reason exists, be cancelled again; in this case, the judge, like the Government as Supervising Authority, may give the necessary instructions.
2) If provision hat not been made for the absolute discretion of the foundation's governing bodies, the judge shall in all cases decide in contentious proceedings concerning other difficulties of a private law nature, such as, for example, the question of beneficial interest (entitlement or privilege), its scope and so forth.
3) In the case of family foundations, the founder may determine at the same time that the creditors of the specifically designated thirdparty beneficiaries shall not withdraw from these their beneficial interest, acquired without valuable

consideration by way of injunction, levy of execution and writ or bankruptcy proceedings.
4) Trust certificates may also be issued to the entitled beneficiaries.

G. Cancellation

Art. 568

I. By operation of law

The cancellation of a foundation ensues by operation of the law as soon as the purpose cannot be achieved, particularly when the foundation purpose can no longer be realized, when, owing to lack of adequate assets, the duties of the foundation can no longer be fulfilled or the duration specified in the foundation deed has expired.

Art. 569

II. Right of action and deregistration

1) The Supervising Authority, the Representative of Public Law and any interested party is entitled to take action.
2) The cancellation shall be reported to the Registrar ex officio in order that the cancellation may ensue.
3) The action may be annotated in the Public Regester before or during the proceedings, up to the time of final decision, upon application or ex officio, whereby the governing bodies of the foundation and other participants shall be heard before the decision is made.

Art. 570

III. Conversion

Where conversion is expressly provided for and also the necessary prerequisites, such as articles or governing bodies are provided, the foundation, without being wound up, may be converted by the foundation council into an establishment or a trust enterprise by means of a document which must be correct with respect to the form.

3. Neues Recht, gültig ab dem 1.April 2009 (Originaltext)

216.0 (Systematische Sammlung)

Liechtensteinisches Landesgesetzblatt Jahrgang 2008 Nr. 220 ausgegeben am 26. August 2008 Gesetz vom 26. Juni 2008 über die Abänderung des Personen- und Gesellschaftsrechts

Dem nachstehenden vom Landtag gefassten Beschluss erteile Ich Meine Zustimmung:

I. Abänderung bisherigen Rechts

Das Personen-und Gesellschaftsrecht vom 20. Januar 1926, LGBl. 1926 Nr. 4, in der geltenden Fassung, wird wie folgt abgeändert:

Art. 106 Abs. 2 Ziff. 3

Aufgehoben

Art. 107 Abs. 4a

Wo das Gesetz von gemeinnützigen oder wohltätigen Zwecken spricht, sind darunter solche Zwecke zu verstehen, durch deren Erfüllung die Allgemeinheit gefördert wird. Eine Förderung der Allgemeinheit liegt insbesondere vor, wenn die Tätigkeit dem Gemeinwohl auf karitativem, religiösem, humanitärem, wissenschaftlichem, kulturellem, sittlichem, sozialem, sportlichem oder ökologischem Gebiet nützt, auch wenn durch die Tätigkeit nur ein bestimmter Personenkreis gefördert wird.

Art. 182 Abs. 2

Sie hat das Unternehmen der Verbandsperson mit Sorgfalt zu leiten und zu fördern und haftet für die Beobachtung der Grundsätze einer sorgfältigen Geschäftsführung und Vertretung. Ein Mitglied der Verwaltung handelt im Einklang mit diesen Grundsätzen, wenn es sich bei seiner unternehmerischen Entscheidung nicht von sachfremden Interessen leiten liess und vernünftigerweise annehmen durfte, auf der Grundlage angemessener Information zum Wohle der Verbandsperson zu handeln.

Art. 259 Abs. 2

Aufgehoben

Überschrift vor Art. 552

2. Abschnitt

Die Stiftungen

Art. 552

Für die Stiftung gelten nachfolgende Vorschriften:

A. Im Allgemeinen

I. Begriff und Zweck

§ 1

1. Umschreibung und Abgrenzung

1) Eine Stiftung im Sinne dieses Abschnittes ist ein rechtlich und wirtschaftlich verselbständigtes Zweckvermögen, welches als Verbandsperson (juristische Person) durch die einseitige Willenserklärung des Stifters errichtet wird. Der Stifter widmet das bestimmt bezeichnete Stiftungsvermögen und legt den unmittelbar nach aussen gerichteten, bestimmt bezeichneten Stiftungszweck sowie Begünstigte fest.
2) Eine Stiftung darf ein nach kaufmännischer Art geführtes Gewerbe nur dann ausüben, wenn es der Erreichung ihres gemeinnützigen Zwecks unmittelbar dient oder aufgrund einer spezialgesetzlichen Grundlage zulässig ist. Soweit es die ordnungsgemässe Anlage und Verwaltung des Stiftungsvermögens erfordert, ist die Einrichtung eines kaufmännischen Betriebes auch bei privatnützigen Stiftungen zulässig.
3) Liegt kein Fall des Abs. 2 Satz 1 vor, so darf die Stiftung auch nicht unbeschränkt haftende Gesellschafterin einer personenrechtlichen Gemeinschaft sein, die ein nach kaufmännischer Art geführtes Gewerbe betreibt.

§ 2

2. Stiftungszwecke

1) Als Stiftungszwecke kommen gemeinnützige oder privatnützige Zwecke in Betracht.
2) Eine gemeinnützige Stiftung im Sinne dieses Abschnitts ist eine solche, deren Tätigkeit nach der Stiftungserklärung ganz oder überwiegend gemeinnützigen Zwecken nach Art. 107 Abs. 4a zu dienen bestimmt ist, wenn es sich nicht um eine Familienstiftung handelt.
3) Eine privatnützige Stiftung im Sinne dieses Abschnitts ist eine solche, die nach der Stiftungserklärung ganz oder überwiegend privaten oder eigennützigen Zwecken zu dienen bestimmt ist. Das Überwiegen ist nach dem Verhältnis der den privatnützigen Zwecken zu den den gemeinnützigen Zwecken dienenden Leistungen zu beurteilen. Steht nicht fest, dass die Stiftung in einem bestimmten Zeitpunkt ganz oder überwiegend privatnützigen Zwecken zu dienen bestimmt ist, so ist sie als gemeinnützige Stiftung anzusehen.
4) Als privatnützige Stiftungen kommen insbesondere in Betracht:
   1. reine Familienstiftungen; dies sind Stiftungen, deren Stiftungsvermögen ausschliesslich der Bestreitung der Kosten der Erziehung oder Bildung, der Ausstattung oder Unterstützung von Angehörigen einer oder mehrerer Familien oder ähnlichen Familieninteressen dienen;
   2. gemischte Familienstiftungen; dies sind Stiftungen, die überwiegend den Zweck einer reinen Familienstiftung verfolgen, ergänzend hierzu aber auch gemeinnützigen oder anderen privatnützigen Zwecken dienen.

II. Stiftungsbeteiligte

§ 3

1. Begriff

Als Beteiligte der Stiftung gelten:
1. der Stifter;
2. die Begünstigungsberechtigten;
3. die Anwartschaftsberechtigten;
4. die Ermessensbegünstigten;
5. die Letztbegünstigten;
6. die Organe der Stiftung gemäss den §§ 11, 24, 27 und 28 sowie die Mitglieder dieser Organe.

§ 4

2. Stifter

1) Stifter können eine oder mehrere natürliche oder juristische Personen sein. Eine durch letztwillige Verfügung errichtete Stiftung kann nur einen Stifter haben.
2) Hat eine Stiftung mehrere Stifter, so können die dem Stifter zustehenden oder vorbehaltenen Rechte nur von allen Stiftern gemeinsam ausgeübt werden, es sei denn, die Stiftungserklärung sieht etwas anderes vor. Fällt einer der Stifter weg, so erlöschen im Zweifel die vorgenannten Rechte.
3) Wird die Stiftung durch einen indirekten Stellvertreter errichtet, so gilt der Geschäftsherr (Machtgeber) als Stifter. Handelt auch dieser als indirekter Stellvertreter für einen Dritten, so gilt dessen Geschäftsherr (Machtgeber) als Stifter. In jedem Fall ist der indirekte Stellvertreter verpflichtet, dem Stiftungsrat die Person des Stifters bekannt zu geben.

§ 5

3. Begünstigter

1) Als Begünstigter gilt diejenige natürliche oder juristische Person, die mit oder ohne Gegenleistung tatsächlich, unbedingt oder unter bestimmten Voraussetzungen oder Auflagen, befristet oder unbefristet, beschränkt oder unbeschränkt, widerruflich oder unwiderruflich, zu irgendeinem Zeitpunkt während des Rechtsbestands der Stiftung oder bei ihrer Beendigung in den Genuss eines wirtschaftlichen Vorteils aus der Stiftung (Begünstigung) kommt oder kommen kann.
2) Begünstigte im Sinne von Abs. 1 sind:
   1. die Begünstigungsberechtigten (§ 6 Abs. 1);
   2. die Anwartschaftsberechtigten (§ 6 Abs. 2);
   3. die Ermessensbegünstigten (§ 7); und
   4. die Letztbegünstigten (§ 8).

§ 6

4. Begünstigte mit Rechtsanspruch

1) Begünstigungsberechtigt ist derjenige, der einen sich auf die Stiftungsurkunde, die Stiftungszusatzurkunde oder Reglemente gründenden rechtlichen An-

spruch auf einen auch der Höhe nach bestimmten oder bestimmbaren Vorteil aus dem Stiftungsvermögen oder den Stiftungserträgnissen hat.

2) Anwartschaftsberechtigt ist derjenige, der nach Eintritt einer aufschiebenden Bedingung oder bei Erreichung eines Termins, insbesondere nach dem Wegfall eines im Rang vorgehenden Begünstigten, einen rechtlichen Anspruch hat, aufgrund der Stiftungsurkunde, der Stiftungszusatzurkunde oder eines Reglements eine Begünstigungsberechtigung zu erlangen.

§ 7

5. Ermessensbegünstigter (Begünstigter ohne Rechtsanspruch)

1) Ermessensbegünstigt ist derjenige, der dem durch den Stifter benannten Begünstigtenkreis angehört und dessen mögliche Begünstigung in das Ermessen des Stiftungsrats oder einer anderen dazu berufenen Stelle gestellt ist. Wer nur eine Anwartschaft auf eine solche künftige Begünstigung hat, zählt nicht zu den Ermessensbegünstigten.
2) Ein rechtlicher Anspruch des Ermessensbegünstigten auf einen bestimmten Vorteil aus dem Stiftungsvermögen oder den Stiftungserträgnissen entsteht in jedem Fall erst mit gültiger Beschlussfassung des Stiftungsrats oder des sonst dafür zuständigen Organs (§ 28) über eine tatsächliche Ausschüttung an den entsprechenden Ermessensbegünstigten und erlischt mit Empfang derselben.

§ 8

6. Letztbegünstigter

1) Letztbegünstigt ist derjenige, dem gemäss Stiftungsurkunde oder Stiftungszusatzurkunde ein nach Durchführung der Liquidation der Stiftung verbleibendes Vermögen zukommen soll.
2) Mangels Bestimmung eines Letztbegünstigten oder Vorhandensein des Letztbegünstigten fällt das nach Durchführung der Liquidation verbleibende Vermögen an das Land.
3) Mangels einer Bestimmung über die Vermögensverwendung im Falle eines Widerrufs gemäss § 30 Abs. 1 gilt der Stifter selbst als Letztbegünstigter, unabhängig davon, ob er vorgängig eine Begünstigtenstellung innehatte.

III. Informations- und Auskunftsrechte der Begünstigten

§ 9

1. Im Allgemeinen

1) Der Begünstigte hat, soweit es seine Rechte betrifft, Anspruch auf Einsichtnahme in die Stiftungsurkunde, die Stiftungszusatzurkunde und allfällige Reglemente.
2) Er hat ferner, soweit es seine Rechte betrifft, Anspruch auf Auskunftserteilung, Berichterstattung und Rechnungslegung. Zu diesem Zweck hat er das Recht, Einsicht in alle Geschäftsbücher und Papiere zu nehmen und Abschriften herzustellen sowie alle Tatsachen und Verhältnisse, insbesondere das Rechnungswesen, persönlich oder durch einen Vertreter zu prüfen und zu untersuchen. Das Recht darf jedoch nicht in unlauterer Absicht, in missbräuchlicher oder nicht in einer den Interessen der Stiftung oder anderer Begünstigten widerstreitenden Weise ausgeübt werden. Ausnahmsweise kann das Recht auch aus wichtigen Gründen zum Schutz des Begünstigten verweigert werden.
3) Dem Letztbegünstigten stehen diese Rechte erst nach der Auflösung der Stiftung zu.
4) Die Rechte des Begünstigten sind im Rechtsfürsorgeverfahren geltend zu machen.
5) Vorbehalten bleiben die Ausnahmen gemäss §§ 10 bis 12.

§ 10

2. Bei Widerrufsrecht des Stifters

1) Hat sich der Stifter in der Stiftungserklärung das Recht vorbehalten, die Stiftung zu widerrufen (§ 30), und ist er selbst Letztbegünstigter, so stehen dem Begünstigten die Rechte gemäss § 9 nicht zu.
2) Wurde die Stiftung von mehreren Stiftern errichtet, so können diese Rechte von jedem einzelnen Stifter, der sich das Widerrufsrecht vorbehalten hat, ausgeübt werden.

§ 11

3. Bei Einrichtung eines Kontrollorgans

1) Hat der Stifter in der Stiftungserklärung ein Kontrollorgan für die Stiftung eingerichtet, so kann der Begünstigte nur über Zweck und Organisation der Stiftung sowie über seine eigenen Rechte gegenüber der Stiftung Auskunft verlangen und deren Richtigkeit durch Einsichtnahme in die Stiftungsurkunde, die Stiftungszusatzurkunde und die Reglemente überprüfen.
2) Als Kontrollorgan kann eingerichtet werden:
   1. eine Revisionsstelle, auf die § 27 sinngemäss anzuwenden ist;
   2. eine oder mehrere vom Stifter namentlich genannte natürliche Personen, welche über ausreichende Fachkenntnisse auf dem Gebiet des Rechts und der Wirtschaft verfügen, um ihre Aufgaben erfüllen zu können; oder
   3. der Stifter.
3) Das Kontrollorgan muss von der Stiftung unabhängig sein. § 27 Abs. 2 gilt sinngemäss.
4) Das Kontrollorgan ist verpflichtet, einmal jährlich zu überprüfen, ob das Stiftungsvermögen seinen Zwecken gemäss verwaltet und verwendet wird. Über das Ergebnis dieser Prüfung hat es dem Stiftungsrat einen Bericht vorzulegen. Besteht kein Grund zur Beanstandung, so genügt eine Bestätigung, wonach eine Verwaltung und Verwendung des Stiftungsvermögens entsprechend dem Stiftungszweck und im Einklang mit den Bestimmungen des Gesetzes und der Stiftungsdokumente durchgeführt wurde. Ist dies nicht der Fall oder stellt das Kontrollorgan bei Wahrnehmung seiner Aufgaben Tatsachen fest, die den Bestand der Stiftung gefährden, so hat es den Begünstigten, soweit diese ihm bekannt sind, und dem Gericht Mitteilung zu machen. Das Gericht geht erforderlichenfalls gemäss § 35 vor.
5) Ist ein Kontrollorgan eingerichtet, so kann der Begünstigte von der Stiftung und von dem Kontrollorgan die Übermittlung der Berichte gemäss Abs. 4 verlangen.
6) Macht der Begünstigte seine Rechte gemäss § 9 geltend, so obliegt der Stiftung der Beweis, dass ein Kontrollorgan vorhanden ist, das den Anforderungen nach Abs. 2 iVm Abs. 3 entspricht.

§ 12

4. Bei beaufsichtigten Stiftungen

Die Rechte gemäss § 9 stehen dem Begünstigten nicht zu, wenn die Stiftung unter der Aufsicht der Stiftungsaufsichtsbehörde (§ 29) steht.

§ 13

IV. Stiftungsvermögen

1) Das Mindestkapital der Stiftung beträgt 30 000 Franken. Es kann auch durch Euro oder US-Dollar aufgebracht werden und beträgt dann 30 000 Euro oder 30 000 US-Dollar.
2) Erfolgt eine weitere Vermögenszuwendung an die Stiftung nach ihrer rechtsgültigen Entstehung durch den Stifter, handelt es sich um eine Nachstiftung.
3) Erfolgt eine Vermögenszuwendung an die Stiftung durch einen Dritten, handelt es sich um eine Zustiftung. Der Zustifter erlangt dadurch nicht die Stellung eines Stifters.
4) Wird die Stiftung erst mit dem Ableben des Stifters oder nach Beendigung einer Verbandsperson wirksam, so gilt sie für die Zuwendungen des Stifters als schon vor dessen Tod bzw. deren Beendigung entstanden.

B. Errichtung und Entstehung

I. Im Allgemeinen

§ 14

1. Stiftung unter Lebenden

1) Die Errichtung der Stiftung erfolgt durch eine Stiftungserklärung. Sie bedarf der Schriftform und der Beglaubigung der Unterschriften der Stifter.
2) Im Falle einer direkten Stellvertretung oder einer indirekten Stellvertretung gemäss § 4 Abs. 3 ist auf der Stiftungsurkunde die Unterschrift des Stellvertreters zu beglaubigen.
3) Bei direkter Stellvertretung bedarf der Vertreter einer besonderen auf dieses Geschäft lautenden Vollmacht des Stifters.
4) Gemeinnützige Stiftungen und privatnützige Stiftungen, die auf spezialgesetzlicher Grundlage ein nach kaufmännischer Art geführtes Gewerbe betrei-

ben, sind in das Öffentlichkeitsregister einzutragen und erlangen durch die Eintragung das Recht der Persönlichkeit.

5) Andere privatnützige Stiftungen können in das Öffentlichkeitsregister eingetragen werden. Eine Rechtspflicht besteht jedoch nicht.

§ 15

2. Stiftung von Todes wegen

1) Die Stiftung kann auch durch letztwillige Verfügung oder durch Erbvertrag entsprechend den hierfür geltenden Formvorschriften errichtet werden.
2) Die Eintragung oder die Hinterlegung einer Gründungsanzeige einer durch letztwillige Verfügung errichteten Stiftung kann erst nach dem Tode des Stifters und beim Erbvertrag, wenn dieser es nicht anders bestimmt, eines der Stifter erfolgen.
3) § 14 Abs. 4 und 5 finden entsprechende Anwendung.

II. Stiftungsdokumente

§ 16

1. Stiftungsurkunde (Statut)

1) Die Stiftungsurkunde hat jedenfalls zu enthalten:
   1. den Willen des Stifters, die Stiftung errichten zu wollen;
   2. Name bzw. Firma und Sitz der Stiftung;
   3. die Widmung eines bestimmten Vermögens, das zumindest dem gesetzlichen Mindestkapital entsprechen muss;
   4. Zweck der Stiftung, einschliesslich der Bezeichnung der konkreten oder nach objektiven Merkmalen individualisierbaren Begünstigten oder des Begünstigtenkreises, sofern es sich nicht um eine gemeinnützige Stiftung handelt oder die Begünstigten sich sonst aus dem Stiftungszweck ergeben oder sofern nicht stattdessen ausdrücklich auf eine Stiftungszusatzurkunde verwiesen wird, welche dies regelt;
   5. Datum der Errichtung der Stiftung;
   6. Dauer der Stiftung, falls diese begrenzt ist;
   7. Regelungen über die Bestellung, Abberufung, Funktionsdauer sowie Art der Geschäftsführung (Beschlussfassung) und Vertretungsbefugnis (Zeichnungsrecht) des Stiftungsrats;

8. eine Bestimmung über die Verwendung des Vermögens im Falle der Auflösung der Stiftung in sinngemässer Anwendung von Ziff. 4;
9. den Namen, Vornamen und Wohnsitz bzw. Firma und Sitz des Stifters bzw. bei indirekter Stellvertretung (§ 4 Abs. 3) den Namen, Vornamen und Wohnsitz bzw. Firma und Sitz des Stellvertreters. Auf das Tätigwerden als indirekter Stellvertreter ist dabei ausdrücklich hinzuweisen.

2) Sofern nachstehende Inhalte geregelt werden, sind diese ebenfalls in die Stiftungsurkunde aufzunehmen:
1. der Hinweis, dass eine Stiftungszusatzurkunde errichtet ist oder errichtet werden kann;
2. der Hinweis, dass Reglemente erlassen sind oder erlassen werden können;
3. der Hinweis, dass andere Organe errichtet sind oder errichtet werden können; nähere Angaben über die Zusammensetzung, Bestellung, Abberufung, Funktionsdauer sowie Aufgaben können in der Stiftungszusatzurkunde oder in Reglementen gemacht werden;
4. der Vorbehalt des Widerrufs der Stiftung oder zur Änderung der Stiftungsdokumente durch den Stifter;
5. der Vorbehalt der Änderung der Stiftungsurkunde oder Stiftungszusatzurkunde durch den Stiftungsrat oder durch ein anderes Organ gemäss §§ 31 bis 34;
6. der Ausschluss der Vollstreckung gemäss § 36 Abs. 1;
7. der Vorbehalt der Umwandlung (§ 41);
8. die Bestimmung, dass die Stiftung, obwohl sie privatnützig ist, der Aufsicht untersteht (§ 29 Abs. 1 Satz 2).

3) Als wesentlich im Sinne des Vernichtbarkeitsverfahrens gelten die Bestimmungen nach Abs. 1 Ziff. 1, 3 und 4.

§ 17

2. Stiftungszusatzurkunde (Beistatut)

Der Stifter kann eine Stiftungszusatzurkunde errichten, wenn er sich dies vorbehalten hat (§ 16 Abs. 2 Ziff. 1). Sie kann solche Bestandteile der Stiftungserklärung enthalten, die nicht in die Stiftungsurkunde aufgenommen werden müssen.

§ 18

3. Reglemente

Zur weiteren Ausführung der Stiftungsurkunde oder der Stiftungszusatzurkunde kann der Stifter, der Stiftungsrat oder ein anderes Stiftungsorgan interne Anordnungen in Form von Reglementen erlassen, wenn dies in der Stiftungsurkunde vorbehalten wurde (§ 16 Abs. 2 Ziff. 2). Vom Stifter erlassene Reglemente gehen jenen des Stiftungsrats oder eines anderen Stiftungsorgans vor.

III. Eintragung ins Öffentlichkeitsregister

§ 19

1) Unterliegt die Stiftung der Eintragungspflicht, so ist jedes Mitglied des Stiftungsrats unabhängig von seiner Vertretungsbefugnis verpflichtet, die Stiftung zur Eintragung ins Öffentlichkeitsregister anzumelden. Die Anmeldung ist unter Beilage des Originals oder einer beglaubigten Abschrift der Stiftungsurkunde schriftlich einzureichen. Der Stiftungsrat hat zu bestätigen, dass sich das gesetzliche Mindestkapital in der freien Verfügung der Stiftung befindet. Die Befugnis zur Anmeldung steht auch dem Repräsentanten zu.
2) Erfolgt die Eintragung ohne Bestehen einer Eintragungspflicht (§ 14 Abs. 5), so muss der Stiftungsrat überdies bestätigen, dass die Bezeichnung der konkreten oder nach objektiven Merkmalen individualisierbaren Begünstigten oder des Begünstigtenkreises durch den Stifter erfolgt ist, sofern sich dies nicht aus dem angezeigten Stiftungszweck ergibt.
3) Die Eintragung hat folgende Angaben zu enthalten:
   1. Name bzw. Firma der Stiftung;
   2. Sitz der Stiftung;
   3. Zweck der Stiftung;
   4. Datum der Errichtung der Stiftung;
   5. Dauer der Stiftung, falls diese begrenzt ist;
   6. Organisation und Vertretung, wobei Name, Vorname, Geburtsdatum, Staatsbürgerschaft und Wohnsitz oder Kanzleisitz bzw. Firma und Sitz der Mitglieder des Stiftungsrats sowie die Art der Zeichnung anzugeben sind;
   7. Name, Vorname, Geburtsdatum, Staatsbürgerschaft und Wohnsitz oder Kanzleisitz bzw. Firma und Sitz der Revisionsstelle;
   8. Name, Vorname, Geburtsdatum, Staatsbürgerschaft und Wohnsitz oder Kanzleisitz bzw. Firma und Sitz des Repräsentanten.
4) Die Eintragung kann nötigenfalls auf Grund der Stiftungsurkunde auch auf Anordnung des Richters im Rechtsfürsorgeverfahren erfolgen:
   a) auf Antrag von Stiftungsbeteiligten;
   b) auf Anzeige des Grundbuch- und Öffentlichkeitsregisteramts oder der Verlassenschaftsbehörde; oder
   c) von Amts wegen.

5) Ändert sich der Zweck einer nicht in das Öffentlichkeitsregister eingetragenen Stiftung in der Weise, dass eine Eintragungspflicht entsteht, so sind die Mitglieder des Stiftungsrats verpflichtet, die Stiftunginnerhalb von 30 Tagen zur Eintragung ins Öffentlichkeitsregister nach Abs. 1 und 3 anzumelden. Abs. 4 findet sinngemäss Anwendung.
6) Die Bekanntmachung der Eintragung erfolgt im Sinne von Art. 957 Abs. 1 Ziff. 1.

IV. Gründungsanzeige

1. Hinterlegung der Gründungsanzeige

§ 20

1) Unterliegt die Stiftung keiner Eintragungspflicht, so ist zur Überwachung der Eintragungspflicht und Verhütung von Stiftungen mit gesetz- oder sittenwidrigem Zweck sowie zur Vermeidung von Umgehungen einer allfälligen Aufsicht jedes Mitglied des Stiftungsrats verpflichtet, innerhalb von 30 Tagen ab Errichtung eine Gründungsanzeige beim Grundbuch- und Öffentlichkeitsregisteramt zu hinterlegen. Die Befugnis zur Hinterlegung steht auch dem Repräsentanten zu. Ein in Liechtenstein zugelassener Rechtsanwalt, Treuhänder oder Träger einer Berechtigung nach Art. 180a hat die Richtigkeit der Angaben gemäss Abs. 2 schriftlich zu bestätigen.
2) Die Gründungsanzeige hat folgende Angaben zu enthalten:
   1. Name der Stiftung;
   2. Sitz der Stiftung;
   3. Zweck der Stiftung;
   4. Datum der Errichtung der Stiftung;
   5. Dauer der Stiftung, falls diese begrenzt ist;
   6. Name, Vorname, Geburtsdatum, Staatsbürgerschaft und Wohnsitz oder Kanzleisitz bzw. Firma und Sitz der Mitglieder des Stiftungsrats sowie die Art der Zeichnung;
   7. Name, Vorname, Geburtsdatum, Staatsbürgerschaft und Wohnsitz oder Kanzleisitz bzw. Firma und Sitz des gesetzlichen Repräsentanten;
   8. die Bestätigung, dass die Bezeichnung der konkreten oder nach objektiven Merkmalen individualisierbaren Begünstigten oder des Begünstigtenkreises durch den Stifter erfolgt ist, sofern sich dies nicht aus dem angezeigten Stiftungszweck ergibt;
   9. die Bestätigung, dass die Stiftung nicht ganz oder überwiegend gemeinnützigen Zwecken zu dienen bestimmt ist;

10. die Angabe, ob die Stiftung gemäss einer Bestimmung der Stiftungsurkunde der Aufsicht unterstellt ist; sowie
11. die Bestätigung, dass sich das gesetzliche Mindestkapital in der freien Verfügung der Stiftung befindet.

3) Bei jeder Änderung einer in der Gründungsanzeige enthaltenen Tatsache sowie bei Vorliegen eines Auflösungsgrundes gemäss § 39 Abs. 1, sind die Mitglieder des Stiftungsrats verpflichtet, innerhalb von 30 Tagen eine Änderungsanzeige beim Grundbuch- und Öffentlichkeitsregisteramt zu hinterlegen. Die Befugnis zur Hinterlegung steht auch dem Repräsentanten zu. Ein in Liechtenstein zugelassener Rechtsanwalt, Treuhänder oder Träger einer Berechtigung nach Art. 180a hat die Richtigkeit derAngaben in der Änderungsanzeige schriftlich zu bestätigen.
4) Das Grundbuch- und Öffentlichkeitsregisteramt stellt auf Antrag der Stiftung nach jeder gesetzmässig ausgeführten Anzeige eine Amtsbestätigung über die Hinterlegung der Gründungsanzeige aus. Es stellt keine Amtsbestätigung aus, wenn:
   1. der angezeigte Zweck gesetz- oder sittenwidrig ist; oder
   2. sich aus der Anzeige eine Eintragungspflicht für die Stiftung ergibt.

2. Prüfbefugnis und Massnahmen

§ 21

1) Das Grundbuch- und Öffentlichkeitsregisteramt ist als Stiftungsaufsichtsbehörde berechtigt, die Richtigkeit der hinterlegten Gründungs- und Änderungsanzeigen zu überprüfen. Zu diesem Zweck kann es von der Stiftung Auskünfte verlangen und im Wege des Kontrollorgans oder, wenn ein solches nicht eingerichtet ist, im Wege eines beauftragten Dritten in die Stiftungsdokumente Einsicht nehmen, soweit dies zur Überprüfung erforderlich ist.
2) Kopien und Abschriften dürfen nur erstellt werden, wenn die Überprüfung Anhaltspunkte dafür gibt, dass die Gründungs- oder Änderungsanzeige unrichtig ist.
3) Ergibt die Überprüfung, dass die Stiftung einen gesetz- oder sittenwidrigen Zweck verfolgt, ist sie unter Anwendung der allgemeinen Vorschriften über die Verbandspersonen aufzulösen. Die Bestimmungen über die Änderung des Zwecks, der nachträglich unerlaubt geworden ist, bleiben vorbehalten (§§ 31 und 33). Stellt sich heraus, dass die Stiftung einer Eintragungspflicht unterliegt, so ist die Eintragung vom Grundbuch- und Öffentlichkeitsregisteramt unter Anwendung von § 19 Abs. 4vorzunehmen. Ergibt die Überprüfung, dass

die Stiftung der Aufsicht gemäss § 29 unterliegt, hat die Stiftungsaufsichtsbehörde erforderlichenfalls die entsprechenden Massnahmen zu treffen.

4) Erlangen Gerichte, die Staatsanwaltschaft oder eine Verwaltungsbehörde Kenntnis davon, dass die Abgabe der Gründungs- oder Änderungsanzeige unterblieben oder die abgegebene Gründungs- oder Änderungsanzeige inhaltlich unrichtig ist, so ist ein Bericht zu erstellen und der Stiftungsaufsichtsbehörde zu übermitteln.

5) Die Regierung kann mit Verordnung nähere Bestimmungen über die Ausübung der Prüfbefugnis sowie die Festsetzung und Erhebung von Gebühren durch die Stiftungsaufsichtsbehörde erlassen.

C. Widerruf der Stiftungserklärung

§ 22

I. Durch den Stifter

Ein Widerruf der Stiftungserklärung ist nur zulässig:

1. wenn die Stiftung noch nicht ins Öffentlichkeitsregister eingetragen ist, falls die Eintragung zur Entstehung erforderlich ist;
2. falls eine Eintragung der Stiftung nicht erforderlich ist und diese noch zu Lebzeiten des Stifters rechtswirksam werden soll, bis zur Beglaubigung seiner Unterschrift in der Stiftungsurkunde;
3. bei den durch letztwillige Verfügung oder Erbvertrag errichteten Stiftungen nach den hierfür geltenden erbrechtlichen Vorschriften.

§ 23

II. Ausschluss der Erben

1) Bei den durch letztwillige Verfügung oder Erbvertrag errichteten Stiftungen kommt den Erben nach dem Tod des Erblassers und Stifters selbst dann kein Recht zum Widerruf der Stiftungserklärung zu, wenn die Stiftung noch nicht ins Öffentlichkeitsregister eingetragen ist.

2) Ebenso haben die Erben kein Recht zum Widerruf, wenn der Stifter bei der Stiftung unter Lebenden die Stiftungsurkunde zwar errichtete, jedoch vor der Eintragung ins Öffentlichkeitsregister verstorben ist.

D. Organisation

I. Stiftungsrat

§ 24

1. Im Allgemeinen

1) Der Stiftungsrat führt die Geschäfte der Stiftung und vertritt diese. Er ist unter Beachtung der Bestimmungen in den Stiftungsdokumenten für die Erfüllung des Stiftungszwecks verantwortlich.
2) Der Stiftungsrat hat sich aus mindestens zwei Mitgliedern zusammenzusetzen. Juristische Personen können Mitglied des Stiftungsrats sein.
3) Ist in der Stiftungsurkunde nichts anderes vorgesehen, gilt die Bestellung des Stiftungsrats für eine Amtszeit von drei Jahren, wobei eine Wiederbestellung zulässig ist und die Mitglieder ihre Tätigkeit entgeltlich oder unentgeltlich ausüben können.
4) Die für die Mitglieder des Stiftungsrats aufgestellten Bestimmungen gelten auch für allfällige Stellvertreter.
5) Die Mitglieder des Stiftungsrats haben in der Weise zu zeichnen, dass sie dem Namen der Stiftung ihre Unterschrift beifügen.
6) Werden Mitglieder des Stiftungsrats unentgeltlich tätig, so kann die Haftung für leichte Fahrlässigkeit in der Stiftungserklärung ausgeschlossen werden, soweit dadurch die Gläubiger der Stiftung nicht geschädigt werden.

2. Besondere Pflichten

§ 25

a) Vermögensverwaltung

1) Der Stiftungsrat verwaltet das Stiftungsvermögen unter Beachtung des Stifterwillens entsprechend dem Zweck der Stiftung nach den Grundsätzen einer guten Geschäftsführung.
2) Der Stifter kann in der Stiftungsurkunde, der Stiftungszusatzurkunde oder einem Reglement konkrete und verbindliche Verwaltungskriterien festlegen.

§ 26

b) Rechnungswesen

Stiftungen, die ein nach kaufmännischer Art geführtes Gewerbe ausüben, unterliegen den allgemeinen Vorschriften zur Rechnungslegung. Bei allen anderen Stiftungen hat der Stiftungsrat über die Verwaltung und Verwendung des Stiftungsvermögens unter Berücksichtigung der Grundsätze einer ordentlichen Buchführung den Vermögensverhältnissen der Stiftung angemessene Aufzeichnungen zu führen und Belege aufzubewahren, aus denen der Geschäftsverlauf und die Entwicklung des Stiftungsvermögens nachvollzogen werden können. Ferner hat der Stiftungsrat ein Vermögensverzeichnis zu führen, aus dem der Stand und die Anlage des Stiftungsvermögens ersichtlich sind. Art. 1059 ist sinngemäss anzuwenden.

II. Revisionsstelle

§ 27

1) Für jede gemäss § 29 der Aufsicht der Stiftungsaufsichtsbehörde unterstehende Stiftung bestellt das Gericht im Rechtsfürsorgeverfahren eine Revisionsstelle nach Art. 191a Abs. 1. Die Stiftungsaufsichtsbehörde hat in diesem Verfahren Parteistellung.
2) Die Revisionsstelle muss von der Stiftung unabhängig sein. Sie ist verpflichtet, dem Gericht und der Stiftungsaufsichtsbehörde die Gründe, die ihre Unabhängigkeit ausschliessen, bekannt zu geben. Die Stiftungsaufsichtsbehörde kann von der Revisionsstelle die zur Beurteilung der Unabhängigkeit erforderlichen Bescheinigungen und Nachweise verlangen. Als Revisionsstelle ist insbesondere ausgeschlossen, wer:
   1. einem anderen Stiftungsorgan angehört;
   2. in einem Arbeitsverhältnis zur Stiftung steht;
   3. enge verwandtschaftliche Beziehungen zu Mitgliedern von Stiftungsorganen hat; oder
   4. Begünstigter der Stiftung ist.
3) Der Stifter kann zwei Vorschläge für die Revisionsstelle unter Mitteilung seiner Präferenz unterbreiten. Hat der Stifter von diesem Recht nicht Gebrauch gemacht, so kann der Stiftungsrat beim Gericht einen solchen Vorschlag erstatten. Das Gericht bestellt, vorbehaltlich Abs. 2, in der Regel die vorzugsweise vorgeschlagene Revisionsstelle.

4) Die Revisionsstelle ist als Organ der Stiftung verpflichtet, einmal jährlich zu überprüfen, ob das Stiftungsvermögen seinen Zwecken gemäss verwaltet und verwendet wird. Über das Ergebnis dieser Prüfung hat sie dem Stiftungsrat und der Stiftungsaufsichtsbehörde einen Bericht vorzulegen. Besteht kein Grund zur Beanstandung, so genügt eine Bestätigung, wonach eine Verwaltung und Verwendung des Stiftungsvermögens entsprechend dem Stiftungszweck und im Einklang mit den Bestimmungen des Gesetzes und der Stiftungsdokumente durchgeführt wurde. Stellt die Revisionsstelle bei Wahrnehmung ihrer Aufgaben Tatsachen fest, die den Bestand der Stiftung gefährden, so hat sie auch hierüber zu berichten. Die Stiftungsaufsichtsbehörde kann von der Revisionsstelle Auskunft über alle ihr im Zuge der Prüfung bekannt gewordenen Tatsachen verlangen.
5) Bei gemeinnützigen Stiftungen kann die Stiftungsaufsichtsbehörde auf Antrag von der Bestellung einer Revisionsstelle absehen, wenn die Stiftung nur geringes Vermögen verwaltet oder dies aus anderen Gründen zweckmässig erscheint. Die Regierung legt die Voraussetzungen für die Befreiung von der Pflicht, eine Revisionsstelle zu bestellen, mit Verordnung fest.

III. Weitere Organe

§ 28

1) Der Stifter kann weitere Organe, insbesondere zur Feststellung eines Begünstigten aus dem Begünstigtenkreis, zur Feststellung von Zeitpunkt, Höhe und Bedingung einer Ausschüttung, zur Verwaltung des Vermögens, zur Beratung und Unterstützung des Stiftungsrats, zur Überwachung der Stiftungsverwaltung zur Wahrung des Stiftungszwecks, zum Vorbehalt von Zustimmungen oder zur Erteilung von Weisungen sowie zur Interessenswahrung Stiftungsbeteiligter, vorsehen. Vertretungsbefugnis steht diesen Organen nicht zu.
2) § 24 Abs. 6 ist sinngemäss anzuwenden.

E. Aufsicht

§ 29

1) Gemeinnützige Stiftungen stehen unter der Aufsicht der Stiftungsaufsichtsbehörde. Dasselbe gilt für privatnützige Stiftungen, die durch eine Bestimmung der Stiftungsurkunde der Aufsicht unterstellt sind.
2) Stiftungsaufsichtsbehörde ist das Grundbuch- und Öffentlichkeitsregisteramt.

3) Die Stiftungsaufsichtsbehörde hat von Amts wegen dafür zu sorgen, dass das Stiftungsvermögen seinen Zwecken gemäss verwaltet und verwendet wird. Sie hat zu diesem Zweck das Recht, von der Stiftung Auskünfte zu verlangen und im Wege der Revisionsstelle in die Bücher und Schriften der Stiftung Einsicht zu nehmen. Wurde von der Bestellung einer Revisionsstelle gemäss § 27 Abs. 5 abgesehen, so übt die Stiftungsaufsichtsbehörde das Recht auf Einsichtnahme in der Regel selbst aus. Ferner kann sie Auskünfte anderer Verwaltungsbehörden und der Gerichte einholen und die gebotenen Anordnungen, wie Kontrolle und Abberufung der Stiftungsorgane, Durchführung von Sonderprüfungen oder Aufhebung von Beschlüssen der Stiftungsorgane, beim Richter im Rechtsfürsorgeverfahren beantragen.
4) Gegen eine dem Stiftungszweck widersprechende Verwaltung und Verwendung des Vermögens durch die Stiftungsorgane kann überdies jeder Stiftungsbeteiligte beim Richter im Rechtsfürsorgeverfahren die Anordnung der gebotenen Massnahmen nach Abs. 3 beantragen. Besteht ein dringender Verdacht einer strafbaren Handlung durch ein Stiftungsorgan, so kann der Richter auch von Amts wegen, insbesondere aufgrund einer Mitteilung der Staatsanwaltschaft, tätig werden. Die Stiftungsaufsichtsbehörde hat in einem solchen Verfahren Parteistellung.
5) Unbekannte Begünstigte werden auf Antrag der Stiftungsaufsichtsbehörde im Aufgebotsverfahren ermittelt.
6) Die Regierung kann mit Verordnung nähere Bestimmungen über die Tätigkeit der Stiftungsaufsichtsbehörde sowie die Festsetzung und Erhebung von Gebühren durch die Stiftungsaufsichtsbehörde erlassen.

F. Änderung

§ 30

I. Rechte des Stifters

1) Der Stifter kann sich das Recht zum Widerruf der Stiftung oder zur Änderung der Stiftungserklärung in der Stiftungsurkunde vorbehalten. Diese Rechte können nicht abgetreten oder vererbt werden. Soll eines dieser Rechte durch einen direkten Stellvertreter ausgeübt werden, so bedarf dieser einer besonderen auf dieses Geschäft lautenden Vollmacht.
2) Ist der Stifter eine juristische Person, so kann er sich die Rechte nach Abs. 1 nicht vorbehalten.
3) Werden die Rechte nach Abs. 1 durch einen indirekten Stellvertreter (§ 4 Abs. 3) ausgeübt, so treten die Rechtswirkungen unmittelbar beim Stifter ein.

II. Rechte der Stiftungsorgane

§ 31

1. Änderung des Zwecks

1) Eine Änderung des Stiftungszwecks durch den Stiftungsrat oder ein anderes Stiftungsorgan ist nur zulässig, wenn der Zweck unerreichbar, unerlaubt oder vernunftwidrig geworden ist oder sich die Verhältnisse so geändert haben, dass der Zweck eine ganz andere Bedeutung oder Wirkung erhalten hat, so dass die Stiftung dem Willen des Stifters entfremdet ist.
2) Die Änderung muss dem mutmasslichen Willen des Stifters entsprechen und die Befugnis zur Änderung dem Stiftungsrat oder dem anderen Stiftungsorgan in der Stiftungsurkunde ausdrücklich vorbehalten sein.

§ 32

2. Änderung anderer Inhalte

Eine Änderung anderer Inhalte der Stiftungsurkunde oder der Stiftungszusatzurkunde, wie insbesondere der Organisation der Stiftung, ist durch den Stiftungsrat oder ein anderes Organ zulässig, wenn und soweit die Änderungsbefugnis dem Stiftungsrat oder dem anderen Stiftungsorgan in der Stiftungsurkunde ausdrücklich vorbehalten ist. Der Stiftungsrat übt das Recht zur Änderung unter Wahrung des Stiftungszwecks aus, wenn ein sachlich gerechtfertigter Grund vorliegt.

III. Rechte des Richters

1. Beaufsichtigte Stiftungen

§ 33

a) Änderung des Zwecks

1) Untersteht eine Stiftung der Aufsicht der Stiftungsaufsichtsbehörde, so kann diese beim Richter im Rechtsfürsorgeverfahren die Änderung des Zwecks der Stiftung beantragen, wenn:
   1. der Zweck unerreichbar, unerlaubt oder vernunftwidrig geworden ist oder sich die Verhältnisse so geändert haben, dass der Zweck eine ganz andere

Bedeutung oder Wirkung erhalten hat, so dass die Stiftung dem Willen des Stifters entfremdet ist; und
2. die Stiftungsurkunde nicht den Stiftungsrat oder ein anderes Stiftungsorgan mit der Änderung des Zwecks betraut hat.

2) Die Änderung muss dem mutmasslichen Willen des Stifters entsprechen.

3) Das Recht zur Antragstellung steht auch den Stiftungsbeteiligten zu; die Stiftungsaufsichtsbehörde hat in diesem Fall Parteistellung.

§ 34

b) Änderung anderer Inhalte

1) Untersteht eine Stiftung der Aufsicht der Stiftungsaufsichtsbehörde, so kann diese beim Richter im Rechtsfürsorgeverfahren die Änderung anderer Inhalte der Stiftungsurkunde bzw. der Stiftungszusatzurkunde, wie insbesondere der Organisation der Stiftung, beantragen, wenn:
1. dies zur Wahrung des Stiftungszwecks, insbesondere zur Sicherung des Fortbestands der Stiftung und zur Sicherung des Stiftungsvermögens, zweckmässig ist; und
2. die Stiftungsurkunde nicht den Stiftungsrat oder ein anderes Stiftungsorgan mit der Änderung der anderen Inhalte betraut hat.

2) Das Recht zur Antragstellung steht auch den Stiftungsbeteiligten zu; die Stiftungsaufsichtsbehörde hat in diesem Fall Parteistellung.

§ 35

2. Andere Stiftungen

1) Bei den nicht der Aufsicht der Stiftungsaufsichtsbehörde unterstehenden Stiftungen kann der Richter auf Antrag eines Stiftungsbeteiligten sowie in dringenden Fällen, gegebenenfalls aufgrund einer Mitteilung der Stiftungsaufsichtsbehörde (§ 21 Abs. 3) oder der Staatsanwaltschaft, auch von Amts wegen im Rechtsfürsorgeverfahren die Befugnisse gemäss §§ 33 und 34 ausüben sowie die gemäss § 29 Abs. 3 gebotenen Anordnungen treffen. Ein dringender Fall liegt insbesondere vor, wenn ein dringender Verdacht einer strafbaren Handlung durch ein Stiftungsorgan besteht.

2) Unbekannte Begünstigte können auf Antrag durch den Richter im Aufgebotsverfahren ermittelt werden.

G. Vollstreckungsrechtliche Bestimmungen

§ 36

1) Bei Familienstiftungen kann der Stifter bestimmen, dass die Gläubiger von Begünstigten diesen ihre unentgeltlich erlangte Begünstigungsberechtigung oder Anwartschaftsberechtigung, bzw. einzelne Ansprüche daraus, auf dem Wege des Sicherungsverfahrens, der Zwangsvollstreckung oder des Konkurses nicht entziehen dürfen. Bei gemischten Familienstiftungen kann eine solche Anordnung nur insoweit getroffen werden, als die jeweilige Berechtigung den Zwecken der Familienstiftung dient.
2) Kann ein Gläubiger der Stiftung aus dem Stiftungsvermögen keine Befriedigung erlangen, und hat der Stifter das gewidmete Vermögen noch nicht vollständig geleistet, so ist der Stiftungsrat verpflichtet, dem Gläubiger die zu seiner Rechtsverfolgung erforderlichen Auskünfte zu erteilen. Dies gilt im Konkurs der Stiftung sinngemäss gegenüber dem Masseverwalter.

H. Haftung

§ 37

1) Für die Schulden der Stiftung haftet den Gläubigern gegenüber nur das Stiftungsvermögen. Es besteht keine Nachschusspflicht.
2) Der Stiftungsrat darf Leistungen an Begünstigte zur Erfüllung des Stiftungszwecks nur vornehmen, wenn dadurch Ansprüche von Gläubigern der Stiftung nicht geschmälert werden.

I. Anfechtung

§ 38

1) Die Vermögenszuwendung an die Stiftung kann von den Erben oder den Gläubigern gleich einer Schenkung angefochten werden.
2) Der Stifter und seine Erben können die Stiftung wegen Willensmängeln gleich den Vorschriften über Mängel des Vertragsabschlusses auch nach der Eintragung anfechten.

K. Auflösung und Beendigung

§ 39

I. Auflösungsgründe

1) Die Stiftung wird aufgelöst, wenn:
   1. über das Vermögen der Stiftung der Konkurs eröffnet worden ist;
   2. der Beschluss, durch den die Eröffnung des Konkurses mangels eines zur Deckung der Kosten des Konkursverfahrens voraussichtlich hinreichenden Vermögens abgelehnt wird, Rechtskraft erlangt;
   3. das Gericht die Auflösung beschlossen hat;
   4. der Stiftungsrat einen rechtsgültigen Auflösungsbeschluss gefasst hat.
2) Der Stiftungsrat hat einen Auflösungsbeschluss zu fassen, sobald:
   1. ihm ein zulässiger Widerruf des Stifters zugegangen ist;
   2. der Stiftungszweck erreicht oder nicht mehr erreichbar ist;
   3. die in der Stiftungsurkunde vorgesehene Dauer abgelaufen ist;
   4. andere in der Stiftungsurkunde dafür genannte Gründe gegeben sind.
3) Der Auflösungsbeschluss nach Abs. 2 ist einstimmig zu fassen, sofern in der Stiftungsurkunde nichts anderes bestimmt ist. Bei den der Aufsicht der Stiftungsaufsichtsbehörde unterstehenden Stiftungen hat der Stiftungsrat dieser über den Auflösungsbeschluss Mitteilung zu machen.
4) Kommt ein Beschluss nach Abs. 2 trotz Vorliegens eines Auflösungsgrundes nicht zustande, so hat bei den nicht der Aufsicht der Stiftungsaufsichtsbehörde unterstehenden Stiftungen der Richter auf Antrag von Stiftungsbeteiligten im Rechtsfürsorgeverfahren die Stiftung aufzulösen; bei den übrigen Stiftungen kann die Auflösung auch von der Stiftungsaufsichtsbehörde beantragt werden.
5) Kommt ein Auflösungsbeschluss nach Abs. 2 zustande, obwohl kein Auflösungsgrund vorliegt, so hat bei den nicht der Aufsicht der Stiftungsaufsichtsbehörde unterstehenden Stiftungen der Richter auf Antrag von Stiftungsbeteiligten im Rechtsfürsorgeverfahren den Auflösungsbeschluss des Stiftungsrats aufzuheben; bei den übrigen Stiftungen steht das Antragsrecht auch der Stiftungsaufsichtsbehörde zu.
6) Betreibt die Stiftung ohne die Voraussetzungen gemäss § 1 Abs. 2 ein nach kaufmännischer Art geführtes Gewerbe, so hat der Richter auf Antrag eines Stiftungsbeteiligten oder von Amts wegen die Auflösung der Stiftung zu beschliessen, wenn die Stiftung einer rechtskräftigen Unterlassungsanordnung nicht innerhalb angemessener Frist nachgekommen ist.

§ 40

II. Liquidation und Beendigung

1) Auf die Liquidation und Beendigung der Stiftung finden die allgemeinen Vorschriften über die Verbandspersonen Anwendung.
2) Auf im Öffentlichkeitsregister nicht eingetragene Stiftungen finden die Bestimmungen betreffend den Gläubigeraufruf keine Anwendung.
3) Über die Beendigung einer Stiftung stellt das Grundbuch- und Öffentlichkeitsregisteramt eine Löschungsbestätigung in Form eines Registerauszugs bei eingetragenen Stiftungen oder einer Amtsbestätigung bei nicht eingetragenen Stiftungen aus.
4) Untersteht die Stiftung der Aufsicht der Stiftungsaufsichtsbehörde, so hat der Stiftungsrat der Stiftungsaufsichtsbehörde Mitteilung über die Beendigung der Stiftung zu machen. Ist die Stiftung im Öffentlichkeitsregister eingetragen, so ist auch ein Registerauszug vorzulegen. Die Befugnis zur Mitteilung steht auch dem gesetzlichen Repräsentanten zu.
5) Nachträglich hervorgekommenes Vermögen ist nach den Bestimmungen über die Nachtragsliquidation (Art. 139) zu verteilen. Bei den der Aufsicht der Stiftungsaufsichtsbehörde unterstehenden Stiftungen hat der Stiftungsrat diese über nachträglich hervorgekommenes Vermögen unverzüglich zu unterrichten. Die Befugnis zur Mitteilung steht auch dem gesetzlichen Repräsentanten zu.

L. Umwandlung

§ 41

Eine privatnützige Stiftung kann ohne Abwicklung oder Liquidation vom Stiftungsrat unter zwingender Wahrung des Wesens der Stiftung im Allgemeinen und des Stifterwillens im Besonderen in eine stiftungsrechtlich organisierte Anstalt oder ein stiftungsrechtlich organisiertes Treuunternehmen mit Persönlichkeit mittels formrichtiger Urkunde umgewandelt werden, wenn die Umwandlung:

1. unter Festlegung der Voraussetzungen in der Stiftungsurkunde vorbehalten ist; und
2. der Verwirklichung des Stiftungszwecks dienlich ist.

Art. 553 bis 570

Aufgehoben

Art. 955a Abs. 1

1) Einsichtnahme, Auszüge, Abschriften oder Zeugnisse von gemäss Art. 990 hinterlegten Akten und Schriftstücken sowie von Anmeldungen und Belegen nicht im Öffentlichkeitsregister eingetragener Stiftungen und Treuhänderschaften oder von Gründungs- oder Änderungsanzeigen nicht im Öffentlichkeitsregister eingetragener Stiftungen können nur vom Hinterleger und demjenigen, der hierzu ermächtigt ist, sowie von Gesamtrechtsnachfolgern verlangt werden. Vorbehalten bleibt die Bekanntgabe des Repräsentanten oder Zustellbevollmächtigten an inländische Strafverfolgungsbehörden, die Stabsstelle FIU und die Finanzmarktaufsicht (FMA). Die Regierung regelt das Nähere mit Verordnung.

§ 66c SchlT

5. Anmeldungs-, Hinterlegungs- und Deklarationspflichten bei Stiftungen

1) Vom Landgericht kann auf Anzeige der Stiftungsaufsichtsbehörde im Rechtsfürsorgeverfahren mit einer Ordnungsbusse bis zu 10 000 Franken bestraft werden, wer als Mitglied des Stiftungsrats:
   1. eine Stiftung beim Öffentlichkeitsregister entgegen Art. 552 § 19 Abs. 5 nicht anmeldet; oder
   2. eine Gründungsanzeige entgegen Art. 552 § 20 Abs. 1 iVm Abs. 2 oder eine Änderungsanzeige entgegen Art. 552 § 20 Abs. 3 beim Grundbuch- und Öffentlichkeitsregisteramt nicht hinterlegt.
2) Die Ordnungsbusse nach Abs. 1 kann fortgesetzt verhängt werden, bis der gesetzliche Zustand hergestellt ist.
3) Wer vorsätzlich eine inhaltlich unrichtige Erklärung gemäss Art. 552 § 20 Abs. 1 iVm Abs. 2 oder gemäss Art. 552 § 20 Abs. 3 abgibt, wirdvom Landgericht wegen Übertretung mit einer Busse bis zu 50 000 Franken, im Nichteinbringlichkeitsfalle mit einer Freiheitsstrafe bis zu sechs Monaten, bestraft. Handelt der Täter fahrlässig, wird er vom Landgericht wegen Übertretung mit einer Busse bis zu 20 000 Franken, im Nichteinbringlichkeitsfalle mit einer Freiheitsstrafe bis zu drei Monaten, bestraft.
4) Ebenso ist nach Abs. 3 zu bestrafen, wer als Rechtsanwalt, Treuhänder oder Träger einer Berechtigung nach Art. 180a vorsätzlich oder fahrlässig eine unrichtige Bestätigung der Angaben gemäss Art. 552 § 20 Abs. 1 iVm Abs. 2 oder gemäss Art. 552 § 20 Abs. 3 vornimmt.
5) Disziplinäre Massnahmen bleiben vorbehalten.

II. Übergangsbestimmungen

Art. 1

Anwendung des neuen Rechts auf bestehende Stiftungen

1) Auf im Zeitpunkt des Inkrafttretens dieses Gesetzes bestehende Stiftungen findet das bisherige Recht Anwendung, soweit im Folgenden nichts anderes bestimmt ist.
2) Erfolgt erstmals nach Inkrafttreten dieses Gesetzes die Änderung einer Tatsache, die gemäss Art. 552 § 20 Abs. 3 dem Grundbuch-und Öffentlichkeitsregisteramt anzuzeigen ist, so ist von den Mitgliedern des Stiftungsrats eine Anzeige mit dem Inhalt nach Art. 552 § 20 Abs. 2 zu erstatten. Hinsichtlich der Pflicht und der Befugnis zur Anzeige sowie der Bestätigung der Richtigkeit der Angaben ist Art. 552 § 20 Abs. 1, hinsichtlich der Überprüfung der Richtigkeit ist § 21 sinngemäss anzuwenden. Auf alle folgenden Änderungen gelangt Art. 552 § 20 Abs. 3 zur Anwendung.
3) Wird eine Anzeige nach Abs. 2 erstattet oder ist eine solche bereits erstattet worden, so kann die Herausgabe der Stiftungsurkunde und der sonstigen Dokumente an die Stiftung begehrt werden, die gemäss Art. 554 in der bisher geltenden Fassung beim Grundbuch- und Öffentlichkeitsregisteramt hinterlegt wurden.
4) Die Art. 107 Abs. 4a und Art. 552 §§ 3, 5 bis 12, 21, 26, 27, 29 und 31 bis 35 sind auch auf Stiftungen anzuwenden, die vor Inkrafttreten dieses Gesetzes errichtet wurden. Die Mitglieder des Stiftungsrats haben Stiftungen, die gemäss Art. 552 § 29 der Aufsicht der Stiftungsaufsichtsbehörde unterstehen, der Stiftungsaufsichtsbehörde unter Vorlage eines Registerauszugs innerhalb von sechs Monaten nach Inkrafttreten dieses Gesetzes anzuzeigen. Der Stifter ist auch dann, wenn er sich dieses Recht nicht vorbehalten hat, berechtigt, ein Kontrollorgan nach Art. 552 § 11 Abs. 2 iVm Abs. 3 einzurichten. Wurde die Stiftung durch einen indirekten Stellvertreter errichtet (Art. 552 § 4 Abs. 3), so gilt der Geschäftsherr (Machtgeber) als Stifter; Art. 552 § 30 Abs. 3 ist sinngemäss anzuwenden. Ist der Stifter verstorben oder geschäftsunfähig, so kann ein Kontrollorgan gemäss Art. 552 § 11 Abs. 2 Ziff. 1 iVm Abs. 3 durch den Stiftungsrat eingerichtet werden. Die Einrichtung des Kontrollorgans muss innerhalb von sechs Monaten nach Inkrafttreten dieses Gesetzes erfolgen. Bei gemeinnützigen Stiftungen (Art. 552 § 2) und privatnützigen Stiftungen, die auf spezialgesetzlicher Grundlage ein nach kaufmännischer Art geführtes Gewerbe betreiben und die nicht im Öffentlichkeitsregister eingetragen sind, ist jedes Mitglied des Stiftungsrats verpflichtet, die Stiftung inner-

halb von sechs Monaten nach dem Inkrafttreten dieses Gesetzes zur Eintragung ins Öffentlichkeitsregister anzumelden; Art. 552 § 19 ist sinngemäss anzuwenden.

5) Wird ein Kontrollorgan gemäss Abs. 4 eingerichtet, so muss die Prüfung nach Art. 552 § 11 Abs. 4 oder Art. 552 § 27 Abs. 4 zum ersten Mal bis zum 30. Juni 2010 erfolgen.

Art. 2

Anpassung an das neue Recht

1) Erfüllt das Errichtungsgeschäft einer Stiftung, die vor dem 31. Dezember 2003 errichtet worden ist, nicht die Anforderungen nach Art. 552 § 16 Abs. 1 Ziff. 4, so ist der gesetzmässige Zustand nach den folgenden Bestimmungen bis zum 31. Dezember 2009 herzustellen.
2) Der Stifter ist auch dann, wenn er sich ein solches Recht nicht vorbehalten hat, berechtigt, die Stiftungserklärung so abzuändern, dass der gesetzmässige Zustand hergestellt werden kann. Wurde die Stiftung durch einen indirekten Stellvertreter errichtet (Art. 552 § 4 Abs. 3), so gilt der Geschäftsherr (Machtgeber) als Stifter; Art. 552 § 30 Abs. 3 ist sinngemäss anzuwenden.
3) Ist der Stifter verstorben oder geschäftsunfähig, so kann die Stiftungserklärung vom Stiftungsrat in einer dem Art. 552 § 16 Abs. 1 Ziff. 4 entsprechenden Weise geändert werden. Die Änderung durch den Stiftungsrat ist nur zulässig, wenn der Wille des Stifters festgestellt werden kann. Als Mittel zur Feststellung des Willens dürfen ausschliesslich Urkunden verwendet werden, die vom Stifter, einem bei der Gründung tätigen direkten oder indirekten Stellvertreter oder einem Stiftungsorgan stammen. Stammt das Dokument nicht vom Stifter, so dürfen nur solche Dokumente herangezogen werden, die vor dem 1. Dezember 2006 errichtet worden sind.
4) Der Stiftungsrat aller im Öffentlichkeitsregister nicht eingetragenen Stiftungen hat dem Grundbuch- und Öffentlichkeitsregisteramt durch ausdrückliche Erklärung zu bestätigen, dass die Stiftungsdokumente dem Art. 552 § 16 Abs. 1 Ziff. 4 entsprechen. Diese Erklärung darf erst abgegeben werden, nachdem der gesetzmässige Zustand gegebenenfalls hergestellt wurde. Auf die Überprüfung der Richtigkeit der Erklärung ist Art. 552 § 21 sinngemäss anzuwenden.
5) Wird der gesetzmässige Zustand bis zum 30. Juni 2010 nicht hergestellt, so hat der Stiftungsrat einen Auflösungsbeschluss gemäss Art. 552 § 39 zu fassen, der dem Grundbuch- und Öffentlichkeitsregisteramt anzuzeigen ist.

6) Wird die Anzeige nach Abs. 5 nicht bis zum 1. August 2010 erstattet, so hat das Grundbuch- und Öffentlichkeitsregisteramt den Stiftungsrat aufzufordern, innerhalb einer Nachfrist von sechs Monaten eine Erklärung nach Abs. 4 vorzulegen oder den Auflösungsbeschluss anzuzeigen. Verstreicht auch diese Frist ungenützt, so verständigt das Grundbuch- und Öffentlichkeitsregisteramt den Richter; dieser hat die Stiftung im Rechtsfürsorgeverfahren für aufgelöst zu erklären.
7) Wird eine Stiftung nach Abs. 5 oder 6 aufgelöst, so ist das Grundbuch- und Öffentlichkeitsregisteramt berechtigt, von sämtlichen Stiftungsorganen Auskünfte über den Fortgang der Liquidation zu verlangen. Erweist es sich, dass der Liquidator bei der Durchführung der Liquidation säumig ist, so kann der Richter im Rechtsfürsorgeverfahren auf Antrag von Stiftungsbeteiligten, des Grundbuch- und Öffentlichkeitsregisteramtes oder von Amts wegen den Liquidator seines Amtes entheben und eine andere geeignete Person zum Liquidator bestellen.

Art. 3

Strafbestimmungen

1) Wird eine Anzeige entgegen Art. 1 Abs. 2 nicht erstattet, so ist § 66c Abs. 1 und 2 SchlT sinngemäss anzuwenden.
2) Wer vorsätzlich eine inhaltlich unrichtige Erklärung nach Art. 1 Abs. 2 oder Art. 2 Abs. 4 abgibt oder eine Anzeige gemäss Art. 1 Abs. 4 vorsätzlich unterlässt oder zu Unrecht erklärt, nicht der Aufsicht der Stiftungsaufsichtsbehörde zu unterstehen oder wer als Rechtsanwalt, Treuhänder oder Träger einer Berechtigung nach Art. 180a vorsätzlich oder fahrlässig eine unrichtige Bestätigung der Angaben gemäss Art. 1 Abs. 2 iVm Art. 552 § 20 Abs. 1 PGR vornimmt, wird vom Landgerichtwegen Übertretung mit einer Busse bis zu 50 000 Franken, im Nichteinbringlichkeitsfalle mit einer Freiheitsstrafe bis zu sechs Monaten, bestraft. Handelt der Täter fahrlässig, wird er vom Landgericht wegen Übertretung mit einer Busse bis zu 20 000 Franken, im Nichteinbringlichkeitsfalle mit einer Freiheitsstrafe bis zu drei Monaten, bestraft.
3) Disziplinäre Massnahmen bleiben vorbehalten.

Art. 4

Anwendung des neuen Rechts auf bestehende Anstalten

1) Art. 107 Abs. 4a sowie Art. 552 § 2 Abs. 4, §§ 26, 27, 29, 31 bis 35, 36 Abs. 1 und 41 sind sinngemäss auch auf solche Anstalten gemäss Art. 551 Abs. 2 PGR anzuwenden, die vor Inkrafttreten dieses Gesetzes errichtet wurden.
2) Die Mitglieder der Verwaltung einer Anstalt, die gemäss Art. 551 Abs. 2 in Verbindung mit Art. 552 § 29 der Aufsicht der Stiftungsaufsichtsbehörde untersteht, haben dies der Stiftungsaufsichtsbehörde unter Vorlage eines Registerauszugs innerhalb von sechs Monaten nach Inkrafttreten dieses Gesetzes anzuzeigen.
3) Wer als Mitglied der Verwaltung die Anzeige gemäss Abs. 2 vorsätzlich oder fahrlässig unterlässt oder zu Unrecht erklärt, nicht der Aufsicht der Stiftungsaufsichtsbehörde zu unterstehen, ist nach Art. 3 Abs. 2 zu bestrafen.

III. Inkrafttreten

Dieses Gesetz tritt unter Vorbehalt des ungenutzten Ablaufs der Referendumsfrist am 1. April 2009 in Kraft, andernfalls am Tage der Kundmachung.

In Stellvertretung des Landesfürsten:
gez. Alois
Erbprinz

gez. Otmar Hasler
Fürstlicher Regierungschef

4. Neues Recht, gültig ab dem 1.April 2009 (in Englisch)

216.0 (Systematic Codification)
Liechtenstein Law Gazette (Liechtensteinisches Landesgesetzblatt), 2008 Volume No.220, Published on 26 August 2008.
Law of 26 June 2008 on the Amendment of the Persons and Companies Act.
I hereby grant My consent to the following Resolution taken by the Parliament:

I. Amendment of Present Law

The Persons and Companies Act of 20 January 1926, Liechtenstein State Gazette 1926, No.4, in the version currently in force, shall be amended as follows:

Art. 106, para.2, item 3

Repealed

Art. 107, para.4a

Where the Act refers to non-profit making (common-benefit) or charitable purposes, this shall include such purposes the fulfilment of which is of benefit to the general public. In particular, there is deemed to be a benefit to the general public if the activity serves the common good in a charitable, religious, humanitarian, scientific, cultural, moral, sporting or ecological sense, even if only a specific category of persons benefits from the activity.

Art. 182, para.2

It shall diligently manage and promote the enterprise of the legal entity and shall be liable for observing the principles of diligent management and representation. A member of the administration shall be deemed to act in harmony with these principles if in his commercial decision-making he is not governed by irrelevant interests and it must reasonably be assumed that he is acting for the good of the legal entity on the basis of appropriate information.

Art. 259, para.2

Repealed

Heading above Art. 552

Second Section

The Foundations

Art. 552

The following rules apply to foundations:

A. In General

I. Definition and Purpose

§1

1.Description and Delimitation

1) A foundation within the meaning of this Section is a legally and economically independent special-purpose fund which is formed as a legal entity (juristic person) through the unilateral declaration of will of the founder. The founder allocates the specifically designated foundation assets, stipulates the purpose of the foundation, entirely non-self-serving and specifically designated, and also stipulates the beneficiaries.
2) A foundation is only permitted to carry on business run along commercial lines if it directly serves the achievement of its common benefit purpose or if this is permitted on a special statutory basis. Insofar as the orderly investment and management of the foundation assets require, the setting-up of a commercial operation is permissible, even for private-benefit foundations.
3) If there is no case of para. 2), sentence 1, the foundation shall also not be permitted to be the shareholder with unlimited liability of a collective under personal law which runs a business along commercial lines.

§2

2.Foundation Purposes

1) Foundation purposes may include common-benefit or private benefit purposes.
2) A common-benefit foundation within the meaning of this Section is a foundation whose activity according to the declaration of establishment is entirely or predominantly intended to serve common benefit purposes in accordance with Art. 107, para. 4a, unless it is a family foundation.
3) A private-benefit foundation within the meaning of this Section is a foundation which according to the declaration of establishment is entirely or predominantly intended to serve private or personal purposes. Predominance is to be assessed according to the relationship between services provided to serve private-benefit purposes and those serving common-benefit purposes.If it is not certain that at any given time the foundation is entirely or predomi-

nantly intended to serve private-benefit purposes, it shall be treated as a common-benefit foundation.

4) The following in particular shall be regarded as private-benefit foundations:
   1. pure family foundations; these are foundations whose assets exclusively serve the defrayal of costs of upbringing or education, provision for or support of members of one or more families or similar family interests;
   2. mixed family foundations; these are foundations which predominantly pursue the purpose of a pure family foundation, but which supplementally also serve common-benefit or other private benefit purposes.

II. Foundation Participants

§3

1. Definition

The following are deemed to be participants in the foundation:

1. the founder;
2. the entitled beneficiaries;
3. the prospective beneficiaries;
4. the discretionary beneficiaries;
5. the ultimate beneficiaries;
6. the executive bodies of the foundation pursuant to §§ 11, 24, 27 and 28 as well as the members of these executive bodies.

§4

2. Founder

1) Founders may be one or more natural persons or legal entities. A foundation formed by way of last will and testament may only have one founder.
2) If a foundation has more than one founder, the rights to which the founder is entitled or which are reserved to the founder may only be exercised jointly by all founders, unless the declaration of establishment provides otherwise. If one of thef ounders ceases to hold office, in cases of doubt the above-cited rights shall lapse.
3) If the foundation is formed by an indirect representative, the principal (authorisor) shall be deemed to be the founder. If the latter also acts as indirect representative for a third party, the latter's principal (authorisor) shall be deemed to be the founder. In any event the indirect representative shall be

under an obligation to notify the foundation council of the identity of the founder.

§5

3. Beneficiary

1) The beneficiary is deemed to be the natural person or legal entity that with or without valuable consideration in fact, unconditionally or subject to certain prerequisites or conditions, for a limited or unlimited period, with or without restrictions, revocably or irrevocably, at any time during the legal existence of the foundation or on its termination derives or may derive an economic benefit from the foundation (beneficial interest).
2) Beneficiaries within the meaning of para.1 are:
    1. the entitled beneficiaries (§6, para.1);
    2. the prospective beneficiaries (§6, para.2);
    3. the discretionary beneficiaries (§7); and
    4. the ultimate beneficiaries (§8).

§6

4. Beneficiary with a Legal Claim

1) An entitled beneficiary is a beneficiary who on the basis of the foundation deed, the supplementary foundation deed or the regulations has a legal claim to benefit, to a specified or specifiable extent, from the foundation assets or foundation income.
2) A prospective beneficiary is a beneficiary who after the occurrence of a condition precedent or at a specified time, in particular after the exclusion of a prior-ranking beneficiary, on the basis of the foundation deed, the supplementary foundation deed or a regulation has a legal claim to acquire an entitlement to a beneficial interest.

§7

5. DiscretionaryBeneficiary (Beneficiary without Legal Claim)

1) A discretionary beneficiary is a beneficiary who belongs to the category of beneficiaries specified by the founder and whose possible beneficial interest is placed within the discretion of the foundation council or another body ap-

pointed for this purpose. A person who only has an expectancy to such a future beneficial interest shall not be treated as a discretionary beneficiary.

2) A legal claim by the discretionary beneficiary to a specific benefit from the foundation assets or foundation income shall in any event not come into being until there is a valid resolution by the foundation council, or another executive body vested with this responsibility (§ 28), on an actual distribution to the relevant discretionary beneficiaries and such claim shall lapse on receipt of this distribution.

§8

6. Ultimate Beneficiary

1) An ultimate beneficiary is abeneficiary who in accordance with the foundation deed or supplementary foundation deed is intended to receive the remainingassets following the liquidation of the foundation.
2) If there is no designation of an ultimate beneficiary or no existence of the ultimate beneficiary, the remaining assets following the liquidation shall pass to the state.
3) If there is no specification of the appropriation of assets in the event of a revocation pursuant to § 30, para.1, the founder himself shall be deemed to be the ultimate beneficiary irrespective of whether he previously had the status of a beneficiary.

III. Rights of the Beneficiaries to Information and Disclosure

§9

1. In General

1) Insofar as his rights are concerned, the beneficiary is entitled to inspect the foundation deed, the supplementary foundation deed and possible regulations.
2) In addition, insofar as his rights are concerned, he is entitled to the disclosure of information, reports and accounts. For this purpose he has the right to inspect the business records and documents and to produce copies, and also to examine and investigate all facts and circumstances, in particular the accounting, personally or through a representative. However, this right must not be exercised with dishonestintent, in an abusive manner or in a manner in conflict with the interests of the foundation or other beneficiaries. By way of

exception, the right may also be denied for important reasons to protect the beneficiary.
3) The ultimate beneficiary shall not be entitled to these rights until after the dissolution of the foundation.
4) The rights of the beneficiary shall be asserted in special noncontentious civil proceedings.
5) The exceptions pursuant to §§ 10 to 12 are reserved.

§ 10

2. The Founder's Right of Revocation

1) If in the declaration of establishment the founder has reserved for himself the right to revoke the foundation (§ 30) and he is himself the ultimate beneficiary, the beneficiary shall not be entitled to the rights pursuant to §9.
2) If the foundation has been formed by more than one beneficiary, these rights may be exercised by each individual founder who has reserved for him self the right of revocation.

§ 11

3. Setting-up of a Controlling Body

1) If in the declaration of establishment the founder has set up a controlling body for the foundation, the beneficiary may only demand disclosure of information concerning the purpose and organisation of the foundation, and concerning his own rights vis-à-vis the foundation, and may verify the accuracy of this information by inspecting the foundation deed, the supplementary foundation deed and the regulations.
2) The following may be setup as controlling body:
   1. an audit authority, to which §27 shall be applied mutatis mutandis;
   2. one or more natural persons specified by name by the founder, who have sufficient specialist knowledge in the sphere of law and business to be able to perform their duties; or
   3. the founder.
3) The controlling body must be independent of the foundation. § 27, para. 2 applies mutatis mutandis.
4) The controlling body shall be under an obligation to verify once a year whether the foundation assets are being managed and appropriated in accordance with their purposes. The foundation council shall submit a report on the

outcome of this audit. If there is no reason for objection, it shall be sufficient to provide confirmation that the foundation assets have been managed and appropriated in accordance with the purpose of the foundation and in conformity with the provisions of the law and the foundation documents. If this is not the case, or while performing its duties the controlling body ascertains circumstances which jeopardize the existence of the foundation, it shall notify the beneficiaries and the court as soon as it is aware of these circumstances. The court shall if necessary take action in accordance with § 35.

5) If a controlling body has been setup, the beneficiary may require from the foundation and the controlling body the forwarding of the reports pursuant to para.4.
6) If the beneficiary asserts his rights pursuant to §9, the foundation shall be under an obligation to prove that there exists acontrolling body which satisfies the requirements of para. 2 in conjunction with para. 3.

§ 12

4. Supervised Foundations

The beneficiary shall not be entitled to the rights pursuant to §9 if the foundation is subject to the supervision of the foundation supervisory authority (§ 29).

§ 13

IV. Foundation Assets

1) The minimum capital of the foundation is 30'000 Swissfrancs. It may also be contributed in euros or US dollars and shall then amount to 30'000 euros or 30'000 US dollars.
2) If there is an additional contribution of assets to the foundation by the founder after its legally valid formation, this shall be treated as a subsequent endowment.
3) If there is a contribution of assets to the foundation by a third party, this shall be treated as adonation. The donor shall not thereby acquire the status of a founder.
4) If the foundation does not become effective until the death of the founder or after the termination of a legal entity, with regard to the contributions of the founder it shall be deemed to have come into being before his death or before the termination of the legal entity.

B. Formation and Coming into Being

I. In General

§ 14

1. Foundation Inter Vivos

1) The foundation is formed through a declaration of establishment. This requires the written form and authentication of the signatures of the founders.
2) In the case of direct representation or indirect representation pursuant to § 4, para. 3, the signature of the representative shall be authenticated on thefoundation deed.
3) For direct representation, the representative shall require a special powerof attorney from the founder referring to this transaction.
4) Common-benefit foundations and private-benefit foundations carrying on business run along commercial lines on the basis of special law, shall be entered in the Public Registry and shall thereby acquire the right of legal personality.
5) Other private-benefit foundations may be entered in the Public Registry. However, there is no legal obligation to do so.

§ 15

2. Foundation Mortis Causa

1) The foundation may also be formed by way of last will and testament or contract of inheritance in accordance with the applicable formal rules.
2) The entry of a foundation or the deposition of a notification of formation of a foundation formed by way of last will and testament cannot be undertaken until after the death of the founder or, in the case of a contract of inheritance, unless the founder stipulates otherwise, after the death of one of the founders.
3) § 14, paras. 4 and 5 shall apply mutatis mutandis.

II. Foundation Documents

§ 16

1. Foundation Deed (Articles)

1) The foundation deed shall in any event include:
   1. the intention of the founder to form the foundation;

2. the name or corporate name and domicile of the foundation;
3. the dedication of specific assets, which must amount to at least the statutory minimum capital;
4. the purpose of the foundation, including the designation of tangible beneficiaries, or beneficiaries identifiable on the basis of objective criteria, or of the category of beneficiaries, unless the foundation is a common-benefit foundation or the beneficiaries are evident from the purpose of the foundation, or unless there is instead express reference to a supplementary foundation deed regulating this;
5. the date of formation of the foundation;
6. the duration of th efoundation, if this is limited;
7. regulations on the appointment, dismissal, term of office and nature of the management (adoption of resolutions) and power of representation (authority to sign)of the foundation council;
8. a provision concerning the appropriation of the assets in the event of the dissolution of the foundation, with the application mutatis mutandis of item 4. above;
9. the lastname, first name and place of residence or corporate name and domicile of the founder or, in the case of indirect representation (§4, para. 3), the last name, first name and place of residence or corporate name and domicile of the representative. In this connection, there shall be express mention of the activity as indirect representative.

2) Insofar as the following contents are regulated, these shall likewise be recorded in the foundation deed:
   1. the indication that a supplementary foundation deed has been drawn up or may be drawn up;
   2. the indication that regulations have been issued or may be issued;
   3. the indication that other executive bodies have been formed or may be formed; further particulars of the composition, appointment, dismissal, term of office as well as duties may be stated in the supplem entary foundation deed orin regulations;
   4. the reservation of the right of revocation of the foundation or amendment of the foundation documents by the founder;
   5. the reservation of the right to amend of the foundation deed or supplementary foundation deed by the foundation council or by another executive body pursuant to §§ 31 to 34;
   6. the exclusion of enforcement pursuant to §36, para.1;
   7. the reservation of the right of conversion (§41);
   8. the provision that the foundation, although a private-benefit foundation, is subject to supervision (§ 29, para.1, sentence 2).

3) The provisions in accordance with para.1, items 1, 3 and 4 are deemed to be material within the meaning of the voidability proceedings.

§ 17

2. Supplementary Foundation Deed (Internal Regulations)

The founder may draw up a supplementary foundation deed if he has reserved for himself the right to do so (§16, para. 2, item 1). This may include those integral parts of the declaration of establishment which do not have to be recorded in the foundation deed.

§ 18

3. Regulations

For the further execution of the foundation deed or the supplementary foundation deed, the founder, the foundation council or another executive body of the foundation may issue internal directives in the form of regulations (§16, para.2, item 2) if the right to do so has been reserved in the foundation deed. Regulations issued by the founder take precedence over those of the foundation council or another executivebody ofthefoundation.

§ 19

III. Entry in the Public Registry

1) If the foundation is subject to the obligation to register, each member of the foundation council shall, irrespective of his power of representation, be under an obligation to make an application for the foundation to be entered in the Public Registry. The application shall be submitted in writing together with the original or certified copy of the foundation deed. The foundation council shall confirm that the statutory minimum capital is at the free disposal of the foundation. The representative also has authority to make the application.
2) If the entry is made although there is no obligation to register (§ 14, para. 5), the foundation council must in any event confirm that the tangible beneficiaries, or beneficiaries identifiable on the basis of objective criteria, or of the category of beneficiaries, have been designated by the founder, unless this is evident from the notified purpose of thefoundation.

3) The entry shall contain the following information:
   1. name or corporate name of the foundation;
   2. domicile of the foundation;
   3. purpose of the foundation;
   4. date of formation of the foundation;
   5. duration of the foundation, if this is limited;
   6. organisation and representation, stating the lastname, firstname, date of birth, nationality and place of residence or registered office, or the corporate name and domicile of the members of the foundation council as well as the form of the signatory's power;
   7. the last name, first name, date of birth, nationality and place of residence or registered office of the legal attorney, or the corporate name and domicile of the audit authority;
   8. the last name, first name, date of birth, nationality and place of residence or registered office of the legal attorney, or corporate name and domicile of the representative.
4) The entry can also, if necessary, be made on the basis of the foundation deed by order of the judge in special non-contentious civil proceedings:
   a) on the application of foundation participants;
   b) on notification from the Office of Land and Public Registration or the probate authority;or
   c) ex officio.
5) If there is an amendment to the purpose of a foundation not entered in the Public Registry such that an obligation to register arises, the members of the foundation council shall be underan obligation to make an application within 30 days for the foundation to be entered in the PublicRegistry in accordance with paras.1 and 3. Para.4 shall apply mutatis mutandis.
6) Notification of the entry shall be made within the meaning of Art.957, para.1, item 1.

IV. Notification of Formation

§ 20

1. Deposition of Notification of Formation

1) If the foundation is not subject to an obligation to register, for the purpose of monitoring the obligation to register and prevention of foundations with an illegal or immoral purpose as well for preventing the circumvention of possibly required supervision, each member of the foundation council shall be un-

der an obligation to deposit, within 30 days following formation, notification of formation at the Office of Land and Public Registration. The representative also has authority to make the deposition. The accuracy of the information pursuant to para.2 shall be certified in writing by an attorney at law admitted in Liechtenstein, trustee or holder of an entitlement in accordance with Art.180a.

2) The notification of formation shall contain the following information:
   1. name of the foundation;
   2. domicile of the foundation;
   3. purpose of the foundation;
   4. date of formation of the foundation;
   5. duration of the foundation, if this is limited;
   6. the last name, first name, date of birth, nationality and place of residence or registered office of the legal attorney or the corporate name of the members of the foundation council as well as the form of the signatory's power;
   7. the last name, first name, date of birth, nationality and place of residence or registered office of the legal attorney, or the corporate name and domicile of the legal representative;
   8. confirmation that the tangible beneficiaries, or beneficiaries identifiable on the basis of objective criteria, or of the category of beneficiaries, have been designated by the founder, unless this is evident from the notified purpose of the foundation;
   9. confirmation that the foundation is not entirely or predominantly intended to serve common-benefitpurposes;
   10. indication of whether pursuant to a provision of the foundation deed the foundation is subject to supervision; as well as
   11. confirmation that the statutory minim um capital is at the free disposal of the foundation.

3) On each amendment of a circumstance contained in the notification of formation and on the existence of a reason for dissolution pursuant to § 39, para.1, the members of the foundation council shall be under an obligation, within 30 days, to deposit a notification of amendment at the Office of Land and Public Registration. The representative also has authority to make the deposition. The accuracy of the information in the notification of amendment shall becertified in writing by an attorney at law admitted in Liechtenstein, trustee or holder of an entitlement in accordance with Art.180a.

4) On the application of the foundation the Office of Land and Public Registration shall, following each legally executed notification, issue an official con-

firm ation of the deposition of the notification of formation. It shall notissue an official confirmation of deposition if:

1. the notified purpose is illegal or immoral; or
2. it is evident from the notification that the foundation is subject to an obligation to register.

§ 21

2. Authority to Examine and Measures

1) As foundation supervisory authority the Office of Land and Public Registration is entitled to verify the accuracy of the deposited notifications of formation and amendment. For this purpose it may demand information from the foundation and through the controlling body or, if no such body has been setup, through an authorised third party, inspect the foundation documents, insofar as this is necessary for verification purposes.
2) Duplicates and copies are only permitted to be drawn up if the verification indicates that the notification of formation or amendment is inaccurate.
3) If the verification shows that the foundation is pursuing an illegal or immoral purpose, it shall be dissolved, subject to application of the general rules concerning the legalentities. The provisions concerning the amendment of the purpose, which has subsequently become impermissible, are reserved (§§ 31 and 33). If it becomes evident that the foundation is subject to an obligation to register, the entry shall be made by the Office of Land and Public Registration with the application of § 19, para.4. If the verification shows that the foundation is subject to supervision pursuant to §29, the foundation supervisory authority shall if necessary take the appropriate measures.
4) If the courts, the Office of the Public Prosecutor or an administrative authority become aware that the notification of formation or amendment has not been submitted or that the submitted notification of formation or amendment is inaccurate in content, a report shall be drawn up and forwarded to the foundation supervisory authority.
5) The Government may, by way of Executive Order, issue more detailed provisions concerning the exercise of the capacity to examine as well as the setting and imposition of fees by the foundation supervisory authority.

C. Revocation of the Declaration of Establishment

§ 22

I. By the Founder

A revocation of the declaration of establishment is only permissible:
1. if the foundation has not yet been entered in the Public Registry, where entry is required for the formation of the foundation;
2. if an entry of the foundation is not required and this is intended to become legally effective during the lifetime of the founder, up until authentication of his signature in the foundation deed;
3. in the case of foundations formed by way of last will and testament or contract of inheritance, in accordance with the relevantly applicable rules under the law of inheritance.

§ 23

II. Exclusion of Heirs

1) In the case of foundations formed by way of last will and testament or contract of inheritance, the heirs them selves acquire no right to revoke the declaration of establishment after the death of the testator and the founder, even if the foundation has not yet been registered in the Public Registry.
2) The heirs likewise have no right of revocation if the founder, in the case of the foundation inter vivos, has drawn up the foundation deed but has died prior to the entry in the Public Registry.

D . Organisation

I. Foundation Council

§ 24

1. In General

1) The foundation council manages the business of the foundation and represents it. It is responsible for the fulfilment of the purpose of the foundation, in compliance with the provisions in the foundation documents.
2) The foundation council shall be composed of at least two members. Legal entities can be a member of the foundation council.

3) Unless otherwise provided in the foundation deed, the appointment of the foundation council shall be effective for aperiod of office of three years, whereby a reappointment is permissible and the members can perform their activity for or without remuneration.
4) The provisions drawn up for the members of the foundation council also apply to possible representatives.
5) The members of the foundation council shall sign in such manner that they append their signature to the name of the foundation.
6) If members of the foundation council act without remuneration, liability for minor negligence may be excluded in the declaration of establishment, unless the creditors of the foundation are adversely affected thereby.

2. Special Obligations

§ 25

a) Asset Management

1) The foundation council shall manage the foundation assets in compliance with the founder's intention, in conformity with the purpose of the foundation and in accordance with the principles of good management.
2) The founder may lay down specific and binding management criteria in the foundation deed, supplementary foundation deed or in a regulation.

§ 26

b) Accounting

Foundations carrying on business run along commercial lines are subject to the general rules on accounting. In the case of all other foundations the foundation council shall, in respect of the management and appropriation of the foundation assets and taking into consideration the principles of orderly book-keeping, maintain appropriate records of the financial circumstances of the foundation and keep documentary evidence presenting a comprehensible account of the course of business and movement of the foundation assets. In addition, the foundation council shall maintain a schedule of assets showing the asset position and the asset investments. A rt.1059 shall apply mutatis mutandis.

§ 27

II. Audit Authority

1) For each foundation subject to the supervision of the foundation supervisory authority pursuant to §29 the court shall in special non contentious civil proceedings appoint an audit authority in accordance with Art.191a, para.1. In these proceedings the foundation supervisory authority shall have the status of a party.
2) The audit authority must be independent of the foundation. It is under an obligation to notify the court and the foundation supervisory authority of reasons which rule out its independence. The foundation supervisory authority may demand from the audit authority the certification and evidence necessary for the assessment of independence. The following persons in particular shall be excluded as audit authority:
   1. members of another executive body of the foundation;
   2. persons with an employment relationship to the foundation;
   3. persons with close family connections with members of executive bodies of the foundation; or
   4. persons who are beneficiaries of the foundation.
3) The founder may submit two proposals for the audit authority, stating his preference. If the founder has not taken advantage of this right, the foundation council may refer such a proposal to the court. Subject to para.2, the court shall as a rule appoint the preferentially proposed audit authority.
4) As executive body of the foundation, the audit authority shall be under an obligation to verify once a year whether the foundation assets are being managed and appropriated in accordance with their purposes. It shall submit to the foundation council and the foundation supervisory authority a report on the outcome of this audit. If there is no reason for objection, it shall be sufficient to provide confirmation that the assets have been managed and appropriated in accordance with the purpose of the foundation and in conformity with the provisions of the law and the foundation documents. If while performing its duties the audit authority ascertains circumstances which jeopardize the existence of the foundation, it shall also report on this. The foundation supervisory authority may demand from the audit authority disclosure of all facts of which it has become aware during the course of its audit.
5) In the case of common-benefit foundations, the foundation supervisory authority may on request dispense with the appointment of an audit authority if the foundation only manages minor-value assets or if this seems expedient for other reasons. The Government shall by way of Executive Order lay down

the prerequisites for exemption from the obligation to appoint an audit authority.

§ 28

III. Additional Executive Bodies

1) The founder may designate additional executive bodies, in particular to specify a beneficiary from the category of beneficiaries, to specify the time, level and condition of a distribution, to manage the assets, to advise and assist the foundation council, to monitor the administration of the foundation in order to safeguard the purpose of the foundation, to reserve consents or issue instructions, as well as to safeguard the interests of the foundation participants. These executive bodies shall have no power of representation.
2) § 24, para.6 shall apply mutatis mutandis.

§ 29

E. Supervision

1) Common-benefit foundations shall be subject to the supervision of the foundation supervisory authority. The same applies to private benefit foundations which are subject to supervision pursuant to a provision in the foundation deed.
2) The foundation supervisory authority is the Office of Land and Public Registration.
3) The foundation supervisory authority shall ex officio ensure that the foundation assets are managed and appropriated in accordance with their purposes. It shall for this purpose be entitled to demand information from the foundation and, through the audit authority, to inspect the books and documents of the foundation. If the appointment of an audit authority has been dispensed with pursuant to §27, para. 5, the foundation supervisory authority shall as arule itself exercise the right of inspection. In addition, it may obtain information from other administrative authorities and the courts and may through special non contentious civil proceedings apply to the judge for the required orders, such as the control and dismissal of the executive bodies of the foundation, carrying out of special audits or cancellation of resolutions of executive bodies of the foundation.
4) Furthermore, to oppose asset management and appropriation by the executive bodies of the foundation conflicting with the purpose of the foundation, each

foundation participant may through special non contentious civil proceedings apply to the judge for an order for the required measures in accordance with para. 3. If there is a strong suspicion of a punishable act by an executive body of the foundation, the judge may also intervene ex officio, particularly on the basis of a communication from the Office of the Public Prosecutor. In such proceedings the foundation supervisory authority shall have the status of a party.

5) Unknown beneficiaries shall be ascertained by way of public citation proceedings on the application of the foundation supervisory authority.
6) The Government may, by way of Executive Order, issue more detailed provisions concerning the activity of the foundation supervisory authority as well as the setting and imposition of fees by the foundation supervisory authority.

F. Amendment

§ 30

I. Rights of the Founder to Revoke or Amend the Foundation Documents

1) The founder may in the foundation deed reserve for himself the right to revoke the foundation or to amend the declaration of establishment. These rights cannot be assigned or bequeathed. Should one of these rights be exercised by a direct representative, this shall require as pecial power of attorney referring to this transaction.
2) If the founder is a legal entity, it cannot reserve for itself the rights in accordance with para.1.
3) If the rights in accordance with para.1 are exercised by an indirect representative (§ 4, para.3), the legal consequences shall revert directly to the founder.

II. Rights of the Executive Bodies of the Foundation

§ 31

1. Amendment of the Purpose

1) An amendment of the purpose of the foundation by the foundation council or another executive body shall only be allowed if the purpose has become unachievable, impermissible or irrational or if circumstances have changed to the extent that the purpose has acquired a quite different significance or effect, so that the foundation is estranged from the intention of the founder.

2) The amendment must comply with the presumed intention of the founder and the power to amend must be expressly reserved to the foundation council or to another executive body of the foundation in the foundation deed.

§ 32

2. Amendment of Other Contents

An amendment of other contents of the foundation deed or the supplementary foundation deed, such as in particular the organisation of the foundation, is permissible by the foundation council or another executive body if and insofar as the power of amendment is expressly reserved in the foundation deed to the foundation council or to another executive body of the foundation. The foundation council shall, safeguarding the purpose of the foundation, exercise the right to amend if there is a substantially justified reason to do so.

III. Rights of the Judge

1. Supervised Foundations

§ 33

a) Amendment of the Purpose

1) If a foundation is subject to the supervision of the foundation supervisory authority, the latter may through special non-contentious civil proceedings apply to the judge for the amendment of the purpose of the foundation if:
   1. the purpose has become unachievable, impermissible or irrational or if circumstances have changed to the extent that the purpose has acquired a quite different significance or effect, so that the foundation is estranged from the intention of the founder; and
   2. the foundation deed has not entrusted the foundation council or another executive body of the foundation with the amendment of the purpose.
2) The amendment must comply with the presumed intention of the founder.
3) The foundation participants shall also be entitled to submit an application; in this case the foundation supervisory authority shall have the status of a party.

§ 34

b) Amendment of Other Contents

1) If a foundation is subject to the supervision of the foundation supervisory authority, the latter may through special non-contentious civil proceedings apply to the judge for the amendment of other contents of the foundation deed or the supplementary foundation deed, such as in particular the organisation of the foundation, if
   1. this is expedient to safeguard the purpose of the foundation, in particular to safeguard the continuing existence of the foundation and to safeguard the foundation assets; and
   2. the foundation deed has not entrusted the foundation council or another executive body of the foundation with the amendment of the other contents.
2) The foundation participants shall also be entitled to submit an application; in this case the foundation supervisory authority shall have the status of a party.

§ 35

2. Other Foundations

1) In the case of foundations not subject to the supervision of the foundation supervisory authority the judge may, on the application of a foundation participant and, in urgent cases, if necessary on the basis of a communication from the foundation supervisory authority (§21, para.3) or from the Office of the Public Prosecutor, also ex officio in special non-contentious civil proceedings exercise the powers pursuant to §§33 and 34, and pronounce the orders required pursuant to §29, para.3. There is deemed to be an urgent case in particular if there is a strong suspicion of a punishable act by an executive body of the foundation.
2) Unknown beneficiaries may on application be ascertained by the judge in public citation proceedings.

§ 36

G. Provisions under the Law of Enforcement

1) In the case of family foundations, the founder may provide that the creditors of beneficiaries shall not be permitted to deprive these beneficiaries of their

entitlement to a beneficial interest or prospective beneficial interest acquired without valuable consideration, or individual claims arising from such an interest, by way of safeguarding proceedings, compulsory enforcement or bankruptcy. In the case of mixed family foundations, such a directive can only be issued insofar as the entitlement concerned serves the purposes of the family foundation.

2) If a creditor of the foundation can obtain no satisfaction from the foundation assets, and the founder has not yet fully provided the allocated assets, the foundation council shall be under an obligation to provide the creditor with the information he requires to take legal action. In the event of bankruptcy of the foundation, this applies mutatis mutandis with regard to the administrator of the estate.

§ 37

H. Liability

1) With regard to the creditors of the foundation, only the foundation assets serve as security for the debts of the foundation. There is no obligation to put up further security.
2) The foundation council is only permitted to make distributions to beneficiaries to fulfil the purpose of the foundation if claims by creditors of the foundation are not thereby curtailed.

§ 38

I. Challenge

1) The contribution of assets to the foundation may be challenged by the heirs or the creditors in the same manner as a gift.
2) The founder and his heirs may challenge the foundation on account of deficiencies of intention in the same manner as the rules concerning deficiencies in the conclusion of a contract, even after the registration of the foundation.

K. Dissolution and Termination

§ 39

I. Reasons for Dissolution

1) The foundation shall be dissolved if:
   1. bankruptcy proceedings have been initiated in respect of the foundation assets;
   2. the resolution, whereby the initiation of bankruptcy proceedings has been rejected due to the probable insufficiency of assets to cover the costs of the bankruptcy proceedings, has achieved legal force;
   3. the court has ordered dissolution;
   4. the foundation council has adopted a legally valid resolution on dissolution.
2) The foundation council shall adopt a resolution on dissolution as soon as:
   1. it has received alegally admissible revocation by the founder;
   2. the purpose of the foundation has been achieved or is no longer achievable;
   3. the duration envisaged in the foundation deed has expired;
   4. other grounds for dissolution are stated in the foundation deed.
3) The resolution on dissolution in accordance with para.2 shall be adopted unanimously unless otherwise provided in the foundation deed. In the case of foundations subject to the supervision of the foundation supervisory authority, the foundation council shall notify the supervisory authority of the resolution on dissolution.
4) If no resolution in accordance with para.2 is adopted despite the existence of aground for dissolution, in the case of foundations not subject to the supervision of the foundation supervisory authority the judge shall, on the application of foundation participants, dissolve the foundation in special non-contentious civil proceedings; in the case of other foundations, application for dissolution may also be made by the foundation supervisory authority.
5) If a resolution on dissolution is adopted in accordance with para.2 although there is no ground for dissolution, in the case of foundations not subject to the supervision of the foundation supervisory authority the judge shall, on the application of foundation participants, cancel the foundation council's resolution on dissolution in special non-contentious civil proceedings; in the case of other foundations, the foundation supervisory authority shall also be entitled to apply.

6) If the foundation carries on business run along commercial lines without complying with the prerequisites pursuant to § 1, para.2, the judge shall, on the application of a foundation participant or ex officio, adjudicate on the dissolution of the foundation if the foundation has not complied with a legally binding restraining order within a reasonable time limit.

§ 40

II. Liquidation and Termination

1) The general provisions on the legal entity shall apply to the liquidation and termination of the foundation.
2) The provisions concerning the public notice to creditors shall not apply to foundations not entered in the Public Registry.
3) On the termination of a foundation, the Office of Land and Public Registration shall issue a certificate of cancellation in the form of an extract from the Public Registry in the case of registered foundations, or an official confirmation in the case of unregistered foundations.
4) If the foundation is subject to the supervision of the foundation supervisory authority, the foundation council shall notify the foundation supervisory authority of the termination of the foundation. If the foundation is entered in the Public Registry, an extract from the Public Registry shall also be submitted. The legal representative also has authority to notify.
5) Subsequently discovered assets of a foundation shall be liquidated in accordance with the principles concerning subsequent liquidation (Art.139). In the case of foundations subject to the supervision of the foundation supervisory authority, the foundation council shall inform the authority without delay about subsequently discovered assets. The legal representative also has authority to notify.

§ 41

L. Conversion

Subject to the mandatory preservation of the essence of the foundation in general and the intention of the founder in particular, a private-benefit foundation can be converted, without being wound up or liquidated, into an establishment (Anstalt) organised in accordance with the law on foundations, or a trust enterprise with legal personality organised in accordance with the law on foundations, by way of a deed drawn up in due form, if the conversion:

1. is foreseen upon defining the conditions of conversion the in the foundation deed; and
2. is oriented to the realisation of the purpose of the foundation.

Arts. 553 to 570

Repealed

Art. 955a, para.1

1) **Inspection, extracts, copies** or certificates of files and **documents deposited** pursuant to Art. 990, as well as of notices and documentary evidence of foundations and trusts not entered in the Public Registry or of notifications of formation or amendment of foundations not entered in the Public Register, may only be demanded by depositors and the person authorised for this purpose, as well as by universal successors. The right is reserved to disclose to domestic criminal prosecution authorities, the Financial Intelligence Unit (FIU) and the Financial Market Authority (FMA) the identity of the representative or the person authorised to accept the post delivery. The Government shall issue more detailed provisions by way of Executive Order.

§66cSchlT (Final Heading)

5. Obligations of Foundations concerning Application to Register, Deposition and Declaration

1) On information from the foundation supervisory authority, the Court of Justice of Liechtenstein may in special non-contentious civil proceedings impose a fine of up to 10'000 Swiss francs on any person who as a member of the foundation council:
   1. fails to apply for registration of a foundation in the Public Registry contrary to Art.552, §19, para.5; or
   2. fails to deposit at the Office of Land and Public Registration a notification of formation contrary to Art. 552, § 20, para.1 in conjunction with para.2 or a notification of amendment contrary to Art.552, §20, para.3.
2) The fine in accordance with para.1 may be repeatedly imposed until a lawful status is produced.
3) Any person who intentionally makes a declaration incorrect in substance pursuant to Art.552 §20, para.1 in conjunction with para.2 or pursuant to Art.552, § 20, para.3, shall be sentenced by the Court of Justice of Liechten-

stein to pay a fine ofup to 50'000 Swiss francs on account of a misdemeanour, and in the event of non-collectibility to a term of imprisonment of up to six months. If the perpetrator acts negligently, he shall be sentenced by the Court of Justice of Liechtenstein to pay a fine of up to 20'000 Swiss francs on account of a misdemeanour, and in the event of non-collectibility to a term of imprisonment of up to three months.

4) Any person who as an attorney at law, trustee or holder of an entitlement in accordance with Art. 180a intentionally or negligently provides an incorrect confirmation of the information pursuant to Art. 552, §20, para.1 in conjunction with para.2 or pursuant to Art.552, § 20, para.3 shall likewise be punished in accordance with para.3.
5) The right to take disciplinary measures is reserved.

II. Transitional Provisions

Art.1

Application of the New Law to Existing Foundations

1) Unless otherwise provided below, previous law shall apply to foundations existing at the time of entry into force of this Law.
2) If a change of circumstance, which pursuant to Art.552, §20, para.3 is to be reported to the Office of Land and Public Registration, initially occurs after the entry into force of this Law, the members of the foundation council shall submit a report containing the information in accordance Art.552, §20, para.2. With regard to the obligation and authority to report, as well as the confirmation of the particulars, Art. 552, §20, para.1 shall be applied mutatis mutandis, and with regard to the verification of accuracy §21 shall be applied mutatis mutandis. Art. 552, §20, para.3 shall apply to all subsequent amendments.
3) If a report is submitted in accordancewith para.2, or if such a report had already been submitted, the foundation can be requested to surrender the foundation deed and the other documents which pursuant to Art.554 have, in their hitherto applicable versions, been deposited at the Office of Land and Public Registration.
4) Art.107, para.4a and Art.552, §§3,5 to 12,21,26,27,29 and 31 to 35 shall also apply to foundations which were formed prior to the entry into force of this Law .The members of the foundation council shall, within six months after the entry into force of this Law and enclosing an extract from the Public Registry, report to the foundation supervisory authority foundations which

pursuant to Art.552, §29 are subject to the supervision of the foundation supervisory authority. The founder shall be entitled to setup a controlling body in accordance with Art.552, § 11, para.2 in conjunction with para.3, even if he has not reserved this right for himself. If the foundation has been formed by an indirect representative (Art.552, §4, para.3), the principal (authorisor) shall be deemed to be the founder; Art.552, §30, para.3 shall be applied mutatis mutandis. If the founder is deceased or is without legal capacity to contract, a controlling body can be setup by the foundation council pursuant to Art.552 §11, para.2, item 1 in conjunction with para.3. The controlling body must be set up within six months following the entry into force of this Law. In the case of common-benefit foundations (Art.552, §2) and private-benefit foundations which on a special statutory basis carry on business run along commercial lines and are not entered in the Public Registry, every member of the foundation council shall be under an obligation to apply for registration in the Public Registry within six months following the entry into force of this Law; Art.552, §19 shall apply mutatis mutandis.

5) If a controlling body is setup pursuant to para.4, the audit in accordance with Art.552, §11, para.4 or Art.552, §27 para.4 must initially take place by 30June2010.

Art.2

Adaptation to the New Law

1) If, with regard to a foundation formed priorto 31 December 2003, the formation documents do not satisfy the requirements in accordance with Art.552, §16, para.1, item 4, a lawful status shall be produced by 31 December 2009.
2) The founder shall beentitled to amend the declaration of establishment in order to produce a lawful status, even if he has not reserved for himself such a right. If the foundation has been formed by an indirect representative (Art. 552, §4, para.3), the principal (authorisor) shall be deemed to be the founder; Art.552, §30, para.3 shall apply mutatis mutandis.
3) If the founder is deceased or is without legal capacity to contract, the declaration of establishment can be amended by the foundation council in a manner in conformity with Art.552, §16, para.1, item 4. Amendment by the foundation council is only permissible if the intention of the founder can be ascertained. As a means of ascertaining the intention of the founder, only documents originating from the founder, a direct or indirect representative involved in the formation or an executive body of the foundation shall be permitted to be used. If the document does not originate from the founder, only

documents drawn up prior to 1st December 2006 shall be permitted to be used.

4) The foundation council of all foundations not entered in the Public Registry shall, by way of express declaration, provide the Office of Land and Public Registration with express confirmation that the foundation documents comply with Art.552, §16, para.1, item 4. Insofar as applicable, this declaration shall not be permitted to be submitted until a lawful status has been produced. Art.552, §21 shall apply mutatis mutandisto the verification of the accuracy of the declaration.
5) If a lawful status has not been produced by 30th June 2010, the foundation council shall adopt a resolution on dissolution pursuant to Art.552, §39, which shall be reported to the Office of Land and Public Registration.
6) If the report in accordance with para.5 has not been submitted by 1st August 2010, the Office of Land and Public Registration shall request the foundation council to submit a declaration in accordance with para.4 within a period of grace of six months or to report the resolution on dissolution. If this time limit also expires without submission, the Office of Land and Public Registration shall notify the judge; the latter shall in special non-contentious civil proceedings declare the foundation dissolved.
7) If a foundation is dissolved in accordance with para.5 or 6, the Office of Land and Public Registration shall be entitled to demand all executive bodies of the foundation to provide information on the progress of the liquidation. If it proves that the liquidator is dilatory in carrying out the liquidation, the judge can, in special non-contentious civil proceedings, on the application of foundation participants, the Office of Land and Public Registration or ex officio, remove the liquidator from office and appoint another suitable person as liquidator.

Art.3

Penal Provisions

1) If, contrary to Art.1, para.2, a report is not submitted, §66c, paras. 1 and 2 SchlT shall apply mutatis mutandis.
2) Any person who makes a declaration incorrect in substance in accordance with Art.1, para.2 or Art.2, para.4 or intentionally fails to submit a report pursuant to Art.1, para.4 or who wrongfully declares that he is not subject to the supervision of the foundation supervisory authority, or who as an attorney at law, trustee or holder of an entitlement in accordance with Art.180a intentionally or negligently provides an incorrect confirmation of the information

pursuant to Art.1, para.2 in conjunction with Art.552, §20, para.1 of the Persons and Companies Act, shall be sentenced by the Court of Justice of Liechtenstein to pay af ine of up to 50'000 Swiss francs on account of a misdemeanour, and in the event of non-collectibility to a term of imprisonment of up to six months. If the perpetrator acts negligently, he shall besentenced by the Court of Justice of Liechtenstein to pay a fine of up to 20'000 Swiss francs on account of a misdemeanour, and in the event of non-collectibility to a term of imprisonment of up to three months.

3) The right to take disciplinary measures is reserved.

Art.4

Application of the New Law to Existing Establishments

1) Art.107, para.4a as well as Art.552, §2, para.4, §§26,27,29,31 to 35,36, para.1, and 41 shall also be applied mutatis mutandis to those establishments pursuant to Art.551, para. 2 of the Persons and Companies Act which were formed prior to the entry into force of this Law .
2) The members of the management of an establishment, which pursuant to Art.551, para.2 in conjunction with Art.552, §29 is subject to the supervision of the foundation supervisory authority, shall report this to the foundation supervisory authority, enclosing an extract from the Public Registry, within six months following the entry into force of this Law .
3) Any person who as a member of the management pursuant to para.2 intentionally or negligently fails or wrongfully declares that he is not subject to the supervision of the foundation supervisory authority, shall be punished in accordance with Art.3, para.2.

III.

Entry into Force

Subject to the expiration of the referendum time limit without a referendum having been taken, this Law shall enter into force on 1st April 2009, or otherwise on the date on which it is announced.
On behalf of the Reigning Prince:
signed Alois, Hereditary Prince

signed Otmar Hasler, Prime Minister

Literaturverzeichnis

ABT Daniel / WEIBEL Thomas, Praxiskommentar Erbrecht: Nachlassplanung, Nachlassabwicklung, Willensvollstreckung, Prozessführung, Basel 2007.

ACHERMANN Hubert, Studien zu Auslegungsproblemen des Abkommens zwischen der Schweizerischen Eidgenossenschaft und dem Fürstentum Liechtenstein über die Anerkennung und Vollstreckung von gerichtlichen Entscheidungen und Schiedssprüchen in Zivilsachen vom 25. April 1968, (Diss.Bern 1983) Zollikerberg 1983.

AEBI-Müller, Regina Elisabeth, Die optimale Begünstigung des überlebenden Ehegatten: Güter-, erb-, obligationen- und versicherungsrechtliche Vorkehren, unter Berücksichtigung des Steuerrechts, 2. A., Bern 2007.

AEPLI Hans, Das Treuhandgeschäft, in: Vertragsverhältnisse im Treuhandwesen, Treuhändertagung '95 Luzern, Luzern 1995.

ALEXANDER Lukas, Anstalten und Stiftungen, verselbständigte Vermögensmassen im Römischen Recht, Köln 2003.

ARTER Oliver, Commercial Trust, in: Entwicklungen im Gesellschaftsrecht II, Bern 2007, 307-343.

ARTER Oliver / JOERG Florian S., Stimmbindung mit Aktionärbindungsvertrag: Voting Trusts als Alternative, STH 81 (2007) 474-476.

BAECHINGEN Patricia, Die Reformbestrebungen der EU im Berich des Erbrechts – Lösungsansätze in Anlehnung an die Fragestellung des Grünbuchs, AJP 16 (2007) 1532-1541.

BAKER Andrew, Ein Vergleich zwischen der liechtensteinischen Treuhänderschaft und der liechtensteinischen Stiftung, aus dem Blickwinkel des common law, Diplomarbeiten 2000 (Recht) des Nachdiplomstudiengangs Treuhandwesen der Fachhochschule Liechtenstein, (Schriften zum liechtensteinischen Recht, Band 8), Vaduz 2000, 7-44.

BARBETTA Gian Paolo, Foundations in Italy, in: Anheier/Toepler (Hg.), Private Funds, Public Purposes, New York, 1999.

BARTHOLD Beat, Aussonderung von Treugut im schweizerischen Partikularkonkurs, (Schweizer Studien zum internationalen Recht, Band 99) Zürich 1997, (3. Kapitel: Fürstentum Liechtenstein), 58-119.

BATLINER Heinz, Die Stiftung im Fürstentum Liechtenstein, 4. A., Vaduz 1986.

–, Die privatrechtliche Anstalt im Fürstentum Liechtenstein, Vaduz 1985.

BATLINER Herbert, Die Stiftung im Fürstentum Liechtenstein, Vaduz 1996.

–, Die Treuhänderschaft: einschliesslich das Treunternehmen im Fürstentum Liechtenstein, Vaduz 1996.

BAUER Carsten, Trust und Anstalt als Rechtsformen liechtensteinischen Rechts, (Wirtschaftsrecht und Wirtschaftsverfassung, Band 15) Frankfurt am Main/ Berlin/Bern/New York/ Paris/Wien 1995

BAUMANN Hanspeter, Psychologische und organisatorische Aspekte der Nachfolge in Familienunternehmen, STH 81 (2007) 323-327.

BAUMGARTNER Hans / BUEHLER, Simon, Nachfolgemanagement im KMU als interdisziplinäre Herausforderung: Generationenwechsel oder Eigentumsübergang in KMU erfordern aktives Management und die richtigen Partner, STH 81 (2007) 348-351.

BAUR Georges, Beitritt des Fürstentums Liechtenstein zum Haager TrustÜbereinkommen, Jus & News 2002, 263-278.

BAUR, Leonid, Der IPO-Prozess im Überblick, ST 81 (2007) 360-363.

BECK Emil, Zur Frage des Impedimentum ligaminis im liechtensteinischen internationalen Privatrechts, Vaduz 1962.

BECK Wilhelm, Unternehmungen und selbständige Vermögensverwaltungen im Fürstentum Liechtenstein, Vaduz 1931.

BETSCHART Philipp, Grundzüge der Trustbesteuerung – dargestellt anhand der Praxis des Kantons Zürich, StR 62 (2007) 158-164.

BEUSCH Michael, Von der Erbschaftssteuer für Pflegekosten bis zur Integrations- und Infrastruktursteuer für Unternehmen: ein Blick auf aktuelle steuerrechtliche Nebenschaumplätze und Kuriositäten, StR 82 (2007) 303-317.

BIEDERMANN Klaus, Trust (Treuhänderschaft), establishment (Anstalt) and foundation (Stiftung) under Liechtenstein law, Vaduz 1983.

–, Die Treuhänderschaft des liechtensteinischen Rechts: dargestellt an ihrem Vorbild, dem Trust des Common Law: Unter Berücksichtigung des Gesetzes betreffend das Treuunternehmen, (Abhandlungen zum schweizerischen Recht, Neue Folge Band 470) Bern 1981.

BIEDERMANN Klaus/PEASE Richard, The Law of Trusts in Liechtenstein, Geneva/Vaduz 1980.

BIERI René, Abgrenzung der Erbschafts- und Schenkungssteuer von der harmonisierten Einkommenssteuer, dargestellt am Beispiel der Leistungen aus der reinen Risikoversicherungen im Todesfall, StR 62 (2007) 93-108.

BOECKLE Hermann, Gründung, Vewaltung, Auflösung von Stiftungen und Abgrenzung zu anderen Verbandspersonen, LJZ 2001, 63-72.

BOECKLE Hermann/GRABHER Heinz, Die Entstehung und Überwachung der Stiftung, Festschrift für Peter Marxer, Vaduz 1993, 35.

BOECKLI Peter, Der angelsächsische Trust: Zivilrecht und Steuerrecht, Zürich/St. Gallen 2007, Sonderdruck aus der Zeitschrift Gesellschafts- und Kapitalmarktrecht 2007, 209-235, STR 62 (2007) 710-730 und 774-795).
BOEHMER Justus Henning, Ius ecclesiasticum protestantiom, Halae Magdeburgicae, 1743-45
BOESCH Harald, Liechtensteinisches Stiftungsrecht, Bern 2005.
–, Zur Anwendung der allgemeinen Vorschriften des Personen- und Gesellschaftsrechts auf die Stiftung, Festschrift für Herbert Batliner, Vaduz 2004, 193-233.
–, Auskunfts- und Rechnungslegungsanspruch des Pflichtteilsberechtigten gegenüber einer liechtensteinischen Stiftung, LJZ 2003, 55-63.
–, Stiftungsrecht im Fürstentum Liechtenstein, Heft 3 des Instituts für Stiftungsrecht und das Recht der Non-Profit-Organisationen der Bucerius Law School Hamburg, Hamburg 2003.
–, Liechtensteinische Trustrezeption und Anwendungsbereich der Bestimmungen über die Treuhänderschaft: Neue Erkenntnisse oder nur alter Wein in neuen Schläuchen, LJZ 2001, 42-54, 73-92.
–, Judikaturwende im liechtensteinischen Treuhandrecht: Eine Nachlese und ein Ausblick, LJZ 2000, 87-93.
–, Bemerkungen zur Haftung des Treuhänders für falsche Angaben und zu anderen aktuellen Fragen des liechtensteinischen Treuhandrechts, LJZ 1999, 73-81.
–, Schweizerische Spuren im liechtensteinischen Treuhandrecht, ZSR 119 (2000) 175-220.
–, Trust und Fiduzia im Liechtensteinischen Recht, Jus & News 1997, 12 ff.
–, „Stifterrechte“ wie Gründerrechte bei der Anstalt übertrag- und vererbbar?, Jus & News 1997, 265-280.
–, Die liechtensteinische Treuhänderschaft zwischen trust und Treuhand: Eine rechtsdogmatische und -vergleichende Untersuchung aufgrund der Weisungsbestimmung des Art. 918 liecht. PGR, (Schriften zum liechtensteinischen Recht, Band 2) Mauren 1995.
BOUTIN Gilberto, La fundacion de interes privado en el derecho panameño y comparado, Panamá, 2000.
BRAUCH Philip Kurt, The charitable company im englischen Recht, Frankfurt am Main, 2001.
BREITSCHMID Peter, Das Bankkonto im Erbgang – Probleme rund um die Vermögensverwaltung vor und nach dem Tod, Successio 1 (2007) 220-238.
–, Erben in der Schweiz, Glück oder Last, verdient oder unverdient, mit Bemerkungen über den beschränkten Neuigkeitswert von Studien, Successio 1 (2007) 202-210.

–, Das Erbrecht im 19. und 21. Jahrhundert: der Konflikt zwischen Status, Realbeziehung und erblasserischer Freiheit, Successio 1 (2007) 6-18.
–, Die Erbschaftssteuer im verfassungsrechtlichen Schussfeld, Successio 1 (2007) 136-137.
–, Das Gut rinnt wie das Blut, oder Wie Gesellschaft, Gesetz oder Individuen es wollen: Fragen zu Erben und (Kenntnis der) Abstammung, Successio 1 (2007) 142-149.
–, Formvorschriften im Testamentsrecht *de lege lata / de lege ferenda,* rechtsvergleichend, dargestellt insbesondere am Beispiel des eigenhändigen Testaments, Diss. Zürich, 1982.
BRUCK Eberhard,Über Römisches Recht im Rahmen der Kulturgeschichte, Berlin/Heidelberg 1954.
BRUNS Carl, Fontes iuris romani antiqui, Tübingen 1909.
BUECHLER, Andrea, Eingetragene Partnerschaft, Bern 2007.
BUEHLER Alfred, Die Stiftung nach dem Recht des Fürstentums Liechtenstein, Hamburg 1980.
–, Die Anstalt: eine privatrechtliche Gesellschaftsform im Fürstentum Liechtenstein, Hamburg 1977.
BUEHLER Theodor, Wann beginnt das Jahr, nach dessen Ablauf die erbrechtliche Ungültigkeits- bzw. Herabsetzungsklage verjäht? SJZ 69 (1973), 21.
BUEHRER Gerold,Unternehmensnachfolge – Steuerpolitik im Dienste der KMU und unserer Volkswirtschaft, STH 81 (2007) 310-313.
BUNDESVERBAND DEUTSCHER STIFTUNGEN, Zahlen, Daten, Fakten, Berlin, 2001.
BURCKHARDT Jean-Louis, Leitfaden für Stiftungen und die Funktion der Bank bei deren Errichtung und Verwaltung: unter Berücksichtigung des schweizerischen und liechtensteinischen Rechts, (Publikation der Swiss Banking School Zürich, Nr. 129) Bern/Stuttgart/Wien 1996.
BUSCHOR Thomas, Nachlassplanung (‚estate planning‘) nach schweizerischem internationalem Erbrecht, Diss. Zürich 1994.
CANDRIAN Daniel, Scheidung und Trennung im internationalen Privatrecht der Schweiz: unter Berücksichtigung des deutschen, österreichischen, französischen, italienischen, spanischen und liechtensteinischen Rechts, (Diss. St.Gallen) St. Gallen 1994.
CASNER James, Estate planning, Fifth Edition, Boston/Toronto/London 1988.
CASPERS Wolfgang/WAGNER Jürgen/KUENZLE Hans Rainer, Die Liechtensteinische Stiftung: Referate der Tagung „Stiftungsnovellierung: wohin geht die Reise?“ vom 27. Juni 2002 and der Fachhochschule Liechtenstein, (Schweizer Schriften zur Vermögensberatung und zum Vermögensrecht, Band 4) Zürich 2002.

CHCL FIDUCIARY GROUP, The Republic of Panama as a Jurisdiction, Panama, 2005.
CLAUSS Jörg/BLOCKWITZ, Manuela, Leitfaden zur Stiftungserrichtung in der Schweiz, Checkliste und Musterverträge, Herausgeber: Handelskammer Deutschland-Schweiz, Zürich, 2003.
COING Helmut, Handbuch des Stiftungsrechts, München, 1986.
CRETTI Sibilla, Le Trust – Aspects fiscaux, 2. ed., Basel/Genf/München 2007.
DANON Robert, Note sur le statut du trust en droit fiscal suisse, StR 82 (2007) 376-379.
–, Switzerland's direct and international taxation of private express trusts: with particular references to US, Canadian and New Zealand trust taxation, (Droit fiscal Suisse et international, vol. 1) Zürich 2004.
DE GIORGI, Maria Vita, Stiftungen im italienischen Recht, Hopt/Reuter, Europäisches Stiftungsrecht, Köln, 2001.
DE POVER Marie-France, Trust, fiducie administratiekantoor, foundation du Liechtenstein, Bruxelles 2001.
DEVISME Marjorie, Présentation synthétique de la réforme du droit des Successions en France, ZBGR 88 (2007) 253-262.
DREXEL Cornelia, Die Sorgfaltspflichten des liechtensteinischen Treuhänders, Diplomarbeiten 2000 (Recht) des Nachdiplomstudiengangs Treuhandwesen der Fachhochschule Liechtenstein, (Schriften zum liechtensteinischen Recht, Band 8) Schaan 2000.
DRUEY Jean Nicolas, Der Anspruch der Erben auf Information, BJM 1988, 113.
–, Grundriss des Erbrechts, 3.Auflage, Bern 2002.
DUDEN Gustav, Vorschriften und Tatsachen zur deutschen Stiftung, Die Stiftung, 21. Tagung der DACH in Wien vom 16.-18.9.1999, Wien, 2000.
EHRAT Felix R. / FREY Thomas, Nachfolgeplanung aus ehegüter- und erbrechtlicher Sicht, STH 81 (2007) 328-333.
EHRENZWEIG Armin, System des österreichischen allgemeinen Privatrechts, Band 2: Obligationen-, Familien- und Erbrecht, 4. A., Wien, 1907.
EICHNER Mark, Die Rechtsstellung von Treugebern und Begünstigten aus Trust und Treuhand: unter besonderer Berücksichtigung des Haager Trust Übereinkommens und des Aussonderungsanspruchs, Basel 2007 (Schriftenreihe für Internationales Recht Nr.107).
EISELBERG Maximilian, Die österreichische Privatstiftung – privatnütziges System ohne staatliche Aufsicht, in: Achermann/Künzle/Roth, Die Liechtensteinische Stiftung „Stiftungsnovellierung – wohin geht die Reise?“, Schweizer Schriften zur Vermögensberatung und zum Vermögensrecht, Schriftenreihe von KPMG private, Vaduz, 2002.

EITEL Paul, Hundert Jahre Begünstigung des Ehegatten nach Art. 473 ZGB, in: ZGB: gestern – heute – morgen, Festgabe zum Schweizerischen Juristentag 2007, hrsg. v. Daniel Girsberger und Michele Luminati, Zürich/Basel/Genf 2007, 139-180.

–, Aktuelle Entwicklungen im türkischen Erbrecht aus schweizerischer Sicht, in: Rezeption und Autonomie, hrsg. v. Roland von Büren, Susan Emmenegger und Thomas Koller, Bern 2007, 125-146.

–, Die Nacherbeinsetzung in Theorie und Praxis, Successio 1 (2007) 82-107.

–, Das Recht der Errungenschaftsbeteiligung als „Steinbruch" für das Recht der Nacherbeneinsetzung, in: Festschr. für Bruno Huwiler, hrsg. von Pascal Pichonnaz, Nedim Peter Vogt und Stephan Wolf, Bern 2007, 205-218.

–, Die Stiftung als Instrument zur Perpetuierung von Aktiengesellschaften?, in: Festschr. für Hans Michael Riemer, hrsg. v. Peter Breitschmid, Wolfgang Portmann, Heinz Rey und Dieter Zobl, Bern 2007, 79-97.

–, Zivilrechtliche, insbesondere erbrechtliche Aspekte der Unternehmensnachfolge, in: Weiterbildungsanlass Unternehmensnachfolge, hrsg. v. Luzerner Notarenverband, Luzern 2007.

ELKUCH Ivo, Personen- und Gesellschaftsrecht des Fürstentums Liechtenstein, 4. A., Schaan 2001.

–, Sachenrecht des Fürstentums Liechtenstein, Schaan 1999.

–, Ehegesetz des Fürstentums Liechtenstein, Schaan 1998.

ESTRIBÍ Ch., Heriberto, Fundaciones de Interés Privado, Guía Práctica, Panamá, 2002.

FEENSTRA Robert, L'histoire des fondations, in Tjidschrift voor Rechtsgeschiedenis, Bd. 24 (1956) S. 381 ff.

FELBER Markus, Jusletter 23. Juli 2001, *www.weblaw.ch/jusletter.*

FELD Daniel E / CATHERALL John, Exempt Organisations Tax Digest, 2. Edition, Valhalla, 1996.

FERID Murad / SONNENBERGER Hans-Jürgen, Das französische Zivilrecht, 2. Aufl., Heidelberg, 1994.

FERREIRA Francisco Pérez, Las fundacioes de interés privado en Panamá, Portobelo, Panamá, 1998.

FERRER-MORGAN Eduardo, Introduction and Analysis of the Origin and Intent of each article of the new Panamanian law on Private Foundations, „The Private Foundation under Panamanian Law",Morgan & Morgan, Panamá, 1995.

FISCHER Monika, Was tun, wenn jemand stirbt: ein Ratgeber der Stiftung für Konsumentenschutz, Bern 2007.

FISHMAN James / SCHWARZ Stephen, Non-profit Organizations, 2. Aufl., New York, 2000.

FORBES-JAEGER David / GSTOEHL Martin, Liechtenstein Foundation and Anglo-Saxon Trust Compared, Trusts & Trustees 3 (1997) No. 10, 6-12.
FRANKHAUSER Roland, Gesetzliches Ehegattenerbrecht in der (Ehe-) Krise, Familienpraxis Schweiz 8 (2007), 229-255.
FREEMAN Douglas, The handbook on Private Foundations, New York, 1991.
FRICK Mario, Lugano-Übereinkommen: Vor- und Nachteile für den liechtensteinischen Finanzdienstleistungssektor (am Beispiel der Banken), Jus & News 205, 275-294.
–, Sind ausländsiche Urteile taugliche Urkunden für eine Rechtsöffnung in Liechtenstein?: Anmerkungen zum Beschluss den liechtensteinischen Obergerichts vom 22.08.2002 zu 7 Rö 2002.3, Jus & News 2003, 7-16.
–, Die Anerkennung und Vollstreckung ausländischer Entscheidungen in Zivilsachen im Fürstentum Liechtenstein: unter Berücksichtigung des schweizerischen, österreichischen und deutschen Rechts, (St. Gallen Studien zum internationalen Recht, Band 11) St. Gallen 1992.
FRICK Rony, Die Aktienarten nach liechtensteinischem Aktienrecht, (Diss. Bern 1975) Schaan 1977.
FRICK-TABARELLI Marion, Die besondere Bedeutung der Treuhänderschaft gemäss Art. 897 ff. PGR für die privatrechtliche Stiftung nach liechtensteinischem Recht, (Schriften zum liechtensteinischen Recht, Band 1) Mauren 1993.
GALGANO Francesco, Le associazioni, le fondazioni, i comitati, Padua, 1996.
–, Delle persone giuridiche, nel Commentario del Codico Civile a cura di Scialoja e Branca, Libro primo, Delle persone e delle famigli, Bologna, Roma, 1969.
GASSER Johannes, Neues zum Internationalen Insolvenzrecht in Liechtenstein, LJZ 2004, 24-36.
–, Quo vadis Trust im Stiftungsrecht, in: Festschr. Herbert Batliner, hrsg. v. First Advisory Group, Vaduz 2004, 150-173.
GASSMANN Richard, Asset Tracing trotz Bankgeheimnis: Die Bank im Visier des Gläubigers ihres ausländischen Kunden, in: Festschr. für Kurt Siehr, hg. v.Peter Johannes Weber, Marc Weber, Riccardo Seitz und Hans Rainer Künzle, Zürich 2001, 25-43.
GEISER Thomas, Partnerschaftsgesetz und Notariat, AJP 16 (2007) 3-12.
–, Sorgfalt in der Vermögensverwaltung durch den Willensvollstrecker, Successio 1 (2007) 178-184.
GEISER Thomas / GREMPER, Philipp, Zürcher Kommentar zum Partnerschaftsgesetz, Zürich 2007.

GIRSBERGER Daniel / HEINI Anton/ KELLER Max/ KREN Jolanta/ SIEHRT Kurt/ VISCHER Frank/ VOLKEN Paul, Zürcher Kommentar zum IPRG, Zürich/Basel/Genf 2004.
GLAUS Hannes, Irrtumsanfechtung und Auslegung beim Testament, Diss. Zürich 1982.
GRETER Jürg, US-Quellensteuern bei Liechtensteiner Stiftungen und Offshore Trusts: Neue Regeln – Offene Fragen, STH 2001, 111-114.
GROEHS Bernhard/STARINGER Claus, Österreichische und liechtensteinische Stiftung in rechtsvergleichender Sicht, in: Handbuch zum Privatstiftungsgesetz, hg. v. Peter Csoklich, Michael J. Müller, Bernhard Gröhs und Franz Helbich, Wien 1994, 293-316.
GROSSFELD Bernhard, Gläubigeranfechtung und Druchgriff. Das Problem der liechtensteinischen Anstalt, IPRax 1981, 116-117.
GRUENINGER Harold, Aktuelles aus dem Stiftungs- und Gemeinnützigkeitsbereich: Fälle, Entscheide, Literatur, Successio 1 (2007) 124-128.
–, Besteuerung von Trusts – Kreisschreiben 30 der Schweizerischen Steuerkonferenz vom 22. August 2007, Successio 1 (2007) 260-267.
GUBLER Friedrich, Besteht in der Schweiz ein Bedürfnis nach Einführung des Instituts der angelsächsischen Treuhand (trust)?, ZSR 73 (1954) 215.
GUBSER Anton, Outline of the Liechtenstein Company law reform of 1980, Vaduz 1981.
–, Grundriss der Liechtensteinischen Gesellschaftreform 1980, Vaduz 1980.
GUILLAUME Florence, Aspects successoraux de la transmission d'une entreprise à un descendant. La transmission d'une entreprise de famille, STH 81 (2007) 334-338.
GUTZWILER Peter Max, Schweizerisches Internationales Trustrecht, Kommentar zum Haager Übereinkommen über das auf Trusts anzuwendende Recht und über ihre Anerkennung (HTÜ) vom 1. Juli 1985 und zur schweizerischen Umsetzungs-Gesetzgebung vom 20.Dezember 2006, Basel 2007.
–, Trusts für die Schweiz, Anwaltsrevue 2007, 156-159.
–, Zur Bedeutung der Urteilsfähigkeit im Rahmen des „Vorsorgeauftrages“: zum Vorschlag des Bundesrates vom 28.6.2006, AJP 16 (2007) 556-560.
GUTZWILER Peter Max / SCHLEIFFER Patrick, Offenlegung von Beteiligungen im Falle eines Trusts (Trustees) als Aktionär, GesKR 2 (2007) 61-67.
GUEGGI Bruno, Die Familienstiftung im liechtensteinischen Recht, 13. A., Vaduz 2000.
–, La fondation de familie dans le droit liechtensteinois, 9e éd., Vaduz 2000.
–, La fondazione di famiglia nel diritto die Liechtenstein, 9a ed., Vaduz 1997.

HAAB Dieter, Aktionärbindungsvertrag: Vereinbarung zur Ergänzung des Aktienrechts und Mittel für eine massgeschneiderte Nachfolgeregelung, STH 81 (2007) 383-386.
HAAS-Leimbacher Christelle, Journée d'étude de droit comparé (CDCE Lausanne) du 5 Mars 2007: „Nouveautés en matière de pactes successoraux en droit français, italien et espagnol, Successio 1 (2007) 150-154.
–, Droit successoral et droit fiscal français: interdépendance dans les situations internationales, Bâle, 11 septembre 2007, Successio 1 (2007) 292-296.
–, Une réforme importante du droit successoral français: vers plus de liberté, Successio 1 (2007) 58-73.
HARDEGGER Ida, Geltendes Pflichtteilsrecht wird mehr und mehr zum Anachronismus – Ein Votum für angemessene Möglichkeiten autonomer Nachlassdispositionen, NZZ Nr.267, 16. November 2007, 18.
HÄUSLER Tom, Erbschaftsratgeber Deutschland-Schweiz, Herausgeber: Handelskammer Deutschland-Schweiz, März, 2003.
HASENBOEHLER Franz, Sittenwidrige Verfügungen von Todes wegen, BJM 1980, S.1-21.
HEEB Eugen, Tolley's Tax Havens. Tolley Publishing Co. Ltd., Liechtenstein, 1990.
HEGNAUER Cyril, Grundriss des Kindesrechts und des übrigen Verwandschaftsrechts, 5.Aufl., Bern 1999.
–, Der Vater im Ausland als Beistand seines Kindes in der Schweiz, ZVW 1988, S.61 ff.
–, Der Ausschluss des Pflichtteils des unmündigen Erben von der elterlichen Verwaltung (Art.322 ZGB), Festschrift für Frank Vischer, Zürich 1983.
–, Zur Verwendung der Erträge des Kindsvermögens gemäss Art.319 ZGB, ZVW 1979, 14.
–, Kann der Pflichtteil des Kindes nach Art.294 ZGB von der elterlichen Verwaltung und Nutzung befreit werden? SJZ 1967, 310.
HEINI Anton, Zu einem Urteil des Schweizerischen Bundesgerichts über das Personalstatut ausländischer juristischer Personen (Ungültigkeit einer liechtensteinischen Stiftung), IPRax 1984, 166-168.
HEISS Helmut, Zur Sanierung fehlerhafter Stiftungsstatuten – kein Handlungsbedarf des liechtensteinischen Gesetzgebers infolge des Urteils des StGH vom 18.11.2003, Az. StGH 2003/65, LJZ 2004, 80-83.
HEISS Helmut / LORENZ Bernhard, Der erstarrte Stifterwille, Aktuelle Fragen zum Finanzplatz Liechtenstein, Marxer & Partner, Vaduz 2004, 123-139.
HEPBERGER Rainer, Die Liechtensteinische Stiftung unter besonderer Berücksichtigung der Rechte des Stifters nach deren Errichtung, (Schriften zum liechtensteinischen Recht, Band 13) Schaan 2003.

HEPBERGER Rainer / MAUTER Wolfgang, Die Besteuerung der liechtensteinischen Familienstiftung aus der Sicht der Schweiz, StR 2004, 586-603.
HEROLD Hans / BRAXATOR Camillus, Das Rechtsinstitut der Stiftung, Zu den Einsatzmöglichkeiten für die Gesellschafternachfolge und die Führung von Wirtschaftsunternehmen, RIW 1993, 397.
HONSELL Heinrich / MAYER-MALY Theo / SELB Walter, Römisches Recht, Berlin 1988.
HIER Karl Josef, Die Unternehmensstiftung in Liechtenstein, (Schriften zum liechtensteinischen Gesellschafts-, Steuer- und Bankenrecht, Band 1) Vaduz 1995.
HOOP Gerold, Die Liechtensteinische Stiftung: Rechtliche Aspekte und Grenzen der Flexibilität, in: Die Liechtensteinische Stiftung, hg. v. Wolfgang Caspers, Jürgen Wagner und Hans Rainer Künzle, (Schweizer Schriften zur Vermögensberatung und zum Vermögensrecht, Band 4) Zürich 2002, 67-75.
HOPKINS Bruce, The Law of Tax-Exempt Organizations, 6. Ed., New York, 1992, in Cumulative Supplement, New York, 2001.
HOPKINS Bruce / BLAZEK Jody, Private Foundations, Tax Law and Compliance, New York, 1997.
HOPT Klaus / REUTER Dieter, Stiftungsrecht in Europa, Köln 2001.
HORN Norbert, Aequitas in den Lehren des Baldus, Forschungen zur neueren Privatrechtsgeschichte, Bd. 11, Köln 1968.
–, Das französische Gesellschaftsrecht im 19. Jh., in: Coing (Hg.), Handbuch der Quellen und Literatur der neueren europäischen Privatrechtsgeschichte, München, 1986, S.3188 ff.
HOERNIG Martin, Grundzüge des liechtensteinischen Erbrechts und des IPR, Grenzenloses Erbrecht – Grenzen des Erbrechts, hrsg. v. DACH Europäische Anwaltsvereinigung e.V., Köln 2004, 201-216.
HUX Thomas, Die Anwendbarkeit des Auftragsrechts auf die Willensvollstrekkung, die Erbschaftsverwaltung, die Erbschaftsliquidation und die Erbenvertretung, Entlebuch 1985 (Diss. Zürich 1985).
JACOB Dominique, Das Stiftungsrecht der Schweiz im Europa des dritten Jahrtausends, SJZ 104 (2008), Nr.22, S.533 f.
JAUSSI Thomas / PFIRTER Markus, Unternehmensnachfolge – Steuerliche Aspekte und Stolpersteine. Von der steuerlichen Risikominimierung zur steuerlichen Chancennutzung, STH 81 (2007) 390-395.
JEEVES Bryan, Liechtenstein company law, the prevalent revised sections from the Personen- und Gesellschaftsrecht also relevant laws issued since publication ot the first edition, 2. ed., Vaduz 1999.
JOHNSTON David, The Roman Law of Trusts (1988).

JONES Neil, Trust in England after the Statute of Uses. A View from the 16th Century, Helmholz / Zimmermann, Itinera Fiduciae, Berlin 1998.

KASER Max, Das römische Privatrecht, München 1975.

KEICHER Werner, Die privatrechtliche Stiftung im Liechtensteinischen Recht, Diss. Zürich 1975.

KIEBER Daniel, Die Beendigung der Stiftung, Festschrift für Peter Marxer, Vaduz 1993, 193.

KIEBER Walter, Die treuhänderische Errichtung von Familienstiftungen, Festgabe für Herbert Batliner, hg. von Rita Batliner, Vaduz 1988, 273.

KLATIL Julia, Die Auskunftspflicht der Banken im Verlassenschaftsverfahren, LJZ 2004, 188-123.

KNELLER Michael, Die Haftung der Verwaltung einer liechtensteinischen Stiftung unter besonderer Berücksichtigung von Art. 159 IPRG, (Zürcher Studien zum Privatrecht, Band 101) Zürich 1993.

KOHLEGGER Karl, Möglichkeiten und Grenzen der Vollstreckung ausländischer zivilgerichtlicher Entscheidungen im Fürstentum Liechtenstein, in: Festschr. Herbert Batliner, Vaduz 2004, 111-125.

–, Liechtenstein – Steueroase oder Wirtschaftszentrum?: Rechtsfälle aus der Praxis des Fürstlich Liechtensteinischen Obersten Gerichtshofes, ÖJZ 1990, 577.

KOHLER Christian, Kodifikation und Reform des internationalen Privatrechts in Liechtenstein, Jus & News 1997, 281-286.

KRUG Walter, Die aktuelle deutsche Erbrechtsreform (2008) – eine Übersicht, Successio 1 (2007) 276-287.

KRÜGER Gerda, Die Rechtsstellung der vorkonstantinischen Kirchen, Stuttgart 1935, Reprint Amsterdam 1969.

KUHN Hans, Der Renvoi im internationalen Erbrecht der Schweiz. Eine Analyse internationaler Erbfälle im Verhältnis der Schweiz zu Deutschland, Frankreich, Italien, Oesterreich, dem Fürstentum Liechtenstein, Griechenland, England und den Niederlanden (Schweizer Studien zum internationalen Recht, Band 107) Zürich 1998.

KULMS Rainer, Ist das liechtensteinische Personen- und Gesellschaftsrecht kapitalmarktfähig?, LJZ 2004, 6-15.

–, 75 Jahre Liechtensteinische Treuhänderschaften. Die Art. 897 ff. PGR im Lichte europäischer Grundsätze zum Trustrecht, ZEuP 2001, 653.

KUNKEL Wolfgang, Herkunft und soziale Stellung der römischen Juristen, Köln 1967.

KUENZLE Hans Rainer, Familienstiftung – Quo vadis? Festschr. für Hans Michael Riemer, hrsg. v. Peter Breitschmid, Wolfgang Portmann, Heinz Rey und Dieter Zobl, Bern 2007, 173-198.

–, Unternehmensstiftung – Quo vadis?, STH 81 (2007) 369-373.
–, Konturen des Stiftungsbegriffs aus der schweizerischen Sicht, in: Achermann/Künzle/Roth, Die Liechtensteinische Stiftung „Stiftungsnovellierung – wohin geht die Reise?“, Schweizer Schriften zur Vermögensberatung und zum Vermögensrecht, Schriftenreihe von KPMG, Private, Vaduz, 2002.
–, Revision des liechtensteinischen Stiftungsrechts, Private 2004, 22.
KUSTER Peter, Anhang Checkliste und Anhang Willensvollstreckung, in: Praxiskommentar Erbrecht (PraxKomm Erbrecht), hrsg. v. Daniel Abt und Thomas Weibel, Basel 2007.
LAMBSDORFF Hans-Georg, Liechtensteinische Stiftung und angelsächsischer Trust als Instrumente der Vermögensanlage in der Praxis, Vaduz 1989.
LAMPERT Siegbert / TAISCH Franco, Stiftungen im liechtensteinischen Recht, Stiftungsrecht in Europa, hg. v. Klaus J. Hopt und Dieter Reuter, Köln/Berlin/Bonn/München 2001, S. 521-540.
LANTER Marco, Was die Schweizer Stiftung kann – Ein kurzer zivilrechtlicher Überblick über da schweizerische Stiftungsrecht, in: Die Stiftung, 21. Tagung der DACH in Wien vom 16.-18.9.1999, Wien, 2000.
LIERMANNHans, Geschichte des Stiftungsrechts, 2.Aufl., Tübingen 2002.
LORETZ Dietmar, Die Rechtsstellung des Treuhänders einer liechtensteinischen Treuhänderschaft, Diplomarbeiten 2000 (Recht) des Nachdiplomstudiengangs Treuhandwesen der Fachhochschule Liechtenstein, (Schriften zum liechtensteinischen Recht, Band 8), Schaan 2000, 91-120.
–, Liechtensteinische Stiftungen. Anerkennung und Besteuerung in Österreich, (Diss. Wien) Wien 1993.
LOMBARDI Carlo, Gestion de fortune: Deux intéressants arrêts du Tribunal Fédéral, Relevant 2005 Nr. 2, 1.
MAROK Graziella, Die privatrechtliche liechtensteinische Anstalt, unter besonderer Berücksichtigung der Gründerrechte, (Schweizer Schriften zum Bankenrecht, Band 22) Zürich 1994.
MARXER Benedikt / REICHERT Fritz / SCHNYDER Anton, Gegenwartsfragen des liechtensteinischen Privat- und Wirtschaftsrechts. Referate und Diskussionsberichte des rechtsvergleichenden Kolloquiums in Vaduz vom 30. September und 1. Oktober 1996, Tübingen 1998.
MARXER Florian, Das Internationale Erbrecht Liechtensteins. Ein Vergleich mit dem österreichischen und schweizerischen Recht, (Schriftenreihe zum liechtensteinischen Gesellschafts-, Steuer- und Bankenrecht, Band 2) Vaduz 2002.
MARXER Ludwig, Die liechtensteinische Familienstiftung, ihre Eigenart im Verhältnis zum schweizerischen Recht, (Diss. Freiburg i.Ue. 1990) Freiburg i.Ue. 1990.

MARXER Peter, Die liechtensteinische Familienstiftung – Ihre Eigenart im Verhältnis zum schweizerischen Recht, Vaduz, 1990.
–, Liechtenstein in International Estate Planning, Matthew Bender, 2.ed., New York 1999.
–, Mandatum Post Mortem. Auftrag auf den Todesfall und Todesvollmachten im liechtensteinischen Recht, Schaan 1996 (Diss. St. Gallen).
MAITLAND Frederic William, Trust und Korporation, Zeitschrift für das Privat- und öffentliche Recht der Gegenwart, Bd. 32 (1905)1.
MANTHE Ulrich, Das senatus consultum Pegasianum, München/Freiburg 1985.
MATTHEUS Daniela, Gläserne Stiftungen? Eckpfeiler einer stiftungsrechtlichen Publizität, in: Achermann/Künzle/Roth, Die Liechtensteinische Stiftung „Stiftungsnovellierung – wohin geht die Reise?“, Schweizer Schriften zur Vermögensberatung und zum Vermögensrecht, Schriftenreihe von KPMG private, Vaduz, 2002.
MATTHEWS Paul, Die Gefahren der Über-Klassifikation im Trustrecht, LJZ 2001, 109.
MAYER Thomas, Der Trust und das auf ihn anwendbare Recht aus Schweizer Sicht, Recht 25 (2007) 64-68.
MEDIUCUS Dieter, Pflichtteilsergänzung wegen Zuwendungen an Stiftungen, Festschr. für Helmut Heinrichs, hg. v. Andreas Heldrich, Peter Schlechtriem, Eike Schmidt, München 1998, 381-396.
MEIER Guido, La fiducie (trust) dans le droit des personnes et des sociétés du Liechtenstein, 2e éd., Vaduz 1997.
–, The trust in the Liechtenstein law on persons and companies, 2nd ed., Vaduz 1989.
–, Grundstatut und Sonderanknüpfung im IPR des liechtensteinischen Gesellschaftsrechts: erläutert anhand ausländischer Kollisionsrechtslehre und -praxis, (Schriftenreihe des Instituts für Internationales Recht und Internationale Beziehungen, Heft 27) Basel 1979.
MEIER Otto, Die Liechtensteinische Privatrechtliche Anstalt, (Zürcher Beiträge zur Rechtswissenschaft, Neue Folge Heft 341) Zürich 1970.
MEIER Philippe, Le consentement des autorités de tutelle aux actes du tuteur, Fribourg 1994.
MILLIOT Louis, Introduction à l'étude du droit Musulman, Paris, 1953.
MOOSMANN Kurt, Der angelsächsische Trust und die liechtensteinische Treuhänderschaft, unter besonderer Berücksichtigung des wirtschaftlich Begünstigten. Eine rechtsvergleichende Studie mit Erkenntnissen für das Schweizer Treuhandrecht, (Schweizer Schriften zum Bankenrecht, Band 56) Zürich 1999.

MORENO-PUJOL José Martín, Constitución Política de la República de Panamá, incl. Indice Analítico actualizado, Hg. Mizrachi & Pujol, 6.Auflage, Panamá, 2005.
MORGAN Eduardo E., La Fundación de Interés privado y su incorporación en la legislación panameña, Resumen de Tésis de Graduación para optar al Título de licenciado en derecho y ciencias políticas, Panamá, 1992.
MORGAN & MORGAN, Morgan & Morgan Group, La fundación de interés privado bajo la legislación de la república de Panamá, Ley N° 25 de 12 de junio de 1995, Análisis y Comentarios por artículos de la Ley Modelo de una fundación privada y su reglamento, Panamá, 1995.
MOSER Jean-Pierre, La protection du patrimoine du mineur soumis à l'autorité parentale, Diss. Lausanne 1977.
MOOSER Michel, Eingetragene Partnerschaft: Erbrecht, in: Rechte der Lesben und Schwulen in der Schweiz, hrsg. v. Alexander R. Ziegler, Martin Bertschi, Alexandre Curchod, Nadja Herz und Michel Montini, Bern 2007, 285-296.
–, Partenariat enregistré: droit successoral, in: Droit des gays et lesbiennes en Suisse, éd. par Alexander R. Ziegler, Martin Bertschi, Alexandre Curchod, Nadja Herz et Michel Montini, Berne 2007, 271-281.
MUELLER Franz / GENNA Gian Sandro, Die Haftung des Notars für Rechtsbelehrung in Steuerfragen, BN 68 (2007) 1-17.
MUELLER-TIBERINI Franziska, Vom Erben und Ver(d)erben: Heikle Themen konstruktiv angehen. Familie und Unternehmen, Zürich 2007.
NIGG Thomas, Liechtensteinische und schweizerischer Vereinsrecht im Vergleich, (Diss. Zürich 1996) Vaduz 1996.
OBERHUBER Herbert, Liechtenstein / Capital, Taxes and Estate Planning in Europe, hrsg. v. Timothey J. Lyons, London 1999, 2901-2955.
PAPEIL Anne-Sophie, Doit on laisser la possibilité au futur de cujus de choisir la loi applicable à la succession?, Successio 1 (2007) 108-123.
PICENONI Vito, Die Verjährung der Testamentsgültigkeits- und Herabsetzungsklage gemäss Art.521 und 533 ZGB, SJZ 1967, 101.
PIOTET Denis, Les inefficacités des dispositions à cause de mort en droit suisse. Quelques actions en annulation, éd. par François Bohnet, Neuchâtel 2007, 51-83.
–, La substitution fidéicommissaire pour le surplus au détriment de la réserve du grevé incapable de discernement dans le projet de révision du droit de la protection de l'adulte, Successio 1 (2007) 240-247.
PLÜSS Adrian, Die Stiftungsrechtsreform in der Schweiz. Achermann/Künzle/Roth, Die Liechtensteinische Stiftung „Stiftungsnovellierung – wohin geht die Reise?“, Schweizer Schriften zur Vermögensberatung und zum Vermögensrecht, Schriftenreihe von KPMG private, Vaduz, 2002.

PRAST Peter, Anerkennung liechtensteinischer Gesellschaften im Ausland. Eine rechtsvergleichende Untersuchung nach deutschem, schweizerischem und österreichischem Recht, (St. Galler Studien zum internationalen Recht, Band 22) Lachen 1997.

PUEMPIN Cuno, Nachfolgeplanung und Private Equity, STH 80 (2007) 352-354.

QUADERER Roger, Die Rechtsstellung der Anwartschaftsberechtigten bei der liechtensteinischen Familienstiftung. Dissertation an der Universität Innsbruck, Schaan, 1999.

RABEL Ernst, Grundzüge des römischen Rechts, in: Holtzendorff/Kohler, Enzyklopädie der Rechtswissenschat in systematischer Bearbeitung, Bd. 3 (1892).

RASELLI Nicolo, Erklärter oder wirklicher Wille des Erblassers? AJP 1999, 1262.

RAMATI, U. E., Liechtenstein's uncertain foundations: anatomy of a tax haven, Dublin 1993.

RAWERT Peter, Der Stiftungsbegriff und seine Merkmale, in: (Hg) HOPT/REUTER, Stiftungsrecht in Europa, Köln 2001, 109.

RAWERT Peter / KATSCHINSKI Ralf, Stiftungserrichtung und Pflichtteilsergänzung, ZEV 1996, 161-166.

REGELSBERGER Ferdinand, Pandekten, Leipzig1893.

REGIERUNG des Fürstentums Liechtenstein, Grundlagenbericht zu einer liechtensteinischen Ehe- und Familienrechtsreform, Vaduz 1987.

REICHERT Daniel, Prozessrechtliche und kollisionsrechtliche Fragen des umgekehrten Durchgriffs, Gegenwartsfragen des liechtensteinischen Privat- und Wirtschaftsrechts, Tübingen 1998, 27-34.

REICHERT Fritz, Durchgriffshaftung des liechtensteinischen Gesellschaftsrechts, Gegenwartsfragen des liechtensteinischen Privat- und Wirtschaftsrechts, Tübingen 1998, 15-25.

REITHNER Nicolas, Die Auskunftsfplicht der Banken im Verlassenschaftsverfahren – Replik, LJZ 2005, 91-95.

RESCIGNO Pietro, Le fondazioni: prospettive e linee de riforma. Le fondazioni in Italia e all'estero, Padua, 1989.

RICHTER Andreas, Germann and American Law of Charity. Helmholz/Zimmermann (Hg.), Itinera Fiduciae, Berlin, 1998, 427.

RIEMER Hans Michael, Verwaltung von Kindesvermögen durch Dritte gemäss Art.321 und 322 ZGB und Beistandschaft gemäss Art.325 ZGB, insbesondere in Gestalt der ‚mehrfachen Vermögensverwaltung' und der ‚mehrfachen Beistandschaft', ZVW 2001, Sonderausgabe, 84-89.

–, Bedingungen und Auflagen, namentlich bei Schenkungen und Verfügungen von Todes wegen, Weblaw, Jusletter vom 17. Juli 2000, www.weblaw.ch

–, Anfechtungs- und Nichtigkeitsklage im Schweizerischen Gesellschaftsrecht, Bern 1998.
–, Nichtige (unwirksame) Testamente und Erbverträge, Festschrift für Max Keller, Zürich 1989, 245-259.
–, Kommentar zum Schweizerischen Privatrecht, Band I: Einleitung und Personenrecht, 3. Abteilung: Die juristischen Personen, 3. Teilband: Die Stiftungen, Bern, 1993.
RITTER / WOHLWEND / WOLFF, Liechtenstein, International Succession, Louis Garb, The Hague 2001.
ROTH Patrick, Die Beendigung und Liquidation von Körperschaften des liechtensteinischen Personen- und Gesellschaftsrechts, (Schriften zum liechtensteinischen Recht, Band 9) Schaan 2001.
RUFFNER Markus, Financial Planning, Rechtliche Einbindung und Haftungsrisiken, AJP 26 (2007) 869-884.
RUMO-JUNGO Alexandra, Tafeln und Fälle zum Erbrecht unter Berücksichtigung des internationalen Erbrechts, des Ehegüterrechts und des Partnerschaftsgesetzes, Zürich 2007.
–, Vorschlagszuweisung an den überlebenden Ehegatten als Rechtsgeschäft unter Lebenden: eine Qualifikation mit weitreichenden Folgen, Successio 1 (2007) 158-167.
RUSCH Arnold, Konten für Dritte, AJP 16 (2007) 561-574.
SACHAU Eduard, Mohamedanisches Recht, Berlin1897.
SALEILLES Raymond, Les „piae causae“ dan le droit de Justinien. Mélanges Girardin, Paris 1907, 513.
SANTO-PASSO Rolf, Family Estate Planning, Achermann/Künzle/Roth, Die Liechtensteinische Stiftung „Stiftungsnovellierung – wohin geht die Reise?“, Schweizer Schriften zur Vermögensberatung und zum Vermögensrecht, Schriftenreihe von KPMG private, Vaduz, 2002.
SATTAR Shaista, Il trust e la fondazioni di famiglia del Liechtenstein, di Panama e delle Antille Olandesi quali strumenti per la pianificazione fiscale internazio-nale, Lugano 1999.
SCHAERER Jürg Christian, Der Grundsatz der materiellen Höchstpersönlichkeit der letztwilligen Verfügung, Zürich 1973, Diss. Bern 1973.
SCHAUER Martin, Die liechtensteinische Stiftung im internationalen Vergleich unter Berücksichtigung der Familien- und Unterhaltsstiftung, Aktuelle Fragen zum Finanzplatz Liechtenstein, Vaduz 2004, 67-121.
–, Erbrechtliche Aspekte des Entwurfs eines Privatstiftungsgesetzes, RdW 1993, 170
–, Privatstiftung und Erbrecht, Aktuelle Fragen des Privatstiftungsrechts, Peter Doralt und Susanne Kalss, Wien 2001, 13.

–, Erbrechtliche Probleme der Privatstiftung, Handbuch zum Privatstiftungsgesetz, Peter Csoklich, Michael J. Müller, Bernhard Gröhs und Franz Helbich, Wien 1994, 107-143.
–, Privatstiftung und Pflichtteilsrecht, NZ 1993, 251.
SCHLÜTER Alexander, Stiftungsrecht zwischen Privatautonomie und Gemeinwohlbindung. Ein Rechtsvergleich Deutschland, Frankreich, Italien, England und die Vereinigten Staaten, München, 2004.
SCHLÜTER Alexander / THEN Volker / WALKENHORST Peter, Foundations in Europe, London 2001.
SCHMID Roger, Die Unternehmensstiftung im geltenden Recht, im Vorentwurf zur Revision des Stiftungsrechts und im Rechtsvergleich, (Schweizer Schriften zum Handels- und Wirtschaftrecht, Band 181) Zürich 1997.
SCHNEIDER Michael, Anstalt und Treuunternehmen des liechtensteinischen Rechts als Unternehmensformen für Sitz- und Holdinggesellschaften, Göttingen 1970.
SCHNEIDER Nadine, Der Mythos Liechtensteinische Stiftung, ein Rechtsvergleich zur Schweizerischen Stiftung, Stiftung und Gesellschaft, Basel 2006, 171-191.
SCHNYDER Anton,Trust, Pflichtteilsrecht, Familienfideikomiss, Festschrift für Hans Michael Riemer, hrsg. v. Peter Breitschmid, Wolfgang Portmann, Heinz Rey und Dieter Zobl, Bern 2007, 331-350.
SCHOENBLUM Jeffrey, Multistate and multinationale estate planning, Boston/Toronto 1982.
SCHOENLE Herbert, Die Gründerrechte im Falle privatrechtlicher Anstalten, Aktuelle Fragen des Liechtensteinischen Gesellschaftsrechts, Vaduz 1967.
SCHURR Francesco, Vermögensnachfolge durch Stiftungserrichtung in Italien, Probleme des Pflichtteils- und Nacherbrechts, Zeitschrift für Rechtsvergleichung Internationales Privatrecht und Europarecht (ZfRVergl), 2001, 19-26.
SCHWENZER Ingeborg, Gesetzliche Vertretungsmacht der Eltern für unmündige Kinder. Notwendigkeit oder Relikt patriarchalischer Familienstruktur? Festschschfrift für Bernhard Schnyder, Freiburg 1995, 679.
SCHYLE Michael, Brennpunkte des liechtensteinischen Stiftungsrechts im Lichte der neueren Rechtsprechung, LJZ 2004, 181-216.
SEEGER Norbert, Die Verantwortlichekit gemäss Art. 218 bis 228 des liechtensteinischen Personen- und Gesellschaftsrechtes, (Abhandlungen zum schweizerischen Recht, Neue Folge Band 504) Bern 1987.
SEIFART Werner / VON CAMPENHAUSEN Axel Freiherr, Handbuch des Stiftungsrechts, München, 1999.
SENN Heinrich, Mündelsichere Kapitalanlagen, Diss. Zürich 1972.
SIEDERER Nigel, Foundation Law in the United Kingdom, London 2002.

SIGNER Martin, Vermögenssicherung über Generationen. Praxisfälle, STH 81 (2007) 462-465.

SMITH James / BORGMANN Allen, Foundations in Europe, the Historical Context. Schlüter/Then/Walkenhorst, Foundations in Europe, London, 2001, 2.

SOERGEL Hans Theodor / NEUHOF Klaus, Kommentar zum Bürgerlichen Gesetzbuch, Band 1: Allgemeiner Teil, 13. A., Essen, 2000.

SONNEVELDT Frans / VAN MENS Harrie, The trust, bridge or abyss between common and civil law jurisdiction?, Deventer 1982.

SPIELVOGEL Christina, Die schweizerische und österreichische Privatstiftung im Vergleich, Wien, 1998.

SPRECHER Thomas / VON SALIS-LÜTOLF Ulysses, Die schweizerische Stiftung, Zürich, 1999.

STAEHLIN Valo / GANTENBEIN-AFFRUNTI Susanne, Nachbesteuerung in Erbfällen und die Einführung der straflosen Selbstanzeige, STH 81 (2007) 117-120.

STETTLER Martin, Das Kindsrecht. Schweizerisches Privatrecht, Band III, Basel und Frankfurt 1992.

STOTTER Heinz Josef, Ausgewählte Entscheide des Fürstlich-Liechtensteinischen Obersten Gerichtshofes zum liechtensteinischen Stiftungsrecht. Festschrift für Herbert Batliner, Vaduz 2004, 174-192.

STRAUB Hans, Über das Treuhandrecht unter besonderer Berücksichtigung des liechtensteinischen Gesetzes betreffend Treuunternehmen, (Diss. Bern 1939) Zug 1940.

STRUB Wolfgang, Der Geheimnisschutz im liechtensteinischen Treuhandwesen, 2. A., (Bankwirtschaftliche Forschungen, Band 104) Bern 1988.

STUTZ Heidi / BAUER Tobias / SCHMUGGE Susanne, Erben in der Schweiz. Eine Familiensache mit volkswirtschaftlichen Folgen, Zürich 2007.

SUMMER Markus, Vertrauen ist gut, Kontrolle ist besser. Die Auskunftsrechte von Begünstigten im liechtensteinischen Stiftungs- und Treuhandrecht, LJZ 2005, 36-53.

SUEDEL Inken, Das landwirtschaftliche Erbrecht in Norddeutschland (am Beispiel von Schleswig-Holstein und Mecklenburg-Vorpommern) und in der Schweiz: Gemeinsamkeiten, Unterschiede, Zukunftstauglichkeit, Frankfurt am Main 2007 (Europäische Hochschulschriften, Reihe 2: Rechtswissenschaft, Band 4566).

TAISCH Franco, Diskretion am Bankschalter oder Persönlichkeitsschutz und Bankgeschäft. Aspekte aus liechtensteinischer Sicht, (Schriftenreihe der Liechtensteinischen Landesbank, Band 19) Vaduz 1996.

–, Privatplacierungen, insbesondere im Hinblick auf Notes, (Schweizer Schriften zum Handels- und Wirtschaftsrecht, Band 101) Zürich 1987.

TAISCH Franco / MUELLER Urs, Der Fondsstandort Liechtenstein. Einführung, gesetzliche Grundlagen, Sachregister, (Schriftenreihe der Liechtensteinischen Landesbank, Band 22) Vaduz 1997.

TAMM Gaby, Die Liechtensteinische Privatrechtliche Anstalt im Todesfall des Gründers unter besonderer Berücksichtigung der deutsch-liechtensteinischen Rechtsbeziehungen, Osnabrück 2003.

TETIWA Werner, Grundzüge, Entstehung und Bedeutung des ‚estate planning' (Nachlassplanung) im Recht der USA, Münster 1975.

THORENS Justin, L'article 335 CCS et le trust de common law. Mélanges Henri-Robert Schüpbach, Basel/Genf/München 2000, 155-166.

–, Le trust de common law et les institutions de substitution en pays de droit civil, Fiscalité européenne 18 (1987) 3-18.

TOGGLER Hellwig, Die österreichische Privatstiftung im Spannungsfeld der Interessen. 21. Tagung der DACH in Wien vom 16.-18.9.1999, Wien, 2000.

TOLLEY'SAdministration of Trusts, ed. STEP (Society of Trust and Estate Practitioners, London). London 2002,

TRIBALDOS-ALBA Rogelio, Die Panama-Stiftung, ed. Panazur, a Member of the Morgan & Morgan Group, Zurich Branch, Zürich, 1999.

UMLAUFT Manfred, Die Anrechnung von Schenkungen und Vorempfängen im Erb- und Pflichtteilsrecht, (Habilitation Innsbruck 2001) Wien 2001.

UNDERHILL Hayton, Law relating to Trusts and Trustees, 15th edition (1995).

VERNEHMLASSUNGSBERICHT der Regierung zur Abänderung de Stiftungsrechts, Art. 552-570 des Personen- und Gesellschaftsrechts, PGR, Ressort Justiz, Vaduz, 2004.

VOGEL Urs, Die Person des Beistandes, ZVW 2003, 331-337.

VOGT Nedim Peter,Trusts und schweizerisches Recht (das Haager Trust-Übereinkommen und die neuen Art. 149a-e IPRG), Anwaltsrevue 2007, 199-203.

VON BURG Roger, Der Trust in der Schweiz. Auswirkungen der Ratifikation des Haager Trust Übereinkommens. Aktuelle Probleme des europäischen und internationalen Wirtschaftsrechts, Band 9, Basel 2007, 463-517.

VON CAMPENHAUSEN Axel Freiherr, Geschichte des Stiftungswesens. Handbuch Stiftungen, Wiesbaden 1998, 23.

VON HIPPEL Thomas, Konturen des Stiftungsbegriffs aus deutscher Sicht. Achermann/Künzle/Roth, Die Liechtensteinische Stiftung „Stiftungsnovellierung – wohin geht die Reise?", Schweizer Schriften zur Vermögensberatung und zum Vermögensrecht, Schriftenreihe von KPMG private, Vaduz, 2002.

VON LOEWE Christian, Familienstiftung und Nachfolgegestaltung: Deutschland – Österreich – Schweiz – Liechtenstein, (Diss. Stuttgart 1998) Düsseldorf 1999.

WACHTER Michael, Liechtensteinische Ermessensstiftung zum Wohle Begünstigter. Schweiz-Deutschland CH-D Wirtschaft 56 (2007) 15-16.

WEBER Roger, Gerichtliche Vorkehren bei der Nachlassabwicklung, AJP 1997, 550.

WENGER Jean-Claude, Der Anwalt als Willensvollstrecker. Das Anwaltsgeheimnis, Zürich 1997, 51.

WERRO Franz, Le mandat et ses effets, Une étude sur le contrat d'activité indépendante selon le Code suisse des obligations, Analyse critique et comparative. Travaux de la Faculté de Droit de l'Université de Fribourg, Suisse. Habil. Fribourg 1993.

WETZEL Claude, Interessenkonflikte des Willenvollstreckers unter besonderer Berücksichtigung des Anspruchs auf Erbschaftsverwaltung gemäss Art.554 Abs.2 ZGB, Diss. Zürich 1984.

WAGNER Jürgen, Bankenplatz Liechtenstein, Zürich 2004.

WAGNER Jürgen / HEPBERGER Rainer, Neues Stiftungsrecht in Liechtenstein (Teil 1): Schritte zur Reform, Jus & News 2005, 295-305

WAGNER Jürgen / PLUESS Adrian, Handels- und Wirtschaftrecht in der Schweiz und in Liechtenstein, (Schriftenreihe Recht der internationalen Wirtschaft, Band 59) Heidelberg 2000.

WANGER Markus, Stiftungen/Foundations, Offshore Trust Yearbook, International Money Marketing, Liechtenstein, 1993.

–, Liechtenstein in Foundations in Europe. Andreas Schlüter, Volker Then, Peter Walkenhorst, London 2001, 179-185.

–, Liechtensteinisches Wirtschafts- und Gesellschaftsrecht: Aktiengesellschaft, Anstalt, Stiftung, Trust und Treuunternehmen: mit einer Einführung in das liechtensteinische Schiedsgerichtsverfahren, 3. A., (Abhandlungen und Kommentare zum liechtensteinischen und internationalen Recht, Band 1) Vaduz 1998.

WANNER Georges, Die Anstalt nach liechtensteinischem Personen- und Gesellschaftsrecht, Diss. Basel 1959.

WENAWESER Stefan, Ausgewählte Fragen zum liechtensteinischen Treuhänder-schaftsrecht, LJZ 2005, 7-16.

–, Zur Rezeptionsfrage der Treuhänderschaft und ihrem Anwendungsbereich nach liechtensteinischem Recht, LJZ 2001, 1-23.

WIENBRACKE Mike, Die erbschafts- und schenkungssteuerliche Behandlung von trusts in Deutschland, StR 82 (2007) 490-503.

WITZ Claude, La fiducie es ses applications dans plusieurs pays européenns: Allemagne, Angleterre, Liechtenstein, Luxembourg, Suisse: colloque organisé par le Centre d'Etudes Juridiques Françaises 29 novembre 1990, Paris 1991.

WYLER Marcus, Über das Treuhandrecht: mit besonderer Berücksichtigung der Regelung im Fürstentum Liechtenstein, ZSR 56 (1937), 293.

ZAECH Roger, Die Stellvertretung gemäss Art.32-40 OR. Kommentar zum Schweizerischen Privatrecht, Band VI, Das Schweizerische Obligationenrecht, Bern 1990.

ZELGER Ulrich, Die Nachlassabsonderung nach liechtensteinischem Recht, LJZ 2004, 217-223.

ZELLWEGER Jakob, Die Verantwortlichkeit der vormundschaftlichen Organe aus der Vermögensverwaltung. Diss. Bern 1939.

ZINDEL Mario,Problemanalyse im Zusammenhang mit der Benachteiligung von Erbeninteressen durch Gründung eines liechtensteinischen Vermögensträgers, (Diss. Zürich 1982) Vaduz 1982.

ZOBL Dieter, Probleme im Spannunsfeld von Bankrecht, Erbrecht und Schuldrecht, AJP 2001, 1007.

–, Die Aussonderung von liechtensteinischem Treuhandgut in der schweizerischen Zwangsvollstreckung, (Schweizer Schriften zum Bankenrecht, Band 21) Zürich 1994.

ZWIEFELHOFER Susanne, Das liechtensteinische Recht betreffend die Investmentunternehmen vergleichen mit dem schweizerischen Anlagefondsrecht, (Schweizer Schriften zum Bankenrecht, Band 68) Zürich 2002.

Bochumer Studien zum Stiftungswesen

Herausgegeben von Karlheinz Muscheler

Der Verein „Fundare e.V., Gemeinnütziger Verein zur Förderung des Stiftungswesens" hat sich zum Ziel gesetzt, zu einer aufblühenden Stiftungskultur in Deutschland beizutragen. Auch die von „Fundare" herausgegebene Schrift „Bochumer Studien zum Stiftungswesen" dient diesem Ziel. In ihr sollen Arbeiten aus grundsätzlich allen wissenschaftlichen Disziplinen erscheinen, die sich mit dem Stiftungswesen im weitesten Sinne beschäftigen. Einen Schwerpunkt werden Arbeiten zum Zivil-, Verwaltungs- und Steuerrecht der Stiftung bilden.

Band 1 Irena Braxator: Grundlagen der Panama-Stiftung. 2009.

www.peterlang.de

www.ingramcontent.com/pod-product-compliance
Ingram Content Group UK Ltd.
Pitfield, Milton Keynes, MK11 3LW, UK
UKHW021847290926
8980IPUK00005B/700

9 783631 588413